Annelise Heigl-Evers / Irene Helas
Heinz C. Vollmer (Hg.)

# Suchtkranke

in ihrer inneren und äußeren Realität

Praxis der Suchttherapie im
Methodenvergleich

Mit 14 Abbildungen

W0045001

Vandenhoeck & Ruprecht
Göttingen · Zürich

Die Deutsche Bibliothek – CIP-Einheitsaufnahme

*Suchtkranke in ihrer inneren und äußeren Realität:*
Praxis der Suchttherapie im Methodenvergleich /
Annelise Heigl-Evers . . . (Hg). –
Göttingen ; Zürich : Vandenhoeck und Ruprecht, 1995
ISBN 3-525-45634-4
NE: Heigl-Evers, Annelise [Hrsg.]

# Inhalt

Vorwort ............................................................................ 7

*I Die Bedeutung der inneren und äußeren Realität in der Suchttherapie*

*Annelise Heigl-Evers*
Vermittlung von innerer und äußerer Realität in der
Abhängigkeits- und Suchttherapie.
Psychoanalytische Sicht ........................................................ 11

*Heinz C. Vollmer*
Innere und äußere Realität und entwicklungs-
psychologische Aspekte der Abhängigkeit.
Verhaltenstherapeutische Sicht ............................................... 30

*Manfred Mickley*
Ressourcen- und lösungsorientierte Ansätze
innerhalb der Systemtherapie ................................................ 79


*II Therapieziele*

*Elke Schultze-Dierbach*
Therapieziele in der Suchtkrankenbehandlung.
Psychoanalytische Sicht ....................................................... 97

*Ralf Schneider*
Realistische Therapieziele: Eine Fiktion?
Verhaltenstherapeutische Sicht ............................................. 119

*Michael Grabbe*
Therapieziele aus systemischer Sicht ...................................... 142

## III Umgang mit dem Rückfall

*Alexander Böhle, Andreas Dieckmann* und *Imke Ehlers*
Ekstase und Verantwortung. Die Beziehung zwischen
Therapeut und trinkendem Patienten beim Rückfall.
Psychoanalytische Sicht ............................................................ 159

*Heiner Ellgring*
Die Angst des Therapeuten vor dem Rückfall.
Verhaltenstherapeutische Sicht .............................................. 170

*Sven Nachmann*
Der Rückfall im System der Abhängigkeit ............................. 194

*Johannes Lindenmeyer*
In-vivo-Behandlung nach Rückfall ......................................... 217

*Christoph Kröger* und *Jutta Künzel*
Prävention des Substanzmißbrauchs ...................................... 227

# Vorwort

Zentrale Themen dieses Bandes sind die Bedeutung der inneren und äußeren Realität in der Suchtkrankentherapie, Therapieziele sowie der Umgang mit dem Rückfall. Die Themen und die damit verbundenen Fragestellungen wurden jeweils unter den Aspekten der drei Arbeitsrichtungen und theoretischen Orientierungen diskutiert, die in der Weiterbildung zum Sozialtherapeuten des Gesamtverbandes für Suchtkrankenhilfe im Diakonischen Werk der EKD mit jeweils eigenem Curriculum durchgeführt werden.

Alle Beteiligten sind sich darin einig, daß bei aller Abgrenzung doch ein regelmäßiger Austausch zwischen den verschiedenen Orientierungen und Ansatzpunkten – dem psychoanalytischen, dem verhaltenstherapeutischen und dem systemischen – unverzichtbar ist. Wenn die Weiterbildung und über diese die Versorgung im Bereich von Abhängigkeit und Sucht nach ihrem jeweiligen Erkenntnisstand weiterentwickelt werden soll, so ist dieses nur durch kritische Auseinandersetzung und Austausch zwischen den Arbeitsrichtungen möglich.

Das ist, rückblickend betrachtet, inzwischen auch zunehmend gelungen und hat seinen Niederschlag in Beitragsbänden zur Thematik von Abhängigkeit und Suchttherapie gefunden.*

Die Bedeutung der äußeren wie inneren Realität für die Suchtkrankentherapie wird zunächst im Zusammenhang des therapeuti-

---

* »Psychoanalyse und Verhaltenstherapie in der Behandlung von Abhängigkeitskranken – Wege zur Kooperation?« Hg.: ANNELISE HEIGL-EVERS, HEINZ VOLLMER, IRENE HELAS, ERNST KNISCHEWSKI. Blaukreuz-Verlag Wuppertal, Nicol-Verlag, Kassel 1988. »Suchttherapie – psychoanalytisch, verhaltenstherapeutisch. Hg.: A. HEIGL-EVERS, I. HELAS, H.C. VOLLMER. Vandenhoeck u. Ruprecht, Göttingen 1991. »Eingrenzung und Ausgrenzung – Zur Indikation und Kontraindikation für Suchttherapien.« Hg.: A. HEIGL-EVERS, I. HELAS, H.C. VOLLMER. Vandenhoeck u. Ruprecht, Göttingen 1993.

schen Prozesses unter psychoanalytischem Aspekt abgehandelt, die verhaltenstherapeutische Theorie hingegen operiert nicht mit dem Begriff einer inneren Realität, woraus sich interessante Unterschiede ergeben. Ähnliche Unterschiede ergeben sich auch im Vergleich zur systemischen Sicht. Die Behandlungsziele, die immer auch durch Elemente der Realität bestimmt sind, werden in ihrer jeweiligen begrifflichen Fassung unter psychoanalytischen, verhaltenstherapeutischen und systemischen Aspekten diskutiert. Der Rückfall, der Rückgriff auf den Suchtstoff, auf das Suchtmittel, der immer auch eine Abwendung von der in der Therapie sich darstellenden Realität bedeutet, wird gleichfalls unter den drei hier zu Worte kommenden Theorien und den durch diese begründeten therapeutischen Vorgehensweisen erörtert.

Die Beiträge dieses Bandes zeigen, daß die Thematik der Bedeutung innerer und äußerer Realität in der Abhängigkeits- und Suchttherapie im Fluß ist und weiterhin der kritischen Auseinandersetzung zwischen den Arbeitsrichtungen bedarf.

Mit diesen Texten wollen wir einmal die Berufsgruppen aus dem Versorgungsbereich der Abhängigkeits- und Suchttherapie direkt ansprechen und darüber hinaus auch das Interesse anderer Professionen wecken, die in diesem Feld administrativ und politisch tätig sind.

*Die Herausgeber*

# I

---

Die Bedeutung der inneren und äußeren
Realität in der Suchttherapie

*Annelise Heigl-Evers*

# Vermittlung von innerer und äußerer Realität in der Abhängigkeits- und Suchttherapie

*Psychoanalytische Sicht*

## Die äußere und die innere Realität

Zum besseren Verständnis des Themas wird zunächst definiert, was unter äußerer und was unter innerer Realität verstanden werden soll und was unter Abhängigkeits- und Suchttherapie.

Unter äußerer Realität sind jene personalen und nicht-personalen (sachlichen) Gegebenheiten zu verstehen, die außerhalb der abgegrenzten Entitäten liegen, die wir als menschliche Individuen bezeichnen. Organismisch betrachtet, ist es das Integument, ist es die äußere Haut, die den Menschen umschließt, an der Innen- und Außenwelt aneinandergrenzen. Dieses Integument hat Einlaßpforten für Reize, die aus der äußeren Realität kommen, die der Außenwelt entstammen; es sind die Wahrnehmungsorgane mit ihren verschiedenen Kategorien: optisch, akustisch, olfaktorisch, taktil, thermisch, die als Zugangspforten dienen. Durch diese Wahrnehmungsapparate kommt es zu einer Filterung und Selektion der Vielzahl an Reizen, die, ausgehend von der Außenwelt, der äußeren Realität, das Individuum treffen, gelegentlich auch bombardieren. Durch diese Selektion werden jene Reize bevorzugt, die auf der Linie des Überlebens von Individuum und Art als wichtige Informationen fungieren; sie dienen der Orientierung und Handlungssteuerung und haben ihre spezielle Ausbildung im Evolutionsprozeß unter Anpassung an die jeweils spezifischen Lebens- und Überlebensbedingungen der Spezies erfahren (TINBERGEN 1956, UEXKÜLL 1921).

Beispielsweise ist von den Zugvögeln bekannt, daß sie mit Sensoren ausgerüstet sind, die es ihnen ermöglichen, sich der

Gestirne – der Sonne wie der Sterne – als Kompaß zu bedienen und so zum Beispiel auch die Tageszeit zu ermitteln, und daß sie auf diese Weise wie auch über eine Orientierung am Magnetfeld der Erde ihre Reiseroute bestimmen. Die Beispiele ließen sich beliebig fortsetzen über das differenzierte akustische und olfaktorische Wahrnehmungsvermögen etwa des Hundes bei geringerer Ausprägung des optischen Sensoriums, über die echolotähnlich gestalteten Organe der Wahrnehmung von Körpern bei Fledermäusen, die sich im Dunkeln orientieren können, über das differenzierte Geruchssensorium von Insekten, die auf diese Weise zu ihren Nahrungsquellen, zum Beispiel Blütenpflanzen und deren Fortpflanzungsorganen, geleitet werden.

Die Außenweltreize, die, gefiltert durch die sensorischen Empfänger (1. Filter), das Innere (Gehirn) des Individuums erreichen, werden zunächst ungeordnet registriert und gewinnen sodann im Inneren durch Kombinieren, Ordnen, Benennen, durch Apperzipieren, eine spezielle Gestalt und Bedeutung (2. Filter) als Voraussetzung für nützliche Information. Die primäre Perzeption wird differenziert durch die Apperzeption, das heißt durch die Verbindung der Wahrnehmungsreize mit Vorstellungen und deren Interpretationen. Diese Vorstellungen sind im Sinne von Erinnerungen – möglicherweise auch als der Phylogenese entstammende Engramme – Anteile der individuellen Innenwelt. Es handelt sich dabei um Verarbeitungen zurückliegender Wahrnehmungsreize, zurückliegend in der individuellen Geschichte wie eventuell auch in der Stammesgeschichte. Die Innenwelt ist also immer auch in verschiedenen Phasen der Stammes- und der Individualentwicklung, der Phylogenese wie der Ontogenese, verarbeitete Außenwelt.

Von der durch das Integument eingeschlossenen organismischen Innenwelt, der subkutanen Sphäre, ist eine andere Innenwelt zu unterscheiden, nämlich die des subjektiven Erlebens. Diese Innenwelt, die seelische, die mentale, die subjektive Realität (FREUD 1915, 1916) besteht zum Teil aus Engrammierungen, die in verschiedenen Phasen der Stammes- und der individuellen Geschichte erfolgt sind. Sie ist ferner bestimmt durch Strukturen, die aus diesen Engrammierungen entstanden sind. Es geht bei solchen Strukturen um relativ permanente Formen der inneren und äußeren Orientierung, der Beziehungsbildung zur äußeren Realität mit ihren vielfältigen Objekten personaler und nicht-personaler Art und zur inneren Realität des Selbst, der eigenen Subjektivität[1] (Jacobson 1973). Es geht dabei ferner um Steuerungsstrukturen für das individuelle Handeln im Umgang mit sich und der Welt durch Wert-, Ideal- und Normenbildungen sowie Tabusetzungen wie auch um die Organisation des phylogenetischen Erbes, der archaischen Vorwelt, die der individuellen frühkindlichen Entwicklung, also der infantilen Vorwelt des Erwachsenen vorausgeht (Freud 1923).

Diese Strukturen können in ihrer interindividuellen Varianz unterschiedlich differenziert und auf unterschiedlichem Niveau organisiert sein. Orientiert man sich an den Beziehungsstrukturen, so können sich diese bis hin zu triangulären und weiterhin pluralen personalen Konstellationen entwickelt haben mit der Möglichkeit zu Konfliktbildungen sowohl zwischen Positionen der eigenen Innenwelt, der inneren (subjektiven) Realität, wie auch zwischen dem Subjekt und der Welt seiner Objekte. Sind diese Strukturen weniger differenziert, haben sie das trianguläre Niveau (ödipale Niveau) nicht erreicht, dann bleibt es bei dyadischen, genauer pseudo-dyadischen Beziehungsmustern. Wegen eines nicht ausreichend integrierten dritten Objekts und einer infolgedessen fehlenden Triangularität können innere Konfliktspannungen dann nicht gebildet werden; es kommt zu unerträglichen Unvereinbarkeiten zwischen inneren Positionen; diese werden – im typischen Fall – durch Spaltung auseinandergehalten und so in ihrer Unerträglichkeit gemindert sowie zur Entlastung der Innenwelt in die Außenwelt, die äußere Realität, in die Beziehungen zu den äußeren Ob-

---

1 Es werden heutzutage drei Realitäten unterschieden: Die wichtigste ist die *humane Lebenswelt* als die den Angehörigen der Species humana gemeinsame Sphäre. Diese Lebenswelt ist u.a. als ein Resultat der Evolution zu verstehen; sie ist an die Wahrnehmungs- und Verstehensmöglichkeiten der Spezies gebunden und kulturell geformt. Dagegen abzugrenzen ist die *subjektive Erlebenswelt* des einzelnen, die der individuellen Perzeption sowie Apperzeption und deren Interpretation entspringt. Außerdem gibt es eine Realität, eine *Beobachtungswelt*, die nur der Wissenschaft zugänglich ist. Sie ist als solche nicht direkt erkennbar; es ist jedoch möglich, mit Hilfe von Theorien, von Hypothesen und Ableitungen auf ihre Existenz zu schließen und sie mit Hilfe wissenschaftlicher Methoden erkennbar zu machen. Kant machte keinen Unterschied zwischen der »Lebenswelt« der Menschen und unserer durch wissenschaftliche Methoden geprägten objektiven Wirklichkeit.

13

jekten (Teilobjekten) verlagert und dort interaktionell verarbeitet (HEIGL-EVERS, HEIGL u. OTT 1993, S. 98). Es kommt zu interaktionellen Abwicklungen und Verwicklungen, die dadurch charakterisiert sind, daß bestimmte Außenobjekte inneren Teilobjekten stark angeglichen werden; dies gilt sowohl für ihre Wahrnehmung als auch für die Art und Weise, in denen sie im Erleben und Verhalten des betreffenden Subjekts eingesetzt und benutzt werden. Hier wird die äußere Realität oft erheblich deformiert, unter der Einwirkung der Innenwelt des Subjekts verzerrt und verändert – und das im Dienste der individuellen psychophysischen Regulierungen mit dem Ziel, sowohl die Befriedigung narzißtischer Bedürftigkeit wie die von Triebbedürfnissen wie auch die von Beziehungswünschen (Bindung, Nähe/Distanz) im Dienste des Subjekts herbeizuführen (HEIGL-EVERS, HEIGL u. OTT 1993, S. 100f. u. 210).

Die innere und die äußere Realität sind im Bereich des Seelischen nicht so markant voneinander getrennt, wie es zwischen der Innenwelt (der Person), eingehüllt durch das Integument, die äußere Haut, und der materiellen Umwelt der Fall ist. Im Seelischen ist innere Realität immer auch zuvor erfahrene äußere Realität und ist äußere Realität immer auch interpretiert durch die innere (subjektive) Realität (siehe FREUD 1923).

Die Außenwelt wird vom menschlichen Subjekt so aufgenommen, wie es sein Wahrnehmungsapparat erlaubt: selektiv, eingeschränkt, in bestimmten Dimensionen akzentuiert oder überakzentuiert, und so verstanden, so interpretiert, wie es die individuellen inneren Strukturen erlauben und bestimmen, in deren Bildung immer Außenwelt eingegangen ist. Erlebte innere und erlebte äußere Realität sind auch Produkte des Austauschs zwischen beiden (siehe FREUD 1923).

Die subjektive innere Realität wird also durch die äußere Realität stark beeinflußt, strukturiert und moduliert, ist verinnerlichte Außenwelt; die Wahrnehmung der äußeren Realität wird durch die innere Realität und ihre Interpretationsmodi sehr stark bestimmt; sie ist immer auch, wenigstens teilweise, Täuschung, Verzerrung, also eine subjektive Interpretation.

Wenn sich zwei Menschen zu gemeinsamem Tun zusammenfinden, in unserem Fall zu einer vom Idealtyp her kooperativ gestalteten Therapie eines der beiden Partner, dann treffen also neben zwei unterschiedlichen Innenwelten, subjektiven Erlebenswelten, auch zwei unterschiedliche Wahrnehmungen und Interpretationen der äußeren Realität, der gemeinsamen humanen Lebenswelt, zwei Konzepte der äußeren Realität aufeinander. Es ist die Frage, was hier unter den Aspekten therapeutischer Veränderung, der Erreichbarkeit therapeutischer Zielsetzung geschehen kann.

## Der therapeutische Prozeß

Wie ist das Ziel, die Zielsetzung in der Behandlung von Abhängigkeit und Sucht zu bestimmen und zu beschreiben? – Es sollte erreicht werden, daß der Patient die von ihm immer auch verzerrte Wahrnehmung der äußeren Realität, speziell auch die des Therapeuten, überprüft und allmählich entzerrt. Er sollte den Therapeuten zunehmend so erleben, daß dieser sich als Person wahrgenommen und verstanden fühlen kann. Das ist nur möglich, wenn dem Patienten auch seine eigene subjektive Lebenswelt (innere Realität), speziell in ihren ihm nicht ohne weiteres zugänglichen Anteilen, näherrückt, so auch die von ihm nicht oder nur anteilig oder nur diffus erlebten Affekte (Heigl-Evers u. Standke 1991). Zu der inneren Realität, die dem Patienten zu vermitteln wäre, gehört auch die – ökonomische – Funktion des Suchtmittels, der Substituierungseffekt dieses Stoffes.

Es geht nun darum zu definieren, was nach unserem – von der Psychoanalyse geleiteten – Verständnis unter dem therapeutischen Prozeß, speziell in der Zusammenarbeit mit Abhängigkeits- und Suchtkranken, verstanden werden soll. Wir wollen darunter den Versuch eines dialogischen Austausches zwischen zwei Partnern verstehen, von denen der eine an Störungen und Symptomen leidet, die aus seinen inneren Strukturen resultieren. Der andere hingegen hat sich darin geübt, seine inneren Strukturen zum besseren Verständnis seines Gegenübers und gleichzeitig immer auch seiner selbst einzusetzen (Heigl, Schultze-Dierbach u. Heigl-Evers 1994; Heigl-Evers, Schultze-Dierbach u. Standke 1991; Heigl-Evers, Standke u. Wienen 1981).

»Prozeß« ist stets als ein Geschehen zu verstehen, als etwas Dynamisches, sich Veränderndes. Ein solches Geschehen ist, speziell auch in der Therapie, störanfällig. Die hier aus therapeutischer Sicht besonders auffälligen Störungsformen sind die der brüsken Unterbrechung des Interaktionsflusses, der Dialogbrüche

15

also, oder seine Überführung in einen geschlossenen Kreis (Funktions- oder Teufelskreis), wie er – in Analogie – beim endlosen Wandern eines Göpelpferdes entsteht, das etwa ein Wasserschöpfrad in Bewegung hält und das, um diesen endlosen Kreisgang vollziehen zu können, nach außen, auf die weitere Umgebung gerichtete Auge durch eine Scheuklappe verdeckt bekommt. Eine andere Störung des Prozesses kann in dessen Einmündung in eine »Sackgasse« bestehen.

Es geht in der Therapie darum, einen dialogischen Austausch einzuleiten und in Gang zu halten, und das heißt Störungen dieses Austausches (Widerstände bei einem der beiden Partner oder bei beiden) zu erkennen und zu bearbeiten.

Störungen der genannten Art wie Dialogbrüche, Bildungen geschlossener Kreise sind immer auch bedingt durch die von den Beteiligten zur Wahrnehmung und Interpretation der inneren und äußeren Realität eingesetzten individuellen Strukturen. Dabei darf davon ausgegangen werden, daß die Prozeß-Behinderungen und -Blockierungen durch nicht bewußt erlebte, durch unverstandene Ängste zustandekommen; auf diese Weise wird den Angst auslösenden Gefahren vorgebeugt – zum Beispiel durch Abbruch, Unterbrechung des Prozesses (Dialogbruch), oder durch vitiöse Kreisläufe oder durch »Sackgassen«, die aus der Sicht der therapeutischen Zielstellung behindernd sind. Zum Dialogbruch kommt es zum Beispiel dadurch, daß der Betreffende im Gespräch bestimmte Zusammenhänge nicht weiterverfolgen darf, wenn er nicht seine innere und auch interpersonelle Sicherheit gefährden will, daß er die Verdichtung solcher Zusammenhänge und Verbindungen dadurch verhindern muß, daß er sie zerreißt.

Dieses Zerreißen wurzelt zum Beispiel, wie einer Krankengeschichte zu entnehmen ist, in der frühen infantilen Erfahrung, sich vom Vater losreißen zu wollen, der die Tendenz hatte, das Kind festzuhalten – ein von diesem selbst bewußt als wohlwollend und fürsorglich erlebtes Festhalten – das aber vom Kind als Freiheitsberaubung, ja als Fesselung verstanden wurde, weshalb es sich früh darin übte, sich vom Vater zu lösen, sich notfalls von ihm loszureißen oder ihm auch listig zu entwischen. Der Vater erlebte dieses Festhalten als Ausdruck der von ihm vage gespürten Wünsche nach Nähe und Bindung; der Sohn hingegen verstand das väterliche Verhalten als Freiheitsberaubung und Fesselung, als abgrundtiefe Gemeinheit. Eine Kind-Vater-Verständigung war zu jener Zeit in dieser Hinsicht nicht möglich. Ein solches Festhalten praktizierte der Vater auch bei der Beaufsichtigung der Schularbeiten des Sohnes, wobei er stundenlang neben diesem hockte, um ihm zu helfen, ihn zu trainieren und jeder Abwehr von seiten des Kindes das Argument entgegensetzte, er wolle ihn doch nur dabei unterstützen, besser, wenn nicht der Beste, in der Schulklasse zu werden. Der Vater war davon überzeugt, daß er ein hilfsbereiter Förderer mehr als jeder andere sei. Er verstand sich selbst also fundamental anders als der Sohn ihn erlebte: Was für den Vater Ausdruck von Zuneigung, Zugewandtheit, ja Hilfs- und Förderungsbereitschaft war, stellte sich in der Wahrnehmung und Interpretation des Kindes als Fesselung, als Eingriff in seine Autonomie, als Bemächtigung und Unterdrückung dar. Daraus resultierte eine weitgehende Blockierung der Verständigung: Das Kind verstand den Vater nicht, der Vater verstand das Kind nicht, eine Verständigung zwischen den beiden war unmöglich, weil Eigenwahrnehmung und Fremdwahrnehmung diametral entgegengesetzt waren. Die Hilfsangebote des Vaters waren immer auch stark besitzergreifend. Das Kind konnte sich ihnen nur dadurch entziehen, daß es in regional bereitstehende Freiräume auswich, so zum Beispiel auf einen Spielplatz bei einer benachbarten Kirche oder auf die weiten Uferwiesen eines nahen Flusses. Er stürmte geradezu aus der bedrohlich gewordenen Nähe zum Vater hinaus ins Freie.

Die Tendenz zu stürmischer Flucht stellt sich beim inzwischen erwachsenen Mann in seiner therapeutischen Beziehung, aber auch in sonstigen Beziehungen, so dar, daß er im Gespräch immer dann, wenn Bemächtigung von Seiten des anderen de facto oder scheinbar droht, den Gesprächsablauf zum Beispiel durch brüsken Themenwechsel unterbricht, den anderen stehen, sitzen läßt – ihn verläßt, wie der Betroffene es dann meist erlebt. Der Patient tut dies, um sich vor gefährlicher Nähe zu schützen, die – entsprechend seinen frühen Beziehungserfahrungen – ihn seiner Freiheit berauben, ihn einengen, fesseln könnte. Für den betroffenen Gesprächspartner dagegen geht es dann häufig darum, daß er sich verlassen, stehengelassen fühlt. Es bedeutet für ihn, daß er sich in seiner jeweiligen Befindlichkeit, in seiner Bereitschaft zum Beispiel zu therapeutischer Hilfestellung, nicht wahrgenommen, nicht ernstgenommen und nicht respektiert fühlt, sich in dieser Hinsicht vielmehr marginalisiert, fortgestoßen, vernachlässigt sieht und darauf in der Regel – eingestanden oder nicht – aggressiv oder aversiv reagiert.

Bei diesem Patienten ist häufig auch das Einmünden des Gesprächsflusses in einen in sich geschlossenen Kreis zu beobachten: Wenn er sich im Verlauf des therapeutischen Gesprächs mit eigenem schuldhaften Versagen oder mit eigenem fehlerhaften Verhalten konfrontiert sieht, dann tendiert er dahin, Fehlerhaftigkeit und Schuld nach außen zu verlagern und entsprechende Außenobjekte anzuklagen, gemäß dem Mechanismus der sadistischen Version der »Identifizierung mit dem Angreifer« (s. A. FREUD 1936).

Da sich fehlerhaftes und schuldhaftes Verhalten überall und immer wieder ereignet und weil die Beurteilung solchen Tuns bei diesem Patienten besonders harten Normen unterworfen ist, zumal er bei solcher Beurteilung nach den Prinzipien eines besonders harten unnachsichtigen Strafverfolgers verfährt, muß zur Entlastung von eigener Schuld und zur Vermeidung unnachsichtig-harter Selbstbeurteilung und Selbstverurteilung immer wieder eine Schuldverlagerung stattfinden. Er hat dann die Neigung, anhaltend auf die betreffenden »Schuldigen« zu schimpfen, sich über sie zu empören, sie hart anzuklagen, ihnen zu grollen, sie abzuwerten oder zu entwerten, ihnen anzudrohen, sie so unter Druck zu setzen, daß sie hinfort besser »spuren«. Diese Verhaltensweise kann vom Therapeuten als »Göpelpferd-Phänomen« verstanden werden: Das auf die Schuldhaftigkeit anderer als zentrale Achse jedweder Schuldregulierung gerichtete Auge bleibt geöffnet, das auf die Vielfalt schuldhaften Verhaltens der eigenen Person bleibt verschlossen.

Der Patient dreht sich unablässig im Kreise, ohne zu merken, daß er es tut. Anders als beim Trott des Göpelpferdes geschieht dabei nichts Nutzbringendes, nichts Weiterführendes. Auf diese Weise wird der prozeßhafte Dialogfluß in der Therapie blockiert und damit vor allem jede Chance für den Patienten, sich selbstkritisch zu sehen und sich zu verändern; denn solange ausschließlich die anderen Träger von Schuld und Versagen sind, wird sich bei ihm keine Motivation zu eigener Umstellung entwickeln können. Fragt man sich, warum der Patient sich in dieser Weise blockiert, dann stößt man darauf, daß eine solche Konfrontation für ihn eine ungeheure Abwertung, Entwertung bedeuten würde, daß er ihr nicht standhalten und sich nicht durch eine angemessene kritische Selbstbeurteilung schützen und verteidigen könnte. Der Einsatz des Mechanismus der Identifizierung mit dem Angreifer bedeutet harte Beurteilungsmaßstäbe, die auch läßliches Versagen als schwerwiegend erscheinen lassen, so daß jedes Mißlingen, tritt es beim Patienten auf, die beschriebene Maßnahme der Schuldverlagerung auslöst und einen vitiösen Zirkel herbeiführt. Eine solche Beurteilung wurde freilich nur an Personen vorgenommen, die nicht der eigenen Kleinfamilie angehörten, doch lieferte sie dem Kind damals ein Modell der Beurteilung von anderen, das es dann auch auf sich bezog und fürchtete wie die Pest. Auf diese Weise wird verständlich, daß er den genannten Mechanismus der Schuldverschiebung immer wieder einsetzt, anstatt seinem eigenen Spiegelbild standzuhalten. – Der Vater pflegte in solchen Situationen im Ton einer für den Jungen kaum erträglichen Verachtung zu sagen: »Du Schnapper!«. Der Vater wollte das Kind auf diese Weise »nur« zur besseren Leistung und Aufgabenbewältigung anspornen; er wollte auch hier wieder für den Sohn »das Beste« und hätte nicht begreifen können, daß er ihn damit in schwer erträglicher Weise belastete und ihn dazu veranlaßte, über eine Identifizierung mit ihm die genannten Schutzmechanismen und -maßnahmen zu entwickeln. Er machte solche abwertenden Äußerungen aus bestem Wissen und Gewissen. Immer wieder mündet das Verhalten dieses Patienten auch in eine »Sackgasse« ein. Dies geschieht dann, wenn er sich vor drohender Verurteilung in die Vorstellung flüchten muß, unter lauter Ungerechten der einzige Gerechte zu sein. »Aus der Sackgasse der Selbstgerechtigkeit gibt es kein Zurück«, heißt es im Volksmund.

Zwischen den beiden Gesprächspartnern entstehen, wenn solche Blockierungen und Behinderungen auftreten, zunächst Verständigungsschwierigkeiten; es gehört zu den Aufgaben des Therapeuten, diese aufzuklären, durch Erkundung von Zusammenhängen, durch theoriegeleitete Schlußbildungen (HEIGL-EVERS, HEIGL u. OTT 1993, S. 211f.), die er sowohl aus der Wahrnehmung des Patientenverhaltens entwickeln kann wie aus seinen eigenen Reaktionen darauf.

Neben den beschriebenen Prozeßunterbrechungen (Dialogbruch, Circulus vitiosus, Sackgasse) gibt es auch noch andere stagnative Verhaltensformen. Zu Prozeßunterbrechungen kommt es immer dann, wenn die Fortführung des Dialogs den Patienten (gelegentlich vielleicht auch den Therapeuten) mit eigenen inneren Unverträglichkeiten und entsprechenden Unerträglichkeiten in der interpersonellen Situation konfrontieren würde. Solche Unverträglichkeiten könnten zum Beispiel dann entstehen, wenn sich der Betreffende, von Phantasien eigener Großartigkeit erfüllt, mit seinem entwerteten Selbst konfrontiert sähe. Sie können aber auch darin bestehen, daß der Patient im Therapeuten aufgrund von dessen aktuellem Verhalten ein nur böses/schlimmes Objekt erkennen kann, das die Existenz des guten Objekts, das der Therapeut bis dahin gewesen ist, plötzlich aufhebt. In einem solchen Fall würde es sich affektiv um eine unerträgliche Enttäuschung handeln, eine mit entsprechenden heftigen bis archaischen Aggressionen verbundene Enttäuschung, die – zum Ausdruck gebracht – die Beziehung zum Therapeuten oder diesen selbst beschädigen oder gar (z.B. moralisch) zerstören könnte. Aus diesem Grunde erscheint es dem Patienten nicht möglich, das Gespräch im entstandenen Kontext weiterzuführen; es kommt dann zum Dialogbruch.

Auch eine bevorstehende Konfrontation mit eigener Schuld, die sich im Lichte archaischer Über-Ich-Formationen als äußerst verdammenswert darstellt, kann zur Prozeßstagnation führen. Eine solche Konfrontation kann unerträglich sein, könnte zu archaischen Selbstbestrafungs- und Selbstschädigungsaktionen führen und muß deshalb verhindert werden. Ein abhängigkeitskranker Patient, der alkoholisiert und unter der Einwirkung heftiger diffuser aggressiver Affekte in einer Kneipe einen Mann getötet hatte, nahm in folgender Weise zu dieser Tat Stellung: »Durch mein Trinken von Alkohol ist jemand zu Tode gekommen.« Hier wird deutlich, daß es auch in solchen Fällen einer unvermeidbaren Konfrontation, hier mit der Justiz und dem Richter, immer noch zu einer Art Schuldverschiebung kommt: nicht ich, sondern der von mir vereinnahmte Alkohol hat dieses Böse getan. Man darf vermuten, daß der Patient den Alkohol als Substitut eines »nur bösen« inneren Teilobjekts erlebt. Das zeigt, daß dieser Patient die Konfrontation mit eigener Schuldhaftigkeit nicht ertragen hätte. So war es bei der drogensüchtigen Mörderin M. in B., wenn sie in der Therapie, ohne dabei etwas zu fühlen, immer wieder versuchte zu beteuern: Ich, ich habe das getan (nämlich ein geradezu grauenhaftes Tötungsdelikt an ihrem Liebhaber). Auch sie konnte diese Konfrontation nicht ertragen, ist schließlich, nach dem sie aus dem Maßregelvollzug entwichen war, in einem Kanal eines

Nachbarlandes ertrunken aufgefunden worden (HEIGL-EVERS u. WEIDENHAMMER 1988).

Ein Dialogbruch ergibt sich auch dann, wenn ein Patient seine Selbstgerechtigkeit in einer bestimmten Situation, und zwar speziell in der Konfrontation mit dem Therapeuten nicht aufrechterhalten kann, wenn er sich aus der ›Sackgasse‹ der Selbstgerechtigkeit zurückziehen müßte. Er sähe sich sonst einer Selbstbeurteilung oder Fremdbeurteilung ausgesetzt, die ebenfalls unerträglich wäre. Die Selbstgerechtigkeit ist das mit Abstand sicherste Bollwerk gegen Selbstentwertung. Das gleiche gilt für die Selbstgefälligkeit, die auch zu Dialogbrüchen führen kann. Eine kleine Anekdote mag das belegen: In New York begegnen sich zwei Kollegen in Manhattan auf der Straße; der eine der beiden hat vor kurzem ein Buch publiziert, das sich inzwischen ganz gut verkauft hat. Er spricht mit dem anderen längere Zeit über dieses Buch, über dessen unvergleichliches Niveau und über das immense Interesse, das es gefunden habe. Er merkt nicht oder nur sehr vage, daß diese Gesprächsführung recht einseitig ist und nicht zu einem Dialog führt (der andere hat gar nicht die Möglichkeit, sich zu äußern); er faßt sich schließlich an die Stirn und sagt: »Aber wir reden ja die ganze Zeit nur von mir. Das geht doch nicht, sagen Sie doch, was halten *Sie* denn von meinem neuen Buch?« (Mündlich überliefert von ERICH FROMM). Auch hier muß am grandiosen Selbst, an der verklärenden Überhöhung des eigenen Selbst, unbedingt festgehalten werden, weil sonst das Erleben unerträglicher Kleinheit, unerträglichen Unbedeutendseins eintreten könnte, das für den Betreffenden auch wieder nicht auszuhalten wäre. – Die Ich-Funktion, die hier nicht ausreichend entwickelt werden konnte, ist die einer für den Betreffenden erträglichen kritischen Selbstbeurteilung, erträglich deswegen, weil ein ausreichendes Fundament an fragloser Selbstbejahung vorhanden ist. Unter dieser Voraussetzung ist Selbstkritik ebenso natürlich wie Fremdkritik erträglich und bekömmlich, das heißt förderlich.

Unter dem Aspekt des therapeutischen Prozesses bedürfen stagnative Mechanismen oder Maßnahmen einer gründlichen Bearbeitung.

## Die psychoanalytisch-interaktionelle Methode

Nachdem die wichtigsten in unserer Themenstellung vorkommenden Begriffe erörtert wurden, ist jetzt die Frage zu behandeln, wie in einem solchen Prozeß innere und äußere Realität vermittelt werden:

Das von uns zur Behandlung strukturell gestörter Abhängigkeitskranker vorgeschlagene therapeutische Vorgehen ist das der psychoanalytisch-interaktionellen Methode, die sich am Interventionsprinzip der ›Antwort‹ orientiert (HEIGL, SCHULTZE-DIERBACH u. HEIGL-EVERS 1994). Die emotional-authentische (in ihrer Expression therapeutisch gesteuerte) Antwort vermittelt dem Patienten die innere Realität (subjektive Erlebenswelt) des Therapeuten, die für den Patienten einen Anteil der äußeren Realität (gemeinsame humane Lebenswelt) darstellt. Durch die Antwort soll gewährleistet sein, daß die innere (subjektive) Realität des Therapeuten in ihrer Authentizität zunächst einmal wahrnehmbar wird; wie der Patient sie aufnimmt oder aufnehmen kann, ob unverzerrt oder mehr oder weniger verzerrt, ist eine andere Frage. Dafür ein kleines Beispiel:

Ein Therapeut wird im Ablauf des Gesprächs vom Patienten in sehr harter, in aggressiv-herabsetzender Weise angegriffen und bloßgestellt. Der Therapeut fühlt sich betroffen und getroffen, er sieht sich mit Seiten seines Verhaltens, seiner Person konfrontiert, die ihm selbst nicht gefallen, die Scham- und Schuldgefühle bei ihm auslösen. Dabei spürt er auch Ärger auf den Patienten, dessen Kritik er alles in allem doch als überzogen erlebt. Er sagte in einer solchen Situation: »Was Sie mir da jetzt gesagt haben, ist schon ziemlich hart«, dann, etwas zögernd: »An dem, was Sie da sagen, ist sicherlich etwas dran. Mir scheint es nur ein bißchen überspitzt zu sein; so ganz gerecht sehe ich mich von Ihnen nicht beurteilt; ich sehe mich selbst schon etwas anders.«

Es ist wichtig, daß der Therapeut das Zutreffende der Kritik des Patienten bestätigt, daß er seine affektive Betroffenheit, sein Getroffensein deutlich werden läßt; andernfalls steigert sich auf seiten des Patienten die aggressive Gestimmtheit und verstärken sich die aggressiven Affekte. Er erlebt sich dann unter Umständen in einer heftigen ausweglosen Wut, ausweglos deswegen, weil er den anderen nicht erreicht, weil sich dieser seiner Kritik verschließt.

Der Therapeut, bereit, sich betreffen und treffen zu lassen, sollte sich andererseits davor schützen, etwa durch heftige Entwertung beschädigt oder gar zerstört zu werden. Der Patient sollte erfahren, daß der Therapeut über eine libidinöse Zuwendung zu sich selbst, über eine Selbstakzeptanz verfügt, die durch Selbst- und Fremdkritik nicht zu beeinträchtigen ist.

Eine Therapeutin, die strukturell gestörte Patienten im Rahmen einer Gruppe psychoanalytisch-interaktionell behandelte, stieß bei den Gruppenteilnehmern deswegen auf Kritik, weil sie häufig zu spät zu den Sitzungen erschien, diese Verspätung zwar immer zeitlich ausglich, dadurch jedoch die Planungen der Teilnehmer gelegentlich störte. Das wurde ihr eines Tages sehr ärgerlich, sehr deutlich, als starkes Mißfallen bekundet. Sie antwortete darauf etwa wie folgt: »Sie haben recht, daß ich häufiger unpünktlich bin; ich muß Ihre Kritik akzeptieren. Es hat vielleicht einige Vorteile, diese Therapie mit mir durchzuführen, es hat aber auch Nachteile, eben die, daß ich nicht immer pünktlich sein kann. Das hängt mit der Art meiner Aufgaben zusammen.« – Vielleicht wird deutlich, daß auch diese Therapeutin Fremd- und Selbstkritik deswegen ertragen kann, weil sie über ein ausreichendes Maß an Selbstbejahung verfügt. Eben dies fehlt den strukturell gestörten Patienten in der Regel. Dieser Mangel hängt damit zusammen, daß sie keine ausreichend differenzierten Selbst- und Objektrepräsentanzen entwickeln konnten, daß sie hier wie da durch das Erleben von Partialaspekten sowohl des eigenen Selbst wie der Objekte dominiert werden. Infolgedessen ist auch ihre Identitätsbildung schwach, mehr oder weniger brüchig und in sich widersprüchlich, so daß sie kritische Angriffe auf ihre Person sehr schnell als unerträglich erleben und sich mit Hilfe der von ihnen entwickelten Abwehr, in der Regel einer interaktionell abgewickelten Abwehr, schützen müssen. Sie müssen sich schützen vor dem, was sie dem Therapeuten androhen, nämlich vor Entwertung.

Die in der psychoanalytisch-interaktionellen Therapie angestrebte belebende Wirkung des interaktionellen Verhaltens von seiten des Therapeuten und die auf diese Weise angeregte Identifizierung mit ihm wird in entscheidender Weise gestützt und gefördert durch die für die Anwendung der psychoanalytisch-interaktionellen Therapie geforderten Grundeinstellungen des Wahrnehmens, Ernstnehmens und Annehmens des Patienten (Präsenz, Respekt, Akzeptanz). Die genannten Grundeinstellungen oder Grundhaltungen bedeuten für den Patienten eine intensive Bestätigung: Er ist der Adressat eines intensiven Interesses von seiten des Therapeuten, der ihm – von der Bemühung her – uneingeschränkte Aufmerksamkeit, ebenso wie uneingeschränkten Respekt und eine entsprechende Akzeptanz anbietet. In diese Bejahung ist die Gesamtperson des Patienten in allen ihren Anteilen eingeschlossen, mögen diese nun unter klinischem Aspekt als gesund oder als pathologisch gelten.

Der in der genannten Weise antwortende Therapeut liefert den Patienten ein Modell für ein anders geartetes und anders gesteuertes Verhalten, weckt in ihnen im gelungenen Fall zunächst Neugier auf den Andersartigen und sodann Tendenzen, sich mit ihm zu identifizieren, das auch deswegen, weil sie die entängstigenden, anregenden, bestätigenden, belebenden Aspekte von dessen interaktionellem Verhalten erlebt haben: Die vom Therapeuten erlebte und in der Therapie vermittelte Realität ist in der Regel das Resultat einer vergleichsweise besser gelungenen Realitätsprüfung als sie dem Patienten möglich ist; sie ist somit auch Ergebnis einer besser gelungenen Anpassung an die Überlebensbedingungen von Individuum und Art. Das gilt insbesondere für die soziale Anpassung, für die Wahrnehmung und flexible Handhabung der interpersonellen (dualen, trialen, pluralen) und kollektiven Bedingungen. Dieser Aspekt der Realität wird dem Patienten vermittelt über die zeitweilige Übernahme von Hilfs-Ich-Funktionen durch den Therapeuten, die dem Muster folgt: »Ich in Ihrer Situation hätte mich wahrscheinlich so und so verhalten.« In dieser Verhaltensbeschreibung wäre die deskriptive Ausfüllung der Ich-Funktionseinschränkung enthalten, die der Therapeut an seinem Patienten beobachten und verstehend erfassen konnte. Durch die Konstruktion: *Ich* an *Ihrer* Stelle wird die Unterschiedenheit der beiden Personen, die im therapeutischen Prozeß miteinander interagieren, hervorgehoben. *Ich* bin nicht *Du*; aber vielleicht könnte es Dich interessieren zu erfahren, wie ich mich in Deiner Situation fühlen und verhalten würde. Damit wird immer auch die Befindlichkeit, das Erleben und das Handeln des Therapeuten, wie sie sich unter bestimmten interpersonellen und sozialen Bedingungen darstellen, vermittelt.

Es ist damit zu rechnen, daß der Patient sich dagegen sträubt, sei es manifest, sei es latent; denn im Kontext seiner Realitätsinterpretation wäre es nicht *seine* Sache, sich aktiv in einer solchen Situation zu verhalten und für sich selbst einzusetzen, sondern es wäre Sache eines anderen, eines Teilobjektsubstituts, möglicherweise auch des Therapeuten. Der Therapeut soll ihm nicht zeigen, wie er selbst es machen könnte, sondern er soll es *für ihn tun*! Es könnte sein, daß der Patient auf eine solche indirekte Funktions- und Aufgabenzuweisung mit Ablehnung, vielleicht mit Empörung reagiert. In einem solchen Fall empfiehlt es sich, auf der Linie der psychoanalytisch-interaktionellen Methode, daß der Therapeut nun wiederum emotional authentisch antwortet und zum Beispiel leicht überrascht, vielleicht auch etwas ärgerlich bemerkt, daß er nicht einsehen kann, warum er so etwas dem Patienten abnehmen soll. Natürlich muß der Therapeut, wenn er sich in dieser Weise verhält, wenn er nach diesem Muster interveniert, sich mit Hilfe von theoriegeleiteten Schlußbildungen (Schlüssen, die er aus dem manifesten Verhalten des Patienten zieht) jeweils klarmachen, wie die *innere* Realität des Patienten in diesen Zusammenhängen vermutungsweise zu sehen ist, aus welchen Gründen er eine solche Substituierung, das heißt Teilobjekt-Substituierung mit Zuweisung von Regulierungsfunktionen vornimmt. Er müßte dann versuchen, verstehend und stützend auf den Patienten einzuwirken, müßte ihm zeigen, vor welchen subjektiv unangenehmen Folgen ihn sein Widerstreben schützen soll.

Ein solches Widerstreben kann sich zum Beispiel in einem Dialogbruch äußern. Ein Dialogbruch zeigt an, daß sich der Patient mit einer ihm unerträglichen subjektiven Realität konfrontiert sähe, wenn er den Dialog weiterführte. Es könnte zum Beispiel die innere Realität entwerteter Aspekte des eigenen Selbst sein, er könnte sich konfrontiert fühlen mit jenem Selbstbild, dem Dorian Gray sich am Schluß der Erzählung von Oscar Wilde konfrontiert sah und das ihn tötete. Er fürchtet die Konfrontation mit einem entwerteten Bildnis seiner selbst. Er fürchtet womöglich eine dadurch ausgelöste, darauf gerichtete Verachtung von seiten des Therapeuten, er fürchtet Schamüberflutung. Seine Angst gilt also sowohl Aspekten seiner inneren Realität: ein entwertetes Selbst und unerträgliche Scham – wie auch Aspekten seiner äußeren interpersonellen Realität: Verachtung, Entwertung von seiten des Therapeuten. Wenn die Weiterführung des Prozesses, des Dialogs dahin führen würde, bliebe ihm verständlicherweise nichts anderes übrig, als den dahinführenden Prozeß zu stoppen. Dieser Prozeß muß demnach abgebrochen werden, es muß zu einem Dialogbruch kommen. Mögliche Formen eines solchen Bruchs sind zum Beispiel das Zerreißen von Zusammenhängen, die Flucht in eine Sackgasse, die Stagnation in einem vitiösen Zirkel. Der Dialogbruch zeigt dem Therapeuten an, daß auf seiten des Patienten eine Toleranzgrenze erreicht oder bereits überschritten wurde.

Worin besteht das Erschreckende, das nicht wahrnehmbar, nicht erlebbar werden darf, dem im Hier und Jetzt auf jeden Fall ausgewichen werden muß? Sobald es um die innere Realität, die subjektive Erlebenswelt geht, droht hier zum Beispiel Konfrontation mit eigener Schuld, für die es keine Verzeihung, keine Vergebung, kein Erbarmen gäbe, ein Schulderleben, in dessen Entstehung Anteile der äußeren Realität (wahrgenommene Außenobjekte) eingegangen sind. In der äußeren Realität wird im hier angenommenen Fall die Konfrontation mit einem unnachsichtigen, erbarmungslosen Strafverfolger gefürchtet. Die so erlebte Außenwelt ist überwiegend das Resultat einer Interpretation von seiten des Patienten, die unter der Einwirkung innerer Objekte geschieht, die durch eine verinnerlichte, vormals äußere Realität bestimmt ist. Die so wahrgenommene erschreckende äußere Realität in der aktuellen Situation ist teilweise eine Projektion der Innenwelt, die im Sinne dieser Projektion interpretiert und für wahr genommen wird. – In einer solchen Situation wird es Ziel der Therapie sein, den abgebrochenen Dialog wieder herzustellen, den Fluß der Interaktionen wieder in Bewegung zu bringen; das kann geschehen, indem der Therapeut sich als ein »Antwortender« verhält, indem er – emotional authentisch – die von ihm erlebte Realität seiner Innen- und Außen-Wahrnehmung einzubringen versucht. So könnte er etwa sagen: »Sie sind jetzt plötzlich fortgegangen, haben mich zurückgelassen. Ich finde das schade, es bekümmert mich; Sie rechnen vielleicht mit etwas Schlimmem, was aber gar nicht so schlimm sein muß, wie es für Sie zu sein scheint. Ich würde mich freuen, wenn Sie sich wieder ein wenig mehr auf mich einließen.« Oder es ließe sich sagen: »Grade eben sind Sie weggegangen, haben mich sitzen lassen. Das betrübt mich und macht mich auch ärgerlich; ich wünsche mir schon, daß wir uns verständigen, daß ich Sie erreichen und verstehen kann.« [Oder: »Ich fühle mich jetzt von Ihnen verlassen. Sie haben mir erzählt, daß Sie sich auch oft verlassen fühlen. Ich kann jetzt spüren, was das heißt, wie es sich anfühlt.« Oder: »Sie sind auf einmal weg, sind woanders; ich muß sozusagen um die Ecke gucken, um Sie wieder zu sehen; Sie machen da so eine Art Rösselsprung. Wo sind Sie? Ich wüßte das gern, es interessiert mich.«]

Ein Dialogbruch ist immer auch eine Art Krise im Ablauf des therapeutischen Prozesses. Es ist wichtig, daß der Therapeut sich dazu ein Urteil bildet, was der Patient – und auch der Therapeut selbst – in innerer und äußerer Realität erlebt. Dabei ist es speziell wichtig, daß der Therapeut auf affektive Äußerungen oder Signale beim Patienten achtet ebenso wie auf seine eigenen und daß er den interaktionellen Zusammenhang versteht, der zur Blockierung führte.

Blockierungen dieser Art, Hemmungen und Unterdrückungen von Elementen des eigenen Erlebens spielen in dieser Therapie eine große Rolle (KRAUSE 1988); es sind vor allem die Affekte, die in den verschiedenen Anteilen ihres Systems, als das man sie heute versteht, gehemmt, unterdrückt sein können und damit aus dem Fluß des Geschehens, aus dem dialogischen Prozeß ausgeschlossen werden. Hier bedarf es einer sorgfältigen Wahrnehmung von seiten des Therapeuten – gerade auch im Zusammenhang mit Dialogbrüchen –, die es ihm ermöglicht, Affektunterdrückungen oder -hemmungen zu registrieren und den Patienten darauf anzusprechen. Das kann auf verschiedene Weise geschehen: Der Therapeut vermißt in einem bestimmten interaktionellen Ablauf, sei es im Hier und Jetzt oder in einer aktuellen oder auch früheren sozialen Situation auf seiten des Patienten einen bestimmten Affekt deswegen, weil er selbst ihn in einer solchen Situation erlebt haben würde. Er schließt daraus auf einen Ausfall des Affekts beim Patienten, wobei dieser Ausfall bestimmte Anteile eines Affekts betreffen kann (HEIGL-EVERS, HEIGL u. OTT 1993, S. 217f.). Diese differenzierende Diagnose wird aufgrund von Wahrnehmungen beim Patienten vollzogen. Der Therapeut kann diesen Ausfall gemäß dem Interventionsmuster ansprechen: »Ich an Ihrer Stelle, in Ihrer Situation hätte jetzt oder damals das und das gefühlt«. Der Therapeut würde also eine Hilfs-Ich-Funktion in bezug auf nicht erlebte Affekte oder Affektanteile übernehmen, er würde auf Lücken in der Binnenwahrnehmung des Patienten in der Weise ansprechen, daß er sein eigenes Erleben, für den Patienten also Anteile von äußerer Realität, als Ergänzung anbietet. Der Therapeut kann auf solche von ihm registrierte Affektausfälle beim Patienten auch so antworten, daß er seine eigene emotionale Antwort auf diese Ausfälle mitteilt; das geschieht nach dem Muster: »Ich bin jetzt schon überrascht« oder »das verstimmt mich jetzt« oder »ich finde das erfreulich« oder ähnliches. Auch hier wird die Aufmerksamkeit des Patienten über das Erleben des Therapeuten, also über Elemente der äußeren Realität für den Patienten, auf dessen innere Realität gelenkt, diesmal nicht über eine Stellvertreter-Funktion, sondern über die Funktion des Gegenübers, des Antwortenden, des abgegrenzt Andersartigen.

Es geht um einen Prozeß wechselseitiger Einwirkung darauf, wie der je andere seine subjektive Erlebenswelt (innere oder psychische Realität) und die gemeinsame humane Lebenswelt (äußere Realität) wahrnimmt. Die beiden Partner unterscheiden sich unter anderem dadurch, daß der eine im Zusammenhang damit, wie er innere und äußere Welt erlebt und interpretiert, Störungen und Leidenssymptome entwickelt hat, während der andere – in der Regel nicht in einem klinischen Sinne leidend – in professioneller Sozialisation erworbene Kenntnisse und Fähigkeiten einsetzt, die den Prozeß zunehmend besserer Verständigung zwischen den Wahrnehmungs- und Interpretationsweisen der beiden Partner fördern und verbessern (HEIGL-EVERS u. OTT 1994).[2]

## Literatur

FREUD, S. (1915): Das Unbewußte. GW X, S. 263–303.
FREUD, S. (1916): Metapsychologische Ergänzung zur Traumlehre. GW X, S. 412–426.
FREUD, S. (1923): Das Ich und das Es. GW XIII, S. 235–289.
FREUD, A. (1936): Das Ich und die Abwehrmechanismen. Wien: Internationaler Psychoanalytischer Verlag. In: Die Schriften der Anna Freud, Bd. 1, S. 191–355. Kindler, München 1980.
HEIGL-EVERS, A., STANDKE, G. u. WIENEN, G. (1981): Sozialisationsstörungen und Sucht – Psychoanalytische Aspekte. In: FEUERLEIN, W. (Hg.), Sozialisationsstörungen und Sucht – Entstehungsbedingungen, Folgen, therapeutische Konsequenzen. Akademische Verlagsgesellschaft, Wiesbaden.

---

2 Ich möchte GÜNTHER PATZIG für freundliche philosophische, KLAUS FISCHER für freundliche biologische Beratung herzlich danken.

HEIGL-EVERS, A. u. WEIDENHAMMER, B. (1988): Der Körper als Bedeutungslandschaft. Huber, Bern.

HEIGL-EVERS, A., SCHULTZE-DIERBACH, E. u STANDKE, G. (1991): Grundstörungen bei Abhängigkeit und Sucht aus tiefenpsychologischer Sicht. In: WANKE, K. u. BÜHRINGER, G. (Hg.), Grundstörungen der Sucht. Springer, Berlin.

HEIGL-EVERS, A. u. STANDKE, G. (1991): Die Beziehungsdynamik Patient-Therapeut in der psychoanalytisch-orientierten Diagnostik. In: HEIGL-EVERS, A., HELAS, I. u. VOLLMER, H.C. (Hg.), Suchttherapie. Vandenhoeck u. Ruprecht, Göttingen.

HEIGL-EVERS, A., HEIGL, F. u. OTT, J. (1993): Lehrbuch der Psychotherapie. Fischer, Stuttgart.

HEIGL-EVERS, A. u. OTT, J. (1994): Die psychoanalytisch-interaktionelle Methode. Vandenhoeck u. Ruprecht, Göttingen.

HEIGL, F., SCHULTZE-DIERBACH, E. u. HEIGL-EVERS, A. (1994): Die Bedeutung des psychoanalytisch-interaktionellen Prinzips für die Sozialisation von Suchtkranken. In: BILITZA, K. (Hg.), Psychoanalytisches Grundwissen für die Praxis. S. 230–250. Vandenhoeck u. Ruprecht, Göttingen.

JACOBSON, E. (1973): Das Selbst und die Welt der Objekte. Suhrkamp, Frankfurt/M.

KRAUSE, R. (1988): Eine Taxonomie der Affekte und ihre Anwendung auf das Verständnis der »frühen« Störungen. Zeitschrift für Psychotherapie, Psychosomatik und medizinische Psychologie 38: S. 77–86.

TINBERGEN, N. (1956): Instinktlehre. P. Parey-Verlag, Berlin und Hamburg, S. 26–52.

UEXKÜLL, J. von (1921): Umwelt und Innenwelt der Tiere. Berlin.

*Heinz C. Vollmer*

# Innere und äußere Realität und entwicklungspsychologische Aspekte der Abhängigkeit

## *Verhaltenstherapeutische Sicht*

> Es gibt keine *innere* Realität.
> Was es nicht gibt, kann man nicht verneinen. In anderen Worten: durch den ersten Satz dieses Artikels, wurde die Existenz einer inneren Realität akzeptiert. (Man kann z.B. nur sagen es gibt keine Dinos, wenn man eine Vorstellung von Dinosauriern hat).
> Also gibt es doch eine innere Realität, aber nur bei den Psychoanalytikern und nicht bei den Verhaltenstherapeuten und damit basta!
> Man kann also einen Psychoanalytiker (und auch Vertreter anderer Therapierichtungen) von einem Verhaltenstherapeuten unterscheiden, indem der letztere eine innere Realität abstreitet.

Seit Gründung der Psychoanalyse und, sechzig Jahre später als Antwort auf die Psychoanalyse, der Verhaltenstherapie, hat es in der Psychotherapie keinen Paradigmawechsel mehr gegeben. So nützlich und wichtig die anderen Therapierichtungen (z.B. Familien-, Gestalt- und Gesprächspsychotherapie) für die Behandlung von Abhängigkeiten und anderen Störungen sowie für theoretische Anregungen sind, die eigentlichen Pole der Psychotherapie sind weiterhin die *Psychoanalyse* und die *Verhaltenstherapie*. Bis auf wenige Überschneidungen unterscheiden sie sich beide grundsätzlich in ihren Gegenstandsbereichen, therapeutischen Methoden und wissenschaftstheoretischem Hintergrund. Im Gegensatz zum Eklektizismus – von verschiedenen therapeutischen Richtungen werden auf der Basis individueller subjektiver Kriterien Elemente zu einer Theorie und Therapie zusammengefaßt – übernehmen

Psychoanalyse und Verhaltenstherapie nur die Elemente anderer therapeutischer Richtungen, die sich in ihre Theorien einordnen lassen oder die eine Anpassung der Theorien an die neu gewonnenen Elemente gestatten. Bei nicht mit der Theorie zu vereinbarenden Elementen findet eine Weiterentwicklung der Theorie und Therapie durch eine bewußte Abgrenzung statt. Es gibt keine Kompromisse, die Reinheit der Theorie bleibt erhalten.

Sowohl durch Abgrenzung als auch durch die Übernahme von Elementen hat die Verhaltenstherapie von der Psychoanalyse erheblich profitiert. In Abgrenzung zur Psychoanalyse liegt der Schwerpunkt der verhaltenstherapeutischen Behandlung in der Gegenwart und im beobachtbaren Verhalten; von den therapeutischen Interventionen wird gefordert, daß sie einer empirischen Prüfung zugänglich sind. Der Psychoanalyse angenähert hat sich die Verhaltenstherapie durch die Berücksichtigung der *Beziehung im therapeutischen Prozeß* (ZIMMER 1983; MARGRAF u. BRENGELMANN 1992), die Analyse *interaktioneller Verhaltensweisen in Kindheit und Jugend* (GRAWE u. DZIEWAS 1978) und durch die Einbeziehung *unbewußter Kognitionen* sowohl bei der Erstellung theoretischer Modelle als auch in der Behandlung (ELLIS 1962; KRAEMER 1988; VOLLMER u. FERSTL 1989).

Die ausgeprägten Unterschiede zwischen den beiden Richtungen werden durch diese Annäherungen nicht aufgehoben. Die Gegensätze sind belebend, die Konflikte dienen der Weiterentwicklung beider Therapien. Die Orientierung an nur einer Therapierichtung erhöht, im Gegensatz zu einem integrativen oder eklektischen Ansatz, die Flexibilität des Therapeuten. Es kann auf ein halbwegs einheitliches theoretisches Bezugssystem zurückgegriffen werden, wenn neue, unbekannte therapeutische Situationen eintreten. Die für eine Therapie typischen komplexen Entscheidungsprozesse werden dadurch wesentlich erleichtert und sinnvolle kreative Lösungsstrategien werden gefördert. Voraussetzung ist die Berücksichtigung von Variablen, durch die Entscheidungsprozesse beeinflußt werden (VOLLMER 1993).

Annäherungen zwischen Psychoanalyse und Verhaltenstherapie werden naturgemäß weiterhin erfolgen. Gegensätze zwischen beiden Therapierichtungen sollten bewußt gefördert werden. Eine natürliche, faire Konkurrenz führt langfristig zu einer Verbesserung der therapeutischen Qualität. Die Begriffe »innere und äußere Realität«, von den theoretisch unterschiedlich orientierten Herausgebern dieses Bandes wohlweislich und in Einmütigkeit gewählt, eignen sich gut zur Verdeutlichung eines wesentlichen Gegensatzes zwischen Psychoanalyse und Verhaltenstherapie. Bevor auf die entwicklungspsychologischen Aspekte der Abhängigkeit eingegangen wird, sollen die Begriffe »innere und äußere Realität« und deren Bezug zu dem Thema dieses Artikels geklärt werden. Wenn im folgenden der Begriff »innere Realität« verwendet wird, dann bedeutet dieses nicht, daß er für die Verhaltenstherapie akzeptiert wird, sondern nur, daß es eine »innere Realität« gibt – wenigstens bei den Psychoanalytikern.

Unter dem Begriff Realität wird in den folgenden Ausführungen immer die sogenannte »äußere Realität« verstanden.

## »Innere und äußere Realität«

*Realität ist das vom Subjekt unabhängige Sein der Dinge und Wesen.* Der Begriff »innere Realität« ist ein Widerspruch in sich, denn was verschiedene Personen unterschiedlich wahrnehmen, kann keine Realität sein, da die Realität von der Person unabhängig ist. Der Begriff »innere Realität« impliziert Unterschiede zwischen verschiedenen Personen, ansonsten wäre er nicht notwendig und der Begriff (äußere) Realität ausreichend. Akzeptiert man den Begriff »innere Realität«, dann wäre jede Person ein Realist, einschließlich aller »Spinner« dieser Welt.

»Innere Realität« ist zwar aus literarischer Sicht ein sehr schöner Begriff, aber für die empirische Psychologie ungeeignet, wie die folgenden Ausführungen zeigen werden. Die Psychoanalyse stand schon immer der Kunst näher als die Verhaltenstherapie. Einige der Abhandlungen FREUDS sind nicht nur Auseinandersetzungen über Kunst und Literatur, sondern außerdem brillant und spannend geschrieben (siehe unter anderem: FREUD 1969: Bildende Kunst und Literatur). 1930 erhielt FREUD den Goethe-Preis der Stadt Frankfurt. SKINNERS »Futurum zwei« (1948) ist dagegen ein literarisch wenig geglückter Roman, der nur aus theoretisch-psychologischer und gesellschaftlicher Sicht interessant ist. Wenn verhaltenstherapeutisch orientierte Wissenschaftler sich mit Kunst beruflich beschäftigen, dann beschränken sie sich eher auf physiologische Reaktionen, die von Kunstwerken hervorgerufen werden, und ähnliche eng umrissene Fragestellungen, während in der Psychoanalyse die unbewußten Motive und Konflikte des Künstlers, des Betrachters und deren Relation zur Gesellschaft gedeutet werden. Für die Verhaltenstherapie besteht eine strikte Trennung zwischen Wissenschaft und Therapie auf der einen und Kunst auf der anderen Seite. Umgekehrt verhält es sich ähnlich. Hätte HITCHCOCK seinem Film »*Spellbound*« ein lerntheoretisches anstatt psychoanalytisches Erklärungsmodell zugrunde gelegt, der Film wäre, trotz der Genialität des Regisseurs, ein künstlerischer und finanzieller Mißerfolg geworden. Die Lektüre einer verhaltenstherapeutisch orientierten Analyse von GOETHES Faust wäre selbst für einen Verhaltenstherapeuten nicht zumutbar.

Die Verwendung des eher poetischen Begriffs »innere Realität« mag durch die Nähe zur Kunst, insbesondere zur Literatur, ermöglicht werden. In der Verhaltenstherapie hingegen, mit ihrer klaren Trennung zwischen Kunst und Wissenschaft bzw. Therapie, ist die Schönheit des Begriffs, seine erlebnismäßige Anschaulichkeit, eher ein Argument gegen dessen Verwendung. Zur Verdeutlichung dieses Standpunkts ein Beispiel aus der täglichen therapeutischen Arbeit:

Eine Person kommt, gedrängt durch den Arbeitgeber, in die Therapie und behauptet, daß er ab und zu zwar zuviel trinken würde, aber insgesamt sei sein Alkoholkonsum normal. Die Bezeichnung »Alkoholiker« weist er energisch zurück. Der Therapeut kommt dagegen nach ausführlicher Exploration zu der Schlußfolgerung, daß es sich um einen Alkoholiker handelt.

Es wurde früher von Therapeuten anderer Therapierichtungen viel Wert darauf gelegt, daß ein Patient sich selbst als Alkoholiker wahrnimmt, eine Einstellung, die für eine verhaltenstherapeutische Behandlung von geringer Bedeutung ist. Würde man mit dem Patienten die konkreten diagnostischen Kriterien für Alkoholabhängigkeit einzeln durchgehen, dann würde der Patient dem Therapeuten in seiner Schlußfolgerung zustimmen. Wegen der Konnotation der Begriffe würde es dem Patienten leichter fallen, sich mit der Diagnose »DSM III-R: 303.90« einverstanden zu erklären als mit »Alkoholabhängigkeit«. Im Unterschied zu einer Diagnose-Nummer ist die Verwendung des Begriffs »Abhängigkeit« für den Patienten mit Unterlegenheit und dem Eingeständnis von Schwäche, für den Therapeuten mit Macht und Überlegenheit assoziiert. Es gibt hier keine Unterschiede in der Realität wie sie vom Patienten und vom Therapeuten wahrgenommen wird, sondern – bedingt durch die verschiedenen Konnotationen – ausschließlich in der Auswahl eines Begriffes für den Realitätsausschnitt, den der Patient geschildert hat.

Auch in Situationen, die der Therapeut direkt beobachten kann, gibt es keine unterschiedliche Realitäten. Zwar kann zum Beispiel die Interaktion zwischen Patient und Therapeut von beiden unterschiedlich berichtet werden, eine genauere Analyse würde jedoch ergeben, daß entweder die gleiche Realität verschieden bezeichnet wurde oder daß beide sich auf zwei verschiedene Verhaltensweisen bezogen haben. Eine ausführliche Beschreibung der interaktionellen Situation würde wiederum eine Einigung auf die gleiche Realität ergeben. Eine Beibehaltung der unterschiedlichen Wahrnehmung zwischen ihnen wäre auf verschiedene psychische Prozesse oder organische Bedingungen zurückzuführen wie schlechtes Kurzzeitgedächtnis, Schwerhörigkeit, Informationsverarbeitungsfehler. Die Einführung des Konstruktes »innere Realität« ergibt im Vergleich mit den empirisch prüfbaren Konstrukten (z.B. selektive Wahrnehmung) keinen Zuwachs im theoretischen oder therapeutischen Wissen.

Etwas komplizierter wird es bei den Analysen der Entwicklungsgeschichte eines Patienten. Berichte sind über den viele Jahre zurückliegenden Erziehungsstil der Eltern nachträglich nicht mehr auf ihre Realität prüfbar. Wir werden nie erfahren, wie es wirklich war, auch nicht bei Nutzung mehrerer Informationsquellen, denn alle beteiligten Personen (z.B. Eltern, Geschwister) unterliegen verschiedenen Informationsverarbeitungsfehlern. Eine Annäherung an die Realität durch die konkreten Fragen im Rahmen der Verhaltensanalyse, durch die Einbeziehung von Bezugspersonen, durch die Berücksichtigung potentieller Beurteilungsfehler, ist die Aufgabe des Verhaltenstherapeuten, bevor er den Therapieplan verabschiedet. Die von Therapeut und Patient in der Verhaltensanalyse annäherungsweise erschlossene (äußere) Realität ist Grundlage für die Ableitung therapeutischer Interventionen. Wenn zum Beispiel der Vater die Erziehungsmaßnahmen der Mutter häufig willkürlich aufgehoben hatte, dann ist durch diese lang zurückliegende (äußere) Realität das gegenwärtige Interaktionsverhalten des Patienten geprägt. Die (verzerrten) Berichte des Patienten über seine Jugend sind für die Therapieplanung von geringerer Bedeutung als die damalige (äußere) Realität. Informationsverarbeitungsfehler sind erst dann für die Therapie relevant, wenn sie das aktuelle Verhalten des Patienten beeinträchtigen. Auch dann hat ein Verhaltenstherapeut wieder die Aufgabe, die damaligen (äußeren) realen Bedingungen annäherungsweise zu erschließen, durch die die Informationsverarbeitung beeinflußt wurde.

Einige Verhaltenstherapien scheitern daran, daß der Therapeut die Realität nicht ausreichend erschlossen hat, Informationsverarbeitungsfehler des Patienten, der Angehörigen oder bei sich selbst nicht erkannte. Die Kenntnis prospektiver Studien über Entwicklung und Verlauf von Abhängigkeitserkrankungen erleichtert Therapeuten, die Realität ihrer Patienten besser zu erkennen. In prospektiven Forschungsstudien wird die Realität genauer analysiert, als es retrospektiv in der Therapie möglich ist. Unterschiede in den Beschreibungen der aus prospektiven Studien erschlossenen Realität auf unterschiedliche innere Realitäten der Untersucher zurückzuführen, führt in eine Sackgasse. Die Verwendung des Begriffes Objektivität ist hilfreicher, um Diskrepanzen zwischen verschiedenen Untersuchern zu beschreiben. Objektivität bedeutet, daß die Ergebnisse einer Studie unabhängig von den Untersuchern sind; verschiedene Untersucher kommen zu dem gleichen Ergebnis. Falls es Unterschiede gibt – und dieses ist häufig der Fall – müssen die verwendeten Meßinstrumente verbessert werden, so daß eine Unabhängigkeit von den Untersuchern erreicht wird. Durch die Entwicklung objektiver Meßinstrumente (z.B. ein Fragebogen zur Erfassung von Erziehungsstilen) und deren Verbesserung wird versucht, sich weiter an die »äußere Realität« anzunähern. Aufgabe der verhaltenstherapeutischen Forschung ist die vollständige und direkte Erfassung der »äußeren Realität« durch die Verbesserung ihrer Meßinstrumente und ihrer Theorien.

Mit dem Begriff »innere Realität« wird der »äußeren Realität« etwas weggenommen, indem ein Gegenpol zur Außenwelt geschaffen wird. Die verhaltenstherapeutische Sichtweise verlangt eine klare Orientierung an der Außenwelt. Es konnte bisher kein Beispiel gefunden werden, durch das eine Auseinandersetzung mit der »inneren Realität« als hilfreich für Therapie oder Forschung erscheint und zu einem besseren Verständnis psychischer Störungen führt. Alternativ dazu wird in der Verhaltenstherapie Wert gelegt auf die psychischen Prozesse, die die Berichte über die »äußere Realität« erschweren und die durch ihre Verankerung in der Außenwelt operationalisierbar sind. So wird die Diskrepanz zwischen den Berichten eines Individuums und der »äußeren Realität« durch Konstrukte wie selektive Wahrnehmung, Positionseffekte des Gedächtnisses, zustandsabhängiges Lernen etc. erfaßt.

Es mag der Eindruck entstehen, daß diese wissenschaftstheoretischen Überlegungen für den Praktiker unbedeutend sind. Dieses trifft nicht zu, denn der Praktiker sollte sich regelmäßig sein empirisch orientiertes Modell vergegenwärtigen, um nicht die Schilderungen des Patienten oder dessen Angehörigen als Realität zu übernehmen. Durch die Reflexion der diagnostischen Methoden und durch die Kenntnis potentieller Informationsverarbeitungsfehler, sowohl beim Patienten als auch bei sich selbst, ist für einen Therapeuten annäherungsweise ein Erkennen der Realität möglich, und er ist sich außerdem der Schwierigkeiten und Grenzen beim Erkennen der Realität bewußt. Aus therapeutischer Sicht erfordert das Aufspüren der Realität, an den Schilderungen des Patienten zu zweifeln, sie in Frage zu stellen – ohne den Patienten zu überfordern. Gleichzeitig muß der Therapeut auf die Verwirklichung therapeutischer Basisfertigkeiten wie Echtheit und Empathie achten – für Therapeuten keine leichte Aufgabe.

Der unermüdliche Kampf, sowohl in der Therapie als auch in der Forschung, die »äußere Realität« zu erkennen, hat trotz der scheinbaren Aussichtslosigkeit dieses Unterfangens zu wesentlichen Fortschritten der Verhaltenstherapie geführt. Empirische Studien waren und sind die Ausgangsbasis für Weiterentwicklungen der Verhaltenstherapie. Für Therapeuten ist die Kenntnis der »äußeren Realität« besonders bezüglich der Entstehungsbedingungen einer Abhängigkeit interessant, denn die Exploration von Ereignissen, die zehn, zwanzig und noch mehr Jahre zurückliegen, ist in der Regel unbefriedigend. Die allgemeinen Ergebnisse prospektiver Studien zur Kindheit und Jugend von Abhängigen erleichtern Therapeuten, Fragen an ihre Patienten und deren Angehörige zu stellen und die damalige Realität besser zu erschließen. Die annähernde Kenntnis der Kindheit und Jugend eines Patienten gestattet eine validere Identifizierung von Störungen und der funktionalen Bedingungen, besonders im interaktionellen Bereich. Wie die folgenden Ausführungen zu entwicklungspsychologischen Aspekten der Abhängigkeit zeigen werden, lassen sich durch das Erkennen äußerer realer Bedingungen Schlußfolgerungen für die Prävention, Diagnostik und Therapie ableiten.

# Entstehungsbedingungen der Abhängigkeit

## Ein multifaktorielles Modell

Abhängigkeit von psychotropen Substanzen ist multifaktoriell bedingt (FEUERLEIN 1989; GLATT 1982; SCHNEIDER 1982, u.a.). Folgende Variablen beeinflussen die Entwicklung einer Abhängigkeit (Abb. 1).

### Materielle Umwelt

Zu der materiellen Umwelt gehören unter anderem die Verfügbarkeit psychotroper Substanzen, die finanzielle Lage, die Wohnsituation und das Nahrungsangebot. Der Einfluß der Verfügbarkeit von Substanzen ist eindeutig nachgewiesen und scheint von größerer Bedeutung zu sein als die individuellen Merkmale einer Person (GOTTFREDSON 1988, zitiert aus HAWKINS, CATALANO u. MILLER 1992).

### Soziale Umwelt

Zur sozialen Umwelt gehören die gesellschaftliche und institutionelle Ebene sowie die engeren Bezugsgruppen einer Person. Je weiter die soziale Umwelt definiert ist, um so schwieriger ist für Forschungsstudien eine Identifizierung und Isolierung potentieller Einflußfaktoren. Dementsprechend gibt es in der Regel nur schwache empirische Hinweise auf der gesellschaftlichen und institutionellen Ebene wie beispielsweise Werbung für psychotrope Substanzen oder gesetzliche Regelungen (HAWKINS et al. 1992). Andererseits kann man in Frage stellen, ob überhaupt ein empirischer Nachweis für den Einfluß einiger sozialer und auch materieller Umweltfaktoren (z.B. Werbung für Zigaretten, Preise für alkoholische Getränke) als Voraussetzung für die Ableitung präventiver Maßnahmen notwendig ist. Auf den Einfluß der Freundesgruppe und der Familie wird im nächsten Kapitel eingegangen.

### Biologische Faktoren

Eine Vielzahl von biologischen Studien läßt es als sehr wahrscheinlich erscheinen, daß genetische, physiologische oder entwicklungsbiologische Faktoren einen wesentlichen Einfluß auf

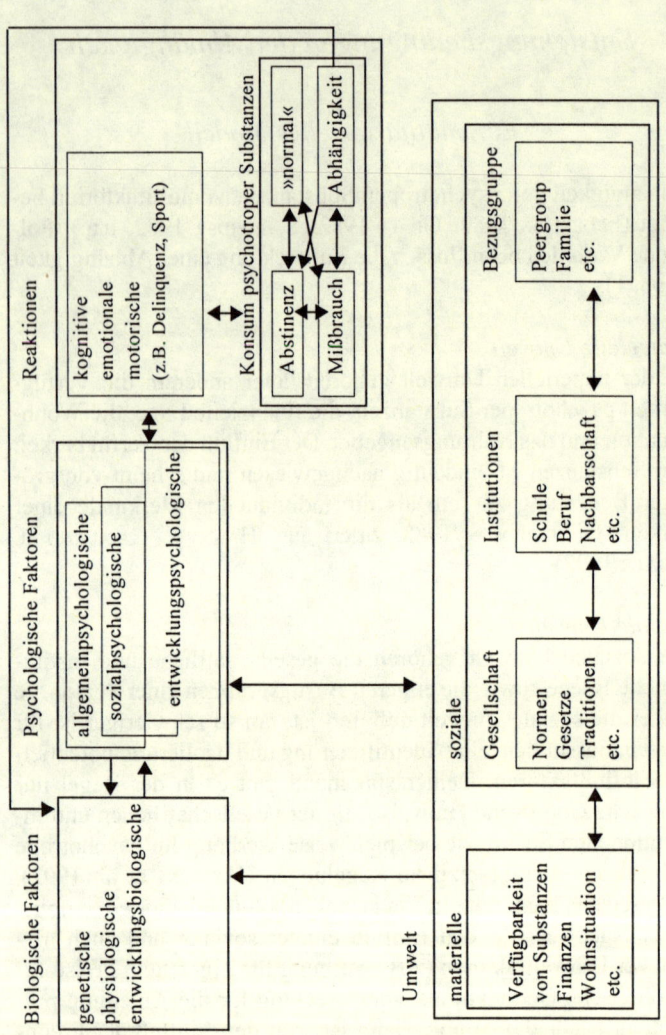

Abbildung 1: Entstehungsbedingungen der Abhängigkeit

die Entstehung einer Abhängigkeit haben. So korreliert zum Beispiel »*sensation seeking*« und »*low harm avoidance*« mit frühem Beginn des Alkoholismus (CLONINGER, SIGVARDSSON u. BOHMAN 1988). Nach ZUCKERMAN (1987) korreliert *sensation seeking* mit *MAO-Aktivität*, die wiederum mit dem frühen Beginn des Alkoholismus assoziiert ist (TABAKOFF u. HOFFMANN 1988).

*Psychologische Faktoren*
Ebenso wie die biologischen Faktoren lassen sich die psychologischen nach verschiedenen sich überschneidenden Gegenstandsbereichen beschreiben. Mit Abhängigkeit korrelierende Merkmale einer Person können unter anderem sowohl aus allgemein-, sozial- und entwicklungspsychologischer Sicht untersucht und dargestellt werden. Dies ist aus verschiedenen theoretischen Sichtweisen (z.B. psychoanalytisch, verhaltenstherapeutisch) möglich, die in der Regel mit unterschiedlichen Forschungsschwerpunkten verknüpft sind. Die Psychoanalyse hat sich zum Beispiel ausführlich mit der Mutter-Kind-Interaktion in der oralen Phase auseinandergesetzt und deren Bedeutung für die Behandlung Abhängiger (ROST 1992). Die Verhaltenstherapie hat sich dagegen intensiv mit den aktuellen operanten Bedingungen des Gebrauchs psychotroper Substanzen beschäftigt (KRAEMER 1982).

Wie diese Auflistung, in der jeweils nur einige wenige Beispiele genannt sind, zeigt, ist die Entstehung einer Abhängigkeit ein sehr komplexer, multifaktoriell bedingter Prozeß. Entwicklungspsychologische Faktoren sind nur ein kleiner, aber nicht unwichtiger Bestandteil dieses komplexen Prozesses, bei dem die verschiedenen Variablen außerdem noch in Wechselwirkung miteinander stehen, wie die folgenden Ausführungen zeigen werden. Dies trifft natürlich nicht nur auf die Entstehung einer Abhängigkeit zu, sondern insgesamt auf menschliche Reaktionen, unabhängig davon, ob sie angemessen (z.B. Freizeit-Sport, Lesen) oder unangemessen (z.B. Delinquenz, Depression) sind. Solche Reaktionen, sei es auf der kognitiven, emotionalen oder motorischen Ebene, beeinflussen den Konsum psychotroper Substanzen und werden wiederum selbst dadurch beeinflußt, wie sich leicht an den Wechselwirkungen zwischen Drogenabhängigkeit oder Jugendalkoholismus und Delinquenz verdeutlichen läßt.

## Konsum psychotroper Substanzen

Die Prävalenzquote der Alkoholabhängigkeit beträgt ungefähr 3%, der Drogenabhängigkeit ungefähr 0,2%. Bis sich vom Beginn des reduzierten Konsums psychotroper Substanzen eine Alkoholabhängigkeit entwickelt, vergehen im Durchschnitt ca. 10 Jahre, bei Drogenabhängigkeit ca. 5 Jahre. Der Übergang von Mißbrauch zur Abhängigkeit geschieht gleitend und nicht plötzlich an einem bestimmten Tag zu einer bestimmten Stunde. Zu Beginn ist ein Ausstieg aus der Abhängigkeit, zurück zum Mißbrauch, zum reduzierten Konsum oder zur Abstinenz noch gut möglich. Die in absoluten Zahlen niedrige Prävalenzquote, die lange Entstehungszeit einer Abhängigkeit, der graduelle Übergang von Mißbrauch zu Abhängigkeit und die Spontanremissionen nach kurzer Abhängigkeitsdauer erschweren den empirischen Nachweis potentieller Einflußfaktoren erheblich. Prospektive Studien müssen sich über sehr lange Zeiträume erstrecken und sehr große Stichproben erfassen, damit überhaupt Korrelationen zwischen Variablen der Kindheit oder frühen Jugend und der 15 Jahre später beginnenden Abhängigkeit aufgefunden werden können.

So muß man sich aus forschungsökonomischen Gründen zu einem Teil auf Verhaltensparameter beschränken, die mit Abhängigkeit korrelieren. Bei den Abhängigkeiten bietet sich der reduzierte Gebrauch oder der Mißbrauch psychotroper Substanzen an. Aus empirischer Sicht ist dieses gerechtfertigt, wenn man andere Beschreibungsmerkmale zum reduzierten Gebrauch hinzunimmt wie Art der Substanz und Alter des Beginns. Je früher jemand mit irgendeiner Substanz beginnt, um so höher ist die Wahrscheinlichkeit, daß er auch andere Substanzen nimmt (KANDEL 1982), und desto größer ist die Häufigkeit des Konsums (FLEMING, KELLAM u. BROWN 1982). Durch den frühen Beginn mit psychotropen Substanzen steigt die Wahrscheinlichkeit für den Gebrauch härterer Substanzen (KANDEL 1982).

Nach diesen Ergebnissen wird es sich bei den 1,3% der *12–13jährigen*, die mehr als 20 Zigaretten täglich rauchen, bei den 0,6%, die täglich über 10g Äthanol zu sich nehmen, und bei den 0,8%, die bereits eine illegale Droge probiert haben (HERBST, SCHUMANN u. WIBLISHAUSER 1992), um Gruppen handeln, die hoch gefährdet sind, eine Abhängigkeit zu entwickeln. Aber auch bei nur geringer prognostischer Valenz dieser Kriterien ist aus gesundheitspräventiver Sicht von Interesse, warum Jugendliche so früh mit dem Konsum psychotroper Substanzen beginnen.

Eine klare Trennung zwischen Faktoren, die den sehr frühen Beginn des Konsums von Alkohol oder Cannabis und denjenigen, die eine Abhängigkeit vorhersagen, ist auch bei aufwendigen prospektiven Forschungsstudien in der Regel nicht möglich. Die Realität über Entstehungsbedingungen der Abhängigkeit kann nur annnähernd und bruchstückhaft erfaßt werden. Trotzdem ergeben sich aus diesen unscharfen Realitätsbruchstücken genügend wertvolle Hinweise für präventive (siehe KRÖGER u. KÜNZEL-BÖHMER in diesem Band) und therapeutische (s.u.) Interventionen.

## *Entwicklungspsychologische Aspekte*

### *Definition von Entwicklung und Therapie*

Nach MONTADA (1987) bezieht sich das Konstrukt »Entwicklung« auf die ganze Lebenszeit. Gegenstand der Entwicklungspsychologie sind die Veränderungen bei einer Person, die auf das Lebensalter bezogen werden können, auch wenn es sich nur um korrelative und nicht um kausale Zusammenhänge handelt. Für das Thema der entwicklungspsychologischen Aspekte der Abhängigkeit würde dies bedeuten, das *ganze* Leben von Abhängigen zu betrachten: Kindheit, den Beginn des Konsums mit Alkohol und Drogen, die Zeit des Mißbrauchs und der Abhängigkeit, die erfolglosen und erfolgreichen Selbstkontrollversuche und das spätere abstinente Leben. Dies kann hier nicht geleistet werden, so daß eine Einschränkung auf einen enger gefaßten Entwicklungsbegriff vorgenommen wird. Nach SCHMIDT (1970, zitiert aus MONTADA 1987) handelt es sich bei der Entwicklung um eine Veränderungsreihe mit mehreren Gliedern, so daß mehrere Schritte unterscheidbar sind, die zeitlich aufeinander folgen und die auf ein höheres Niveau ausgerichtet sind. Problematisch ist bei dieser Definition die Einführung eines Wertmaßstabes, da es häufiger fraglich ist, welche Veränderungen als positiv oder negativ bewertet werden können (MONTADA 1987). Psychotherapien sind mit dem gleichen Problem konfrontiert. Nach WETZEL und LINSTER (zitiert aus Wittchen u. Fichter 1980) enthalten die meisten Psychotherapien unter anderem folgendes definitorisches Bestimmungsstück: »... psychische Probleme, an denen der Patient leidet, zu beseitigen oder zu bessern und seine persönliche Weiterentwicklung zu fördern« (S. 25). Dementsprechend ist die engere Definition von Entwicklung für den psychotherapeutischen Bereich besser geeignet.

Eine weitere Einengung des Themas geschieht durch die Beschränkung auf einen bestimmten Personenkreis. Die relativ kleine Gruppe der Abhängigen, die sehr spät mit dem ersten Konsum psychotroper Substanzen (z.B. nach dem 20. Lebensjahr) und/oder der Entwicklung einer Abhängigkeit beginnt, wird im folgenden nicht berücksichtigt. Entstehungsbedingungen der Abhängigkeit sind für diese Gruppe wegen der unterschiedlichen Entwicklungsverläufe gesondert herauszuarbeiten.

Die Begriffe *psychotrope Substanzen* und *Drogen* werden im folgenden synonym verwendet und umfassen Alkohol, die sogenannten illegalen Drogen (Cannabis, Heroin etc.) und Medikamente (z.B.: Sedativa, Hypnotika). Auf Nikotin wird hier nicht eingegangen, obwohl die meisten Ausführungen dieses Artikels auch auf die Nikotinabhängigkeit zutreffen.

## *Entstehungsbedingungen aus entwicklungspsychologischer Sicht*

### *Bezugsgruppen*

Keine der oben genannten Variablen wird einen so starken Einfluß auf die Entwicklung von Kindern und Jugendlichen haben wie die Familie. Der Einfluß familiärer Faktoren auf die Entstehung einer Abhängigkeit ist zwar nicht eindeutig belegt, aber durch übereinstimmende Ergebnisse vieler retrospektiver Studien als sehr wahrscheinlich anzusehen. Bei Alkohol- und Drogenabhängigen ist gehäuft ein Elternteil selbst von psychotropen Substanzen abhängig (Uchtenhagen, Zimmer-Höfler u. Widmer 1981; Cotton 1979). Obwohl eine direkte Vererbung des Alkoholismus unwahrscheinlich ist, kann die familiäre Häufung durch genetische Faktoren beeinflußt sein. Einen starken Einfluß haben wahrscheinlich

42

psychologische Faktoren (FEUERLEIN 1989). Nach einer Studie von VOLLMER, WACKER, BÖHMER u. FRIELING (1993) lebte die Mehrzahl der Mütter vor Beginn des Drogenkonsums ihrer Kinder vollkommen abstinent, so daß durch die alkoholisierten Väter und die abstinenten Mütter keine Modelle für einen *angemessenen* Umgang mit Alkohol vorhanden waren. Außerdem werden unangemessene Verhaltensweisen des abhängigen Elternteils in der Kindheit und Jugend gespeichert und dann erst viele Jahre später in ähnlichen Situationen ausgeführt. Die Unterscheidung der beiden zeitlich getrennten Vorgänge des Modellernens (Beobachtung u. Speicherung vs. Ausführung des Verhaltens) erklärt, warum im Erwachsenenalter plötzlich Verhaltensweisen angenommen werden, die der Betreffende als Jugendlicher bei seinen Eltern negativ bewertete (z.B. körperliche Tätlichkeiten gegenüber dem Partner). Die Wahrscheinlichkeit, unangemessene Verhaltensweisen (z.B. übermäßiger Alkoholkonsum bei Partnerkonflikten) auszuführen, ist besonders hoch, wenn keine Verhaltensalternativen (z.B. Konfliktgespräch) erworben wurden.

Nicht nur Verhaltensweisen werden nach den Prinzipien des Modellernens in der Kindheit und Jugend erworben, sondern auch Einstellungen. So hat anscheinend die Einstellung der Eltern gegenüber Drogen einen stärkeren Einfluß auf den Drogenkonsum in der Adoleszenz als der tatsächliche Konsum der Eltern (MCDERMOTT 1984). Bevor sie mit Drogen beginnen, haben Abhängige eine positive Einstellung zu Drogen (KANDEL et al. 1978).

Aber auch unabhängig vom Drogenkonsum und den Einstellungen der Eltern hat die Familiensituation einen Einfluß auf den Umgang der Kinder mit psychotropen Substanzen. Kinder, die mit starken familiären Schwierigkeiten aufwachsen, werden eher delinquent und nehmen eher illegale Drogen (HAWKINS et al. 1993). Die Bindung an die Familie hat einen Einfluß. Wie BROOK, BROOK, GORDON, WHITEMAN und COHEN (1990) in einer Längsschnittstudie zeigten, führen traditionelle Werte der Eltern zu einer stärkeren Eltern-Kind-Zuneigung. Diese gegenseitige Zuneigung führt dann dazu, daß das Kind die Normen der Eltern übernimmt, eine Bedingung, die die Vermeidung von Kontakten zu Drogenabhängigen fördert. Im Vergleich zu einer Normgruppe fehlt bei Drogenabhängigen häufig ein Elternteil (UCHTENHAGEN et al. 1981). Fast 90% einer Gruppe stationär behandelter Drogenabhängiger hatte vor Beginn des Drogenkonsums keinen regelmäßigen

Kontakt zu *beiden* Elternteilen, bedingt durch Scheidung, Montagearbeiten des Vaters, etc. (VOLLMER et al. 1993).

Ein Elternteil hat häufiger eine sehr enge Beziehung zum Abhängigen, während der andere Elternteil eher bestrafend ist (STANTON 1980). Der Erziehungsstil ist häufig uneinheitlich, zum Beispiel ist der Vater dominant, und die Mutter löst die vom Vater gesetzten Regeln wieder unregelmäßig auf oder vice versa (STANTON 1980; VOLLMER et al. 1993).

Fünfjährige Kinder, deren Mütter wenig beschützend und wenig unterstützend waren, aber Leistungen verlangten, konsumierten im Alter von 18 Jahren häufiger Marijuana (SHEDLER u. BLOCK 1990).

PATTERSON, DISHION und BANK (1984) befragten Jugendliche und Eltern und fanden einen Zusammenhang zwischen Delinquenz und mangelnder Aufsicht der Eltern sowie zwischen mangelnder Aufsicht und Kontakt zu problematischen Peergruppen.

In mehreren Studien ist der Zusammenhang zwischen der Peergruppe und Drogenkonsum eindeutig (BROOK et al. 1990; KANDEL u. ANDREWS 1987). Nach KANDEL (1986) sind Freundschaften zu Jugendlichen, die Marihuana nehmen, ein entscheidender Prädiktor für Problemverhalten.

*Merkmale der Person*

Neben den *externen Variablen* Konsum und Einstellung der Eltern zu psychotropen Substanzen, Erziehungsstil, familiäres Klima und Kontakte zu delinquenten oder übermäßig alkohol- oder drogenkonsumierenden Gleichaltrigen konnten in mehreren Studien verschiedene *personenbezogene Merkmale* identifiziert werden, die mit Mißbrauch und/oder Abhängigkeit korrelieren.

Eine *Distanzierung von gesellschaftlichen Werten*, ein starker Wunsch nach persönlicher Autonomie und Toleranz gegenüber Normverletzungen gehören zu den Einstellungen, die nach JESSOR und JESSOR (1977) bei Jugendlichen vor Beginn des Mißbrauchs illegaler Drogen vorzufinden sind. Nach ihrem sozialpsychologischen Modell zur Entstehung von Problemverhalten werden unangemessene Verhaltensweisen von Jugendlichen durch soziale Hintergrundvariablen (z.B. Familienstruktur, Medien) und durch sozialpsychologische Variablen (z.B. Bewertung schulischer Leistungen, Billigung von Problemverhalten durch Freunde) beein-flußt (JESSOR 1987).

Ein *negatives Selbstwertgefühl* erhöht die Wahrscheinlichkeit, psychotrope Substanzen zu nehmen, vorausgesetzt, eine Gruppe drogen- oder alkoholkonsumierender Jugendlicher ist in der Nachbarschaft präsent. Der Anschluß an eine solche Gruppe führt zu einer Verbesserung des Selbstwertgefühls (KAPLAN 1980). In einer Längsschnittstudie mit ca. 3000 Schülern konnten Zusammenhänge zwischen Selbstwert, drogenkonsumierenden Freundesgruppen, geringer sozialer Kontrolle (operationalisiert als sich abgelehnt fühlen von Gleichaltrigen, Eltern und Lehrern) und Drogenkonsum nachgewiesen werden (KAPLAN, MARTIN u. ROBBINS 1984). Ein niedriges Selbstwertgefühl kann sich unter anderem dadurch ergeben, daß ein Jugendlicher den Aufgaben, die für seine Entwicklung notwendig sind (z.B. der Aufbau sozialer Beziehungen) nicht gewachsen ist. Mißerfolge bei der Bewältigung von Entwicklungsaufgaben führen zu einer erhöhten Selbstaufmerksamkeit. Nach HULL (1981) kann die Selbstaufmerksamkeit durch den Konsum psychotroper Substanzen reduziert werden (SILBEREISEN u. KASTNER 1987). Nach dem Modell des Entwicklungsverlaufs von SILBEREISEN et al. (1986) fördert eine negative Selbstbewertung die Ausführung »kathartischer Freizeitaktivitäten« (z.B. Austoben auf Rockkonzerten) und als Folge davon den Konsum von psychotropen Substanzen, der schließlich zur Verbesserung des Selbstwertgefühls führt. Im Unterschied zu einigen anderen theoretischen Ansätzen wird hier kein direkter Zusammenhang zwischen Selbstwert und dem Gebrauch psychotroper Substanzen vermutet, sondern der Konsum der Substanzen ist eingebettet in die Freizeitaktivitäten. Durch eine Längsschnittstudie konnten SILBEREISEN und REITZLE (1987) und SILBEREISEN et al. (1986) ihre Hypothesen größtenteils empirisch belegen.

Neben den beiden Faktoren Einstellung zu gesellschaftlichen Werten und Selbstwertgefühl haben *kognitive Grundmuster* einen Einfluß auf die Entwicklung einer Abhängigkeit. Nach den Modellen von ELLIS (1962) und BECK (1967) werden die Kognitionen bereits in der Kindheit gelernt. Welche Kognitionen von Bedeutung sind, läßt sich anschaulicher am Beispiel des Rückfalls verdeutlichen (Abb. 2). Bis auf Intensität und Löschungsresistenz der kognitiven, emotionalen und motorischen Reaktionen gibt es zwischen dem Beginn eines Rückfalls und der Entwicklung einer Ab-

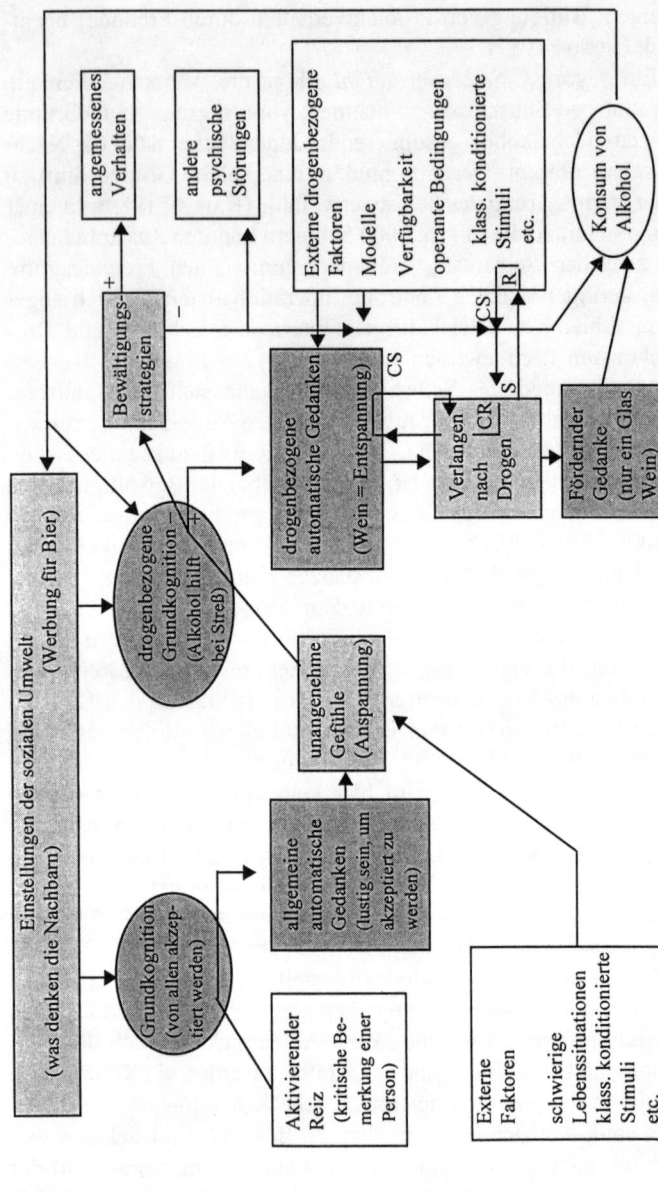

Abbildung 2: Kognitive und externe Faktoren der Entwicklung einer Abhängigkeit und des Rückfallprozesses

hängigkeit kaum Unterschiede zwischen den Einflußfaktoren. Bei Abhängigen ist ein zentraler Auslöser für einen Rückfall nach mehrmonatiger Abstinenz das Verlangen nach Drogen (WIKLER 1965). Zwischen dem Verlangen und dem Drogenkonsum liegt als weiterer Auslöser ein Gedanke, durch den der Rückfall gefördert wird (BECK, WRIGHT, NEWMAN u. LIESE 1993; LITMAN 1986). Opiatabhängige denken sich zum Beispiel vor einem Rückfall häufig »ich mache mir nur einen einzigen Schuß (Heroin), dann nehme ich nichts mehr«. Alkoholiker erleichtern sich den Rückfall durch Gedanken wie »ein einziges Glas Wein zu diesem besonderen Anlaß wird nicht schaden« oder »ich kann kontrolliert trinken, und wenn nicht, dann werde ich es wieder sein lassen«. Solche fördernden Gedanken sind als Rationalisierungen zu verstehen, so daß Schuldgefühle über einen Rückfall reduziert werden (VOLLMER, FERSTL u. LEITNER 1989).

Das Verlangen nach Drogen wird ausgelöst durch automatische drogenbezogene Gedanken, denen einige wenige drogenbezogene Basiskognitionen zugrunde liegen (BECK et al. 1993). Automatische Gedanken wären bei einem Alkoholiker zum Beispiel »wenn ich jetzt ein Glas Wein trinke, werde ich mich auf dem Fest wohler fühlen«, »nach diesem kräftigen Essen ist ein Schnaps gut«. Beispiele für drogenbezogene Grundkognitionen sind »Alkohol wirkt entspannend und ist hilfreich in Streßsituationen«, »Alkohol als Medizin (Kreislauf, Verdauung etc.)«, »Haschischkonsumenten sind lockerer und progressiver«.

Häufig gehen einem Rückfall automatische drogenbezogene Gedanken voraus, die meistens durch unangenehme Gefühle wie Anspannung, manchmal auch durch angenehme Gefühle (z.B. sich sehr gut fühlen durch außergewöhnliche Erfolgserlebnisse) aktiviert werden (BECK et al. 1993). Die Gefühle werden entsprechend dem A-B-C Modell von ELLIS (1962) ausgelöst: Durch einen aktivierenden Reiz (A), manchmal nur ein kleines, unbedeutendes Ereignis, das aber mit Erlebnissen der Kindheit assoziiert ist (z.B. kritische Bemerkungen einer Person), kommt es zu den automatischen Gedanken (B) (z.B. »ich habe schon wieder etwas falsch gemacht«), die auf wenige Grundkognitionen (z.B. Wunsch, von allen akzeptiert zu werden) rückführbar sind und die ein bestimmtes Gefühl (C) (z.B. Anspannung) auslösen (BECK et al. 1993).

Die meisten Gedanken und deren Ablauf sind den Betreffenden

in der Regel nicht bewußt. Erworben werden die Grundkognitionen und automatischen Gedanken (z.B. ich bin nicht erwünscht, ein Leben mit Drogen ist lustiger, ich darf keine Fehler machen) in der Kindheit und der frühen Jugend. Häufige, übertriebene Appelle an ein Kind, »sich so zu benehmen, daß die Nachbarn nichts Schlechtes denken« oder »durch gute Schul-/Arbeitsleistungen andere zu beeindrucken«, können zu allgemeinen unangemessenen Grundkognitionen führen. Die allgemeinen Basiskognitionen werden vorwiegend durch die direkten Bezugspersonen des Kindes, meistens durch die Eltern, bereits sehr früh erworben. Die den Appellen und anderen Verhaltensweisen zugrunde liegenden Einstellungen der Bezugspersonen stehen in Wechselwirkung zu gesellschaftlichen Werten und Normen (siehe nächster Abschnitt). Das gleiche trifft auf die drogenbezogenen Basiskognitionen zu mit dem Unterschied, daß sie wahrscheinlich im Jugendalter und nicht so sehr in der Kindheit erworben werden und daß der Einfluß der institutionellen und der gesellschaftlichen Ebene (z.B. Berichte der Medien über Cannabis, Verhalten von gesellschaftlichen Vorbildern) durch die zunehmende Außenorientierung des Heranwachsenden stärker ist.

## Die Entwicklung einer Abhängigkeit als Folge komplexer, vernetzter und dynamischer Bedingungen

Faßt man die Ergebnisse der obigen und anderer Studien zusammen, dann gilt es als sehr wahrscheinlich, daß familiäre Bedingungen, die Freundesgruppe, die Verfügbarkeit von psychotropen Substanzen, die Einstellung gegenüber gesellschaftlichen Werten, das Selbstwertgefühl und drogenbezogene Kognitionen Faktoren sind, die die Entstehung einer Abhängigkeit wesentlich beeinflussen. Weitere Einflußfaktoren existieren sehr wahrscheinlich, sind aber noch nicht in dem Ausmaße wie die genannten empirisch belegt.

Alle hier genannten Faktoren beeinflussen sich gegenseitig, während sie auf die Entwicklung eines Kindes/Jugendlichen einwirken (*Komplexität*). Die Veränderungen eines einzigen Faktors kann zu (unbeabsichtigten) Veränderungen anderer Faktoren führen (*Vernetzung*). Die Reaktionen des gefährdeten Kindes/Jugendlichen haben Einfluß auf die Faktoren, einschließlich denen der sozialen Umwelt (*Dynamik*). Im folgenden werden Beispiele zur Komplexität, Vernetzung und Dynamik der Entstehungsbedingungen des Mißbrauchs und der Abhängigkeit aus entwicklungspsychologischer Sicht dargestellt. Wegen der Ähnlichkeit der Prozesse werden zwecks größerer Anschaulichkeit auch Beispiele zum Rückfall beschrieben. Im ersten Teil geht es um die Einflüsse von kognitiven und von Umweltfaktoren auf den Gebrauch psychotroper Substanzen. Im Mittelpunkt der Betrachtung stehen psychische Prozesse bei der gefährdeten Person. Im zweiten Teil wird die Analyse erweitert auf die institutionelle und gesellschaftliche Ebene und deren Einfluß auf die Entwicklung des Gefährdeten. Um die Komplexität, Vernetzung und Dynamik von psychischen Prozessen und Umweltfaktoren zu verdeutlichen, soll zuerst das Modell von BECK et al. (1993) erweitert werden.

*Externe und kognitive Faktoren*

Sowohl auf den Rückfall als auch auf die Entwicklung der Abhängigkeit haben externe Faktoren einen wesentlich stärkeren Einfluß, als es viele Vertreter der kognitiven Verhaltenstherapie wahrhaben wollen. Der zum Mißbrauch, zur Abhängigkeit oder zum Rückfall führende Konsum von Drogen kann durch externe Faktoren ausgelöst werden, die sich in drei Kategorien einteilen lassen:
a) durch Reize, die unangemessene Grundkognitionen aktivieren
b) durch allgemeine Faktoren wie sehr schwierige Lebenssituationen
c) durch drogenbezogene Faktoren wie Zuwendung für die Besorgung und den Konsum der Substanzen (Abb. 2).
Jede dieser drei Kategorien von Faktoren reicht allein zur Erklärung der Entstehung einer Abhängigkeit aus. Nach eigenen therapeutischen Erfahrungen sind sehr häufig alle Faktoren gleichermaßen an der Entwicklung einer Abhängigkeit beteiligt.
Bei den ersten beiden Kategorien externer Einflüsse sind die Bewältigungsstrategien (soziale Kompetenz, kognitives Umstrukturieren etc.) und die Selbst-Wirksamkeitserwartung in den Bewältigungsstrategien von entscheidender Bedeutung. Wenn Strategien zur Bewältigung schwieriger Lebenssituationen oder unangenehmer Gefühle fehlen und externe drogenbezogene Faktoren

auf den Betreffenden einwirken, dann kann es zum Rückfall kommen, obwohl der Betreffende während der Therapie eine Abneigung gegenüber Drogen entwickelt hatte. Die entscheidende Ursache für den Rückfall sind hier die Defizite in den Bewältigungsstrategien, drogenbezogene Kognitionen spielen keine oder nur eine unbedeutende Rolle.

Auch bei der Auslösung unangenehmer Gefühle kann die Rolle der Kognitionen von geringer Bedeutung sein. So können unangenehme Gefühle ohne negative Grundkognitionen durch externe Faktoren ausgelöst werden. Eine Person, die sich in einer sehr schwierigen Lebenssituation befindet, hat zwar auch (angemessene) negative Gedanken über die Situation, die unangenehmen Gefühle sind aber durch die schwierige externe Situation verursacht und weniger durch die Gedanken. Eine weitere Möglichkeit, wie Gefühle durch externe Faktoren ohne eine Beteiligung von Kognitionen ausgelöst werden, ist mit dem Prinzip der klassischen Konditionierung erklärbar. So können zum Beispiel bestimmte interaktionelle Verhaltensweisen, die in der Kindheit mit Bestrafung einhergingen und daher Angst auslösten, auch im Erwachsenenalter zu unangenehmen Gefühlen führen. Zusätzlich zu den schwierigen Lebenssituationen oder den klassisch konditionierten Reizen kann es bei Vorliegen unangemessener Grundkognitionen durch verschiedene aktivierende Reize zu einer Zunahme negativer Gedanken kommen und damit zu einer Intensivierung der unangenehmen Gefühle.

Bei den externen drogenbezogenen Faktoren haben unter anderem die Verfügbarkeit der Substanzen, das Verhalten von Modellpersonen und bereits bestehende operante Bedingungen (z.B. Zuwendung oder Ablehnung bei Bestellen eines Bieres) Einfluß auf die Intensität des Verlangens und auf die Intensität und Anzahl der drogenbezogenen automatischen Gedanken. Zusätzlich wirken sich die externen Faktoren als klassisch konditionierte Stimuli intensitätssteigernd auf die physiologischen Reaktionen des Verlangens (z.B. Schwitzen, Tachykardie) aus. Durch die Zunahme des Verlangens nehmen wiederum die drogenbezogenen automatischen Gedanken zu, die wiederum klassisch konditionierte Stimuli für das Verlangen sind, so daß die Lust auf Drogen stetig weiter ansteigt. Das Verlangen und/oder die drogenbezogenen automatischen Gedanken lösen bei dem Betreffenden Reaktionen aus, durch die weitere externe drogenbezogene Stimuli aktiv aufgesucht werden (z.B. Besuch der Stammkneipe, kathartische Freizeitaktivitäten). Die Reaktionen werden operant verstärkt (z.B. Reduzierung von Langeweile) und die neu aufgesuchten externen Stimuli erhöhen als klassisch konditionierte Reize (CS) das Verlangen nach Drogen (CR). Die drogenbezogenen automatischen Gedanken nehmen weiter zu. Dieser Kreislauf setzt sich so lange fort, bis der Betreffende trotz hoher Motivation zur Abstinenz dem Drogenangebot nicht mehr widerstehen kann (VOLLMER u. FERSTL 1989). Auch bei Personen, die reduziert Drogen zu sich nehmen, ist dieser nach den Prinzipien der operanten und klassischen Konditionierung erklärbare Kreislauf vorzufinden und führt trotz entgegengesetzter Vorsätze (z.B. wegen Autofahren abends keinen Alkohol zu trinken) zum Erstkonsum der Droge und zu einer Steigerung der Menge und der Frequenz. Beim Rückfall von Abhängigen ist der Einfluß der klassisch und operant konditionierten Reize wesentlich stärker als bei der Entwicklung des Mißbrauchs, bedingt durch die unterschiedliche Anzahl der Konditionierungen und durch Generalisierungseffekte. Außerdem sind beim Abhängigen, zum Beispiel vor einem Rückfall nach einer abstinenten Phase, die drogenbezogenen Kognitionen stärker ausgeprägt als beim gefährdeten Jugendlichen.

Die drogenbezogenen Grundkognitionen sind eine entscheidende Schnittstelle des Rückfalls. Negative drogenbezogene Grundkognitionen erhöhen die Wahrscheinlichkeit für Abstinenz. Aber bei starken Anti-Drogen Basiskognitionen (z.B. während einer Entwöhnungsbehandlung erworben) und bei gleichzeitig:

a) hoher Intensität der unangemessenen allgemeineren automatischen Gedanken

b) hoher Intensität der unangenehmen Gefühle

c) mittlerer oder hoher Intensität des durch klassische Konditionierung (über externe Reize) ausgelösten Verlangens und

d) fehlenden Bewältigungsstrategien für den Umgang mit allgemeinen automatischen Gedanken oder schwierigen Lebenssituationen

steigt die Wahrscheinlichkeit, daß es zu einem sehr exzessiven Rückfall, manchmal in latent suizidaler Absicht, oder anstatt dessen zu einer Symptomverschiebung kommt. Drogenbedingte Todesfälle nach einer abgebrochenen oder regulär abgeschlossenen Therapie sind zwar in erster Linie durch pharmakologische Effekte der Droge nach längerer Abstinenz erklärbar, werden aber auch gefördert durch ein in latent suizidaler Absicht erhöhtes Risikoverhalten des Betreffenden als Folge des belastenden Konflikts zwischen einer Anti-Drogen-Einstellung und fehlenden Bewältigungsstrategien zur Aufrechterhaltung der Abstinenz.

Ebenso sind die drogenbezogenen Grundkognitionen eine entscheidende Schnittstelle für die Entwicklung von Mißbrauch und Abhängigkeit. Ein Jugendlicher mit der Einstellung »Drogenkonsumenten sind kreativer« oder »Drogen als Protest gegen Gesellschaft« ist hoch gefährdet, Drogen mißbräuchlich zu konsumieren. Dagegen wird ein Jugendlicher mit der Grundeinstellung »in Belastungssituationen keinen Alkohol zu trinken« trotz intensiver unangenehmer Gefühle kein Verlangen nach psychotropen Substanzen entwickeln. Hat aber dieser Jugendliche keine angemessene Lösungsstrategien für den Umgang mit Belastungssituationen und/oder mit automatischen negativen Selbstbewertungen und ist die Anti-Drogen Basiskognition stark ausgeprägt, dann wird dieser Jugendliche mit hoher Wahrscheinlichkeit eine andere Störung als Mißbrauch oder Abhängigkeit von psychotropen Substanzen entwickeln. Oder der Jugendliche wird, obwohl er Drogen ablehnt und kein Verlangen nach diesen psychotropen Substanzen hat, beeinflußt durch externe Faktoren (z.B. Beobachtung von Modellen, die Alkohol trinken) und durch die pharmakologische Wirkung der Substanz (z.B. Entspannung als verstärkende Konsequenz), Drogen mißbräuchlich konsumieren und eventuell eine Abhängigkeit entwickeln. Nach mehrmaligem Gebrauch und bei verstärkender Wirkung der Substanz werden sich die drogenbezogenen Grundkognitionen des Betreffenden verändern.

Nach dem in Abbildung 2 dargestellten Modell kann es auch ausschließlich durch externe drogenbezogene Faktoren zur Entstehung von Mißbrauch und Abhängigkeit kommen, ohne daß unangemessene Grundkognitionen, schwierige Lebenssituationen oder Defizite in Bewältigungsstrategien vorhanden sind. Eine sozial kompetente, innerlich ausgeglichene und belastungsfähige Person kann zum Beispiel durch Modellernen Trink-Verhaltensweisen von Arbeitskollegen übernehmen. Durch sich gegenseitig verstärkende soziale Interaktionen wird der Alkoholkonsum am Arbeitsplatz aufrechterhalten und geht in Mißbrauch über. Die pharmakologische Wirkung des Alkohols, verbunden mit einer genetischen Prädisposition, und die operanten Bedingungen führen zu einer Festigung des Mißbrauchs und schließlich zur Abhängigkeit, obwohl diese Person keine psychischen Probleme hatte. In einer anderen Umgebung, unter anderen operanten Verstärkungsbedingungen hätte diese Person keinen Mißbrauch, keine Abhängigkeit und auch keine anderen psychischen Störungen entwickelt.

*Familiärer und gesellschaftlicher Zwangsprozeß*

Bei der Entstehung des Mißbrauchs und der Abhängigkeit ist außerdem zu berücksichtigen, daß die Entwicklungsphase, in der sich eine Person bei Eintreten bestimmter Ereignisse gerade befindet, von Bedeutung ist. Bei Mädchen besteht eine höhere Vulnerabilität für Problemverhalten in der frühen Adoleszenz, bei Jungen in der frühen Kindheit (WERNER u. SMITH 1982, zitiert aus SILBEREISEN u. KASTNER 1987). Die Art des Ereignisses wird sich auf eine Person je nach deren Entwicklungsstand unterschiedlich auswirken. Ein Achtjähriger wird wahrscheinlich durch die Trennung der Eltern negativer beeinflußt als ein 14jähriger und letzterer wird durch eine offene Drogenszene in der Nachbarschaft negativer beeinflußt als der Achtjährige. Außerdem bestehen Wechselwirkungen zwischen allen Einflußfaktoren. Eine starke Bindung an die Familie oder die Akzeptierung gesellschaftlicher Normen durch den Betreffenden kann die negativen Effekte einer drogenkonsumierenden Gruppe Gleichaltriger in der Nachbarschaft oder eines niedrigen Selbstwertgefühls teilweise wieder ausgleichen. Ein durch Schulkameraden oder durch die Medien vermitteltes positives Image über psychotrope Substanzen kann durch eine kritische Einstellung der Eltern gegenüber Drogen und gleichzeitiger starker familiärer Bindung wieder aufgehoben werden.

Der Einfluß der Familie ist nicht zu unterschätzen, darf aber nicht benutzt werden für Schuldzuweisungen, da die Familie wiederum selbst in Wechselwirkung mit ihrer sozialen und materiellen Umwelt steht, und die einzelnen Mitglieder der Familie, ebenso wie der gefährdete Jugendliche, gegen eigene biologische und psychologische Reaktionsmuster ankämpfen müssen. Trotzdem bleibt für jeden einzelnen des gesellschaftlichen Systems die Verantwortung für präventives und im therapeutischen Sinn unterstützendes Handeln bestehen. Entsprechend dem Modell des reziproken Determinismus (BANDURA 1979) kann jede Person ihre biologischen und psychologischen Reaktionsmuster erweitern und Einfluß auf ihre Umwelt nehmen, auch wenn die Grenzen und Hindernisse häufig erheblich sind und auf den ersten Blick manchmal unüberwindbar erscheinen.

Auf sich allein gestellt sind wegen der über viele Jahre erworbenen, inzwischen löschungsresistenten interaktionellen Reaktionsmuster einzelne Familienmitglieder überfordert, präventiv zu handeln, wenn ihr Kind Entwicklungsaufgaben nicht bewältigt und Kontakte zu Alkohol- oder Drogenmißbrauchern aufnimmt. Erschwerend kommt hinzu, daß Erziehung kein einseitiger Vorgang ist. Die Eltern nehmen nicht nur Einfluß auf ihre Kinder, sondern sie werden auch von ihren Kindern erzogen und vor Entwicklungsaufgaben gestellt. Nach diesem Konzept der retroaktiven Sozialisation (KLEWES 1983, zitiert aus MONTADA 1987) kann man die Entstehung einer Abhängigkeit von psychotropen Substanzen als Folge von nicht bewältigten Entwicklungsaufgaben sowohl der Kinder als auch der Eltern sehen. Den Eltern ist es nicht gelungen, auf unangemessene Beeinflussungsmethoden ihrer Kinder (z.B. Trotzverhalten, gegenseitiges »Ausspielen« der Elternteile, starkes Ignorieren der elterlichen Normen) angemessen einzugehen, sondern nach dem Prinzip des Zwangsprozesses in der Partnerschaft (PATTERSON u. REID 1970, zitiert aus HAHLWEG, SCHINDLER u. REVENSTORF 1982) haben sich die negativen Verhaltensweisen der Beteiligten und die erfolglosen Versuche, sich gegenseitig stärker zu kontrollieren, so weit gesteigert, daß sie schließlich in Hilflosigkeit umgeschlagen sind.

Eine für die Kindheit Drogenabhängiger typische Situation ist, daß ein Elternteil (z.B. die Mutter) an den Sohn Anforderungen stellt (Rml in Abb. 3), etwa die Schulaufgaben vor dem geplanten Fußballspiel zu machen. Der (nicht informierte) andere Elternteil (z.B. der Vater) erlaubt hingegen dem Sohn, in Abwesenheit der Mutter, auf dessen Anfrage (Rk1), sofort zum Fußballspielen zu gehen (Rv1). Die Mutter drückt ihrem Mann gegenüber ihren Ärger aus (Rm2), worauf dieser bei der nächsten Situation gegenüber seinem Sohn plötzlich streng reagiert (Rv2). Das für den Sohn nicht nachvollziehbare strenge Verhalten des Vaters führt bei ihm zu einer Trotzreaktion (Rk4). Der Vater fand seine Strenge selbst unangemessen und gibt dem Sohn gegenüber nach (Rv3). Die verärgerte Mutter hat den Sohn beruhigt (Rm4) durch das Versprechen, in Zukunft sofort seine Schulaufgaben zu machen

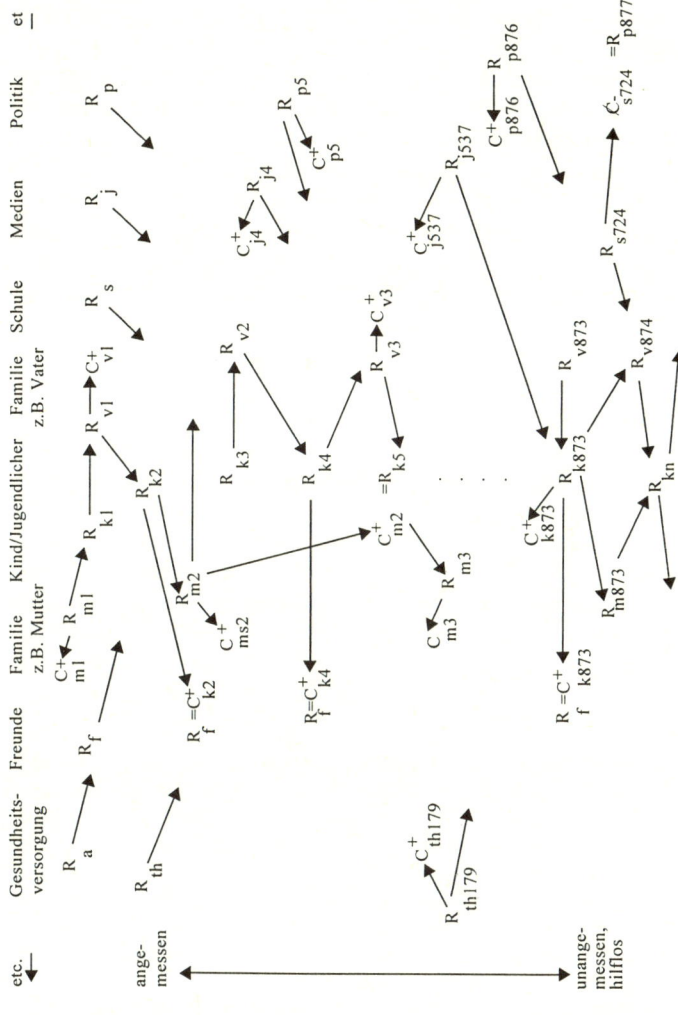

Abbildung 3: Familiärer und gesellschaftlicher Zwangsprozeß*

(Rk5). Das Versprechen hält er für wenige Tage ein. In dieser Zeit wird von allen das familiäre Klima als besonders harmonisch erlebt.

Als Kontrast zu den vorherigen Konflikten ist dies eine verstärkende Bedingung für alle Beteiligten, ihre unangemessenen Verhaltensweisen beizubehalten.

Es folgen ähnliche kleine Situationen nach dem gleichen Muster. Die Eltern haben gelernt, wie sie bei ihrem Sohn erwünschtes Verhalten erreichen können, aber nur vorübergehend und nicht langfristig, und der Sohn hat gelernt, wie er sich den elterlichen Anforderungen kurzfristig entziehen kann. Mit zunehmendem Alter steigt das Bedürfnis des Sohnes nach Autonomie, und er wendet die in der Kindheit gelernten interaktionellen Strategien für die Durchsetzung problematischerer Verhaltensweisen an, wie häufige Abwesenheit von zu Hause, Fehlen in der Schule, Kontakte zu problematischen Jugendlichen. Die Eltern verstärken und verbessern ihre erzieherischen Verhaltensweisen, häufig ohne sich richtig abzusprechen. Der Sohn verstärkt und verbessert seine Verhaltensweisen, den elterlichen Anforderungen zu entkommen. Dazwischen liegen Zeiten, in denen alle Beteiligten nachgeben und das Familienklima als sehr harmonisch erlebt wird. Diese Zeiten werden immer kürzer und seltener. Inzwischen ahnen die Eltern, wie gering ihr Einfluß auf die weitere Erziehung ihres Sohnes ist.

---

* R: Reaktion, $C^+$: positiver Verstärker, m: Mutter ($^R$m: Reaktion der Mutter), k: Kind/Jugendlicher, v: Vater, f: Freunde etc.: 1-n: fortlaufende Numerierung der R und C, willkürlich gewählt, um die Vielzahl der Interaktionen anzudeuten. Ins Leere zeigende Pfeile bedeuten, daß durch die Reaktionen alle Mitglieder des Systems beeinflußt werden können.

Die komplexen Interaktionen und die operanten Bedingungen sind hier nur ausschnittweise und unvollständig dargestellt. Es ist Aufgabe der Forschung und der Therapie, einzelne kleine Ausschnitte des komplexen Interaktionsprozesses auszuwählen und genau zu analysieren.

Gefördert durch sich widersprechende Verhaltensweisen ($^R$,m,v,p, etc.), die auf das Kind bzw. den Jugendlichen einwirken, nimmt das Problemverhalten ($^R$k2-n) des Kindes/Jugendlichen zu. Ebenso nehmen sich negativ auf das Kind/den Jugendlichen auswirkende Verhaltensweisen der sozialen Umwelt ($^R$j4-n, $^R$s3-n, etc.) zu, und zwar gefördert durch unangemessene Verhaltensweisen des Kindes/Jugendlichen ($^R$k2-n), durch operante Bedingungen der sozialen Umwelt ($^C$j4-n, $^C$p5-n, etc.) und durch Selbstverstärkung im Rahmen interaktioneller Pläne ($^{C+}$v1, $^{C+}$ml, etc.).

Die Verhaltensweisen der Eltern werden zunehmend von Hilflosigkeit geprägt, alle Beteiligten reagieren häufiger überempfindlich und irrational. Als Folge nehmen die unangemessenen Verhaltensweisen des Sohnes weiter zu (z.B. Rk873). Vorwiegend durch aversive Reize (z.B. Vorwürfe) versucht jeder, seine Wünsche und Bedürfnisse entsprechend dem partnerschaftlichen Zwangsprozeß durchzusetzen. Der Sohn findet inzwischen Anerkennung und Zuwendung (C+k873) bei einer Gruppe alkohol- oder haschischkonsumierender Jugendlicher, vorausgesetzt das Verhalten dieser Jugendlichen entspricht seinen drogenbezogenen Basiskognitionen (siehe Abbildung 2).

Dieses Grundmuster, Ablehnung und Zuwendung im ständigen Wechsel und stetige Zunahme der aversiven Reize, ist bei vielen Drogenabhängigen und bei jugendlichen Alkoholikern in unterschiedlichen Variationen in der Kindheit und Jugend vorzufinden. So können es zum Beispiel die Mutter, der Vater oder die miterziehenden Großeltern sein, die die Regeln eines Elternteils wieder aufheben. Bei einigen Abhängigen kommt es zum Abbruch des Kontaktes zu den Eltern, bei anderen zu einem inneren Rückzug der Beteiligten. Auch die Verhaltensweisen der einzelnen Familienmitglieder können sehr verschieden sein und sich von körperlichen Tätlichkeiten als Ausdruck von Strenge, Trotz oder Widerstand bis zu sehr zurückhaltend oder nur indirekt geäußerten verbalen und nonverbalen Vorschriften und Entgegnungen erstrecken.

Neben dem aus Partnerschaftskonflikten bekannten Zwangsprozeß ist die Ausführung der Reaktionen aller Beteiligten entscheidend durch Selbstverstärkung im Rahmen interaktioneller Pläne und durch die externe Verstärkung von nicht direkt beteiligten Personen gesteuert. Zum Beispiel verstärkt sich die Mutter selbst für ihr Erziehungsverhalten durch Selbstverbalisationen innerhalb ihres Handlungsplanes »Alles in der Familie unter Kontrolle zu haben« (C+ml, C+ms2 in Abb. 3), und der Vater handelt nach dem Plan »liberal und tolerant« zu sein, oder nach dem Plan »ein guter Vater zu sein« und seine häufigen Abwesenheiten dem Sohn gegenüber »wieder gut zu machen« (C+v1, C+v3). Der Sohn wird für unangemessene Verhaltensweisen gegenüber seinen Eltern von seinen Freunden verstärkt (C+k2, C+k4) und handelt nach dem Plan »unabhängig zu sein«, etc.

Auch in den Interaktionen der institutionellen und gesellschaftlichen Ebene werden die Reaktionen nach dem Prinzip des Zwangsprozesses und durch operante Bedingungen gesteuert. Das Konzept der retroaktiven Sozialisation ist nicht nur auf die Beziehung zwischen Eltern und Kindern beziehungsweise Jugendlichen anwendbar, sondern auch auf die Beziehung zwischen Kindern/ Jugendlichen und anderen Erziehungspersonen (z.B. Lehrer) und auf die Beziehung zwischen Kindern/Jugendlichen und gesellschaftlichen Institutionen wie unter anderem Vertretern der Gesundheitsversorgung, politischer Gremien, der Medien, Justiz und der Politik. Der Einfluß Jugendlicher auf ihre Umwelt und der Zwangsprozeß auf der institutionellen und gesellschaftlichen Ebene werden besonders deutlich, wenn bereits starker Mißbrauch oder eine Abhängigkeit vorliegt. Auf mangelnde Einsicht bezüglich der Schädlichkeit psychotroper Substanzen oder auf eine geringe Veränderungsbereitschaft gefährdeter Jugendlicher beziehungsweise Abhängiger reagieren Therapeuten häufig mit erhöhter Zuwendung, teils auch in Form von Sanktionen. Ähnliche Reaktionsmuster wie bei Therapeuten werden bei Journalisten, Juristen, Politikern und Ärzten ausgelöst und können sich niederschlagen in überengagierten Zeitungsartikeln, überstrengen Gerichtsurteilen, und unbedachten Behandlungsangeboten.

Beispiele für operante Bedingungen auf der institutionellen und gesellschaftlichen Ebene sind, daß Journalisten für aufsehenerregende Berichte über Drogenabhängigkeit (Rj4, Rj537) durch eine höhere Auflage der Zeitung oder höhere Zuschauerquote verstärkt werden (C+j4, C+j537), daß Schuldirektoren durch die Bagatellisierung der Drogenprobleme (Rs724) an ihrer Schule ein negatives Image vermeiden (C+s724), daß Politiker sich durch beeindruckende Drogeninitiativen (Rp5) mehr Wählerstimmen versprechen (C+p5), daß Therapeuten und Drogenberater durch beschönigte und übertriebene Darstellungen (Rth179) mehr finanzielle Zuschüsse erwarten (C+th179), etc. Beispiele für Verhaltenspläne, die gegenüber den gefährdeten Jugendlichen (und auch gegenüber Mißbrauchern und Abhängigen) zu Verhaltensweisen führen können, die eher der eigenen Selbstverstärkung dienen und weniger den Kindern/Jugendlichen helfen, sind bei Ärzten »allen Patienten mit medizinischen Mitteln zu helfen«, bei Juristen und Politikern »alles unter Kontrolle zu haben« oder das Gegenteil »tolerant und liberal zu sein« etc. Und der Autor dieses Artikels schließt sich hier nicht aus, nur seine persönlichen Verstärker und

Handlungspläne bleiben sein Geheimnis, soweit sie ihm bewußt sind, und werden dem Leser/der Leserin vorenthalten.

Durch die Vernetzung der Interaktionen, durch die externen operanten Bedingungen der institutionellen und gesellschaftlichen Ebenen und durch die Selbstverstärkungen können die einzelnen Personen den Bezug zum eigentlichen Thema verlieren. Die Handlungen verselbständigen sich und werden nicht mehr gesteuert durch eine direkte Interaktion mit den gefährdeten Jugendlichen.

Ausführlichere und differenzierte Beispiele über Komplexität, Vernetzung und Dynamik der Interaktionen würden verdeutlichen, daß nicht eine einzelne Person – sei es das Kind, der Jugendliche, ein Familienmitglied, der Partner, ein Freund oder jemand anderes – für eine Fehlentwicklung verantwortlich ist, sondern daß sehr viele Personen einen negativen (und positiven) Einfluß auf die Entwicklung eines Kindes/Jugendlichen haben können. Die meisten Personen handeln in guter Absicht: der Journalist mit seinem nicht zutreffenden Artikel über die wahre Therapie, der Arzt mit der Verschreibung von Psychopharmaka, der Psychologe, der den Eltern vorschnelle beziehungsweise überhaupt keine Ratschläge gibt, der Politiker, der eine neue unbedachte Drogeninitiative startet. Übersehen wird manchmal von den einzelnen sich engagiert einsetzenden Personen, daß es sich bei der Entwicklung und Aufrechterhaltung einer Abhängigkeit von psychotropen Substanzen um komplexe, vernetzte und dynamische Situationen handelt (siehe DÖRNER 1989, S. 59–64; VOLLMER 1993, S. 89–90). Das Angebot von Medikamenten bei psychischen Problemen, die Verschreibungspraxis bei Psychopharmaka, die Werbung für legale psychotrope Substanzen, die Art und Weise, wie Meinungsführer und Vorbilder mit psychotropen Substanzen umgehen, die Art der Berichterstattung über Behandlungserfolge bei Abhängigkeitserkrankungen, die Art und Weise der Diskussion über die Legalisierung ausgewählter Drogen, die Präventionsfilme über die Wirkung von Drogen sind nur einige der vielen Faktoren, die in Wechselwirkung miteinander stehen und die das Verhalten und die drogenbezogenen Basiskognitionen gefährdeter Jugendlicher und der Familienmitglieder beeinflussen.

## Entwicklungsverlauf während der Abhängigkeit

Der Schwerpunkt lag bisher auf entwicklungspsychologischen Aspekten *vor* Beginn einer Abhängigkeit. Im folgenden sollen entwicklungspsychologische Aspekte *während* der Abhängigkeit erörtert werden. Es gibt kaum verhaltenstherapeutische Literatur zu diesem Thema, so daß hier auf Grundlage der allgemeinen Literatur zur Entwicklungspsychologie und therapeutischer Erfahrungen mit Abhängigen nur Hypothesen aufgestellt werden können.

Mißbrauch und Abhängigkeit im Jugendalter sind begleitet von familiären Konflikten, einer räumlichen Distanzierung von den Eltern (z.B. seltene Anwesenheiten, Rückzug auf das eigene Zimmer, Verlassen des Elternhauses), der Fixierung auf eine alkohol- und drogenkonsumierende Bezugsgruppe und Einengung der Freizeitaktivitäten.

Diese Bedingungen führen zu einem anderen Entwicklungsverlauf als bei Jugendlichen, die keine illegalen Drogen nehmen oder nur reduziert Alkohol trinken. Mißbraucher und Abhängige versäumen sowohl durch den Konsum von psychotropen Substanzen als auch durch ihren Lebensstil und durch die räumliche Distanzierung von erwachsenen Bezugspersonen wertvolle Entwicklungserfahrungen, die ihnen verschiedene Aufgaben des Erwachsenenalters erleichtern könnten.

Ein Beispiel dazu: Jene Erwachsenen sind am ehesten auf die intimen und emotionalen Anforderungen einer Partnerschaft vorbereitet, die in ihrer Jugend eine Vielzahl sozialer und persönlicher Rollen ausprobieren konnten. Dieses beinhaltet die Entwicklung von Freundschaften zum gleichen und zum anderen Geschlecht (Mussen, Conger, Kagan u. Huston 1993). Durch die Einengung ihrer sozialen Kontakte auf eine drogenkonsumierende Bezugsgruppe ist die Rollenvielfalt eingeschränkt. Dementsprechend haben die meisten Abhängigen auch im abstinenten Zustand starke Probleme in Partnerschaften.

Eine Entwicklungsaufgabe im Jugendalter ist nach Havighurst (1972, zitiert aus Oerter 1987), emotionale Unabhängigkeit von den Eltern und anderen Erwachsenen zu erreichen. Bei jugendlichen Abhängigen ist dies in der Regel nicht der Fall. Trotz starker Eltern-Kind-Konflikte besteht eine intensive emotionale Bindung zu einem Elternteil. Durch die häufigen Abwesenheiten entweder

der Eltern oder des Abhängigen im frühen Jugendalter fand keine normale Ablösung, einschließlich konstruktiver Auseinandersetzungen, von den Eltern statt.

Auch die Entwicklung von Wertvorstellungen nimmt durch die Distanzierung zu den Erwachsenen und durch die vorwiegende Orientierung an einer übermäßig alkohol- oder haschischkonsumierenden Bezugsgruppe einen anderen Verlauf als bei einer normalen Gruppe. Dies ist besonders stark ausgeprägt bei Abhängigen illegaler Drogen und bei delinquenten Alkoholabhängigen. Erfahrungsgemäß ist die Reflexionsfähigkeit jugendlicher Abhängiger über moralische Urteilsstrukturen gering ausgeprägt. Sie neigen häufig zu absoluten Meinungen und zu autoritärem Denken.

Weitere Entwicklungsaufgaben, denen Jugendliche gegenüberstehen, sind unter anderem der Erwerb reiferer Beziehungen zu Altersgenossen beiderlei Geschlechts, die Gewinnung sozialverantwortungsvollen Verhaltens, der Erwerb der weiblichen beziehungsweise männlichen Rolle (HAVIGHURST 1972, zitiert aus OERTER 1987), die Entwicklung einer Zukunftsperspektive und »über sich selbst im Bilde zu sein« als übergeordnete Aufgabe entsprechend dem Konzept der Identität (DREHER u. DREHER 1985, zitiert aus OERTER 1987). In allen diesen Bereichen haben viele der Abhängigen, die schon im Jugendalter übermäßig psychotrope Substanzen konsumieren, Probleme.

Der Begriff Identität ist nicht sehr präzise und wird uneinheitlich verwendet (OERTER 1987). Dieser trotzdem für die Entwicklung im Jugendalter zentrale Begriff, läßt sich aus verhaltenstherapeutischer Sicht am ehesten durch die Konstrukte Selbstbild und Selbstwirksamkeits-Erwartung näher bestimmen. In beiden Bereichen haben viele Abhängige nach erfolgreicher Entgiftung ungünstige Werte. Die scheinbare Bewältigung von Entwicklungsaufgaben (z.B. Lösung eines Konflikts mit den Eltern) durch den Konsum von Alkohol führte zu einem negativen Selbstbild und zu einer Verfestigung der niedrigen Selbstwirksamkeits-Erwartung. Der Abhängige wird sich auch in Zukunft nicht zutrauen, Konflikte mit den Eltern konstruktiv zu lösen, sondern er wird vor den Konflikten die Flucht ergreifen oder sie bereits durch häufige Abwesenheiten vermeiden und durch den Konsum von Alkohol verdrängen. Die Zuwendung durch die Gleichaltrigengruppe, in der sich Mitglieder mit ähnlichen Problemen befanden, führte vorübergehend zu dem Eindruck, die Konflikte richtig zu lösen, und führte zu einer erhöhten Selbstsicherheit innerhalb dieser Gruppe. Die Verhaltensweisen, die in dieser Gruppe gelernt wurden, sind nur sehr begrenzt in einem drogenfreien Umfeld anwendbar. Die interaktionellen Verstärkungsbedingungen in einer drogenfreien Freundesgruppe unterscheiden sich erheblich von denen in einer illegale Drogen oder übermäßig Alkohol konsumierenden Gruppe (z.B. Ablehnung versus Zustimmung auf aggressive Äußerungen eines Gruppenmitglieds).

Außerdem ist das zustandsabhängige Lernen von Bedeutung. Danach sind Verhaltensweisen, die unter Alkoholeinfluß erworben wurden, im abstinenten Zustand nicht oder nur begrenzt im Verhaltensrepertoire vorhanden. Ein Jugendlicher, der unter Alkoholeinfluß verschiedene angemessene Verhaltensweisen gelernt hat (z.B. soziale Kontakte knüpfen), kann diese Verhaltensweisen im abstinenten Zustand nicht ausführen. Abstinenz ist dadurch mit Mißerfolgen verbunden, so daß die Selbstwirksamkeits-Erwartung im drogenfreien Zustand weiterhin gering bleibt. Durch die Wiederaufnahme der Kontakte zu der alten Bezugsgruppe und der Durchführung alter vertrauter Verhaltensgewohnheiten, einschließlich Drogenkonsum, entsteht der Eindruck einer verbesserten Selbstwirksamkeits-Erwartung. Auch für den Rückfall nach einer erfolgreichen Entgiftung könnte die Hypothese von SILBER-EISEN et al. (1986) zutreffen, daß zwischen Selbstwert und Freizeitaktivitäten und nicht zwischen Selbstwert und Konsum psychotroper Substanzen ein direkter Zusammenhang besteht. Erfahrungsgemäß neigen jugendliche Alkohol- und Drogenabhängige während und nach einer Entwöhnungsbehandlung dazu, wieder vorwiegend Kontakte zu ihren alten Drogenfreunden aufzunehmen.

Im Einzelfall ist nicht genau zu unterscheiden, ob die verschiedenen Entwicklungsaufgaben bereits vor oder während des erhöhten Konsums psychotroper Substanzen unzureichend gelöst wurden. Einige der obigen prognostischen Daten lassen vermuten, daß schon lange Zeit vor dem ersten Beginn des Konsums psychotroper Substanzen zwischen Abhängigen und Nicht-Abhängigen unterschiedliche Entwicklungsverläufe vorliegen. Die Zeit des Mißbrauchs und der Abhängigkeit führt dann zu einer Festigung bestehender und Ausbildung neuer *Entwicklungsdefizite*. Die Defizite sind wahrscheinlich um so stärker ausgeprägt, je früher psychotrope Substanzen genommen wurden. Unabhängig vom Zeitpunkt der nicht gelösten Entwicklungsaufgaben, ob vor oder während des Mißbrauchs oder der Abhängigkeit, ist die Berücksichtigung der entwicklungspsychologisch bedingten Defizite für den Erfolg einer Entwöhnungsbehandlung von nicht geringer Bedeutung.

## Schlußfolgerungen für Prävention und Therapie

### Prävention

Ziel der Präventionsstrategien kann in unserer Kultur nicht die Abstinenz von psychotropen Substanzen sein, sondern lediglich ein *verantwortlicher Gebrauch*, der aber die *Abstinenz von einigen Substanzen* beinhaltet (SILBEREISEN u. KASTNER 1987).

Das langfristige Endziel der Prävention ist die Reduzierung der Prävalenz des Mißbrauchs und der Abhängigkeit von psychotropen Substanzen über die Erreichung eines kontrollierten Umgangs mit psychotropen Substanzen beziehungsweise der Abstinenz von bestimmten Drogen.

HAWKINS et al. (1992) schlagen einen auf die Risikofaktoren orientierten Präventionsansatz vor unter Berücksichtigung der Entwicklungsphase. So ist zum Beispiel die prognostische Valenz von schulischen Leistungen oder Aggressivität abhängig von der Entwicklungsphase, in der sich ein Jugendlicher befindet. Eine gezielte Präventionsintervention sollte in der Entwicklungsphase einsetzen, wenn der Risikofaktor prognostisch bedeutsam ist. Das Ziel der Prävention ist, sowohl Risikofaktoren zu reduzieren als auch vor Risikofaktoren zu schützen. Letzteres ist dann notwendig, wenn die Risikofaktoren selbst nicht geändert werden können, zum Beispiel wenn ein Elternteil abhängig ist.

Die Prävention sollte möglichst frühzeitig einsetzen, bereits vor dem ersten Konsum psychotroper Substanzen. Denn der Beginn des Konsums ist nicht auf die pharmakologischen Effekte der Substanz zurückzuführen, sondern durch psychologische Modelle erklärbar (FLAY et al. 1983, zitiert aus SILBEREISEN u. KASTNER 1987), wie zum Beispiel Zuwendung durch Bezugspersonen nach dem Prinzip der operanten Konditionierung. Die pharmakologischen Effekte werden nach erstem manchmal sogar erst nach mehrmaligem Gebrauch wirksam. Bei Alkohol sind die pharmakologischen Effekte zu Beginn nicht so stark wie bei der intravenösen Applikation von Drogen. Die Prävention von Mißbrauch und Abhängigkeit ist um so schwieriger, je stärker die pharmakologischen Effekte des reduzierten Konsums bereits sind und je ausgeprägter eine Wechselwirkung zwischen biologischen und psychologischen Faktoren eingetreten ist.

Eine Prävention wird um so erfolgreicher sein, je mehr Strategien auf den verschiedensten Ebenen eingesetzt werden. HAWKINS et al. (1992) fordern multifaktorielle Risikoreduzierungsstrategien, die entwicklungsorientiert sind und sich über die verschiedensten Bereiche erstrecken. Die Strategien sollten aber nicht unspezifisch sein, sondern gezielt auf die verschiedenen Risikofaktoren angesetzt werden. Man kann unterscheiden zwischen risikoreduzierenden Maßnahmen (z.B. Einschränkung der Verfügbarkeit von Drogen), dem Aufbau risikoschützender Mechanismen (z.B. Drogenangebote ablehnen können) und schützenden Mechanismen, die andere schützende Faktoren stärken (z.B. Kommunikationskurse für Eltern) (BROOK et al. 1990).

Die Präventionsmaßnahmen sollten sowohl auf die kognitive als auch auf die Verhaltensebene abzielen. Eine rein auf psychotrope Substanzen bezogene Prävention ist nach dem hier vorgestellten Modell der Entstehungsbedingungen (Abb. 2) nicht möglich. Würde man bei Jugendlichen ausschließlich antidrogenbezogene Grundkognitionen aufbauen, so käme es bei den gefährdeten Jugendlichen zu anderen psychischen Störungen, entsprechend der Symptomverschiebung bei Abhängigen nach einer rein symptomorientierten Therapie, da keine alternativen Bewältigungsstrategien für die Lösung der zugrundeliegenden Probleme bestehen. Präventive Maßnahmen sind daher nicht hilfreich, wenn sie nur symptomorientiert ansetzen.

Außerdem ist die Komplexität, Vernetzung und Dynamik der Entstehungsbedingungen des Mißbrauchs und der Abhängigkeit von psychotropen Substanzen bei der Planung präventiver Maßnahmen zu berücksichtigen. Die Interventionen müssen alle in Abbildung 1 genannten Variablen und deren Vernetzung beachten, um starke negative beziehungsweise gegenteilige Effekte zu vermeiden. Prävention, die nur auf die Gefährdeten und deren Be-

64

zugspersonen abzielt und die institutionelle und gesellschaftliche Ebene vernachlässigt, kann nicht erfolgreich sein, sondern wird kognitive Dissonanzen bei der Zielgruppe auslösen, die sich ungünstig auf die Entwicklungsverläufe gefährdeter Jugendlicher auswirken und zu einer Zunahme psychischer Probleme führen können.

Analysen der komplexen Interaktionen und empirische Überprüfungen strittiger und praxisrelevanter Hypothesen sind notwendig zur Identifizierung weiterer Bedingungen, die die Entwicklungsverläufe von Kindern und Jugendlichen ungünstig beeinflussen und die den Mißbrauch und die Abhängigkeit von psychotropen Substanzen fördern. Wegen der Komplexität, Vernetzung und Dynamik der Entstehungsbedingungen ist es nur durch ein empirisch orientiertes wissenschaftliches Vorgehen möglich, den einzelnen Mitgliedern des Systems Entscheidungshilfen für ihr präventives und – im weiteren Sinne – therapeutisches Verhalten zur Verfügung zu stellen, so daß negative Nebeneffekte für Gefährdete, Abhängige und für die Gesellschaft gering gehalten werden. Ein empirisch orientiertes wissenschaftliches Vorgehen erlaubt am ehesten, die Realität der Entstehungsbedingungen annähernd zu erfassen, vorausgesetzt die Untersuchungsmethoden entsprechen den Fragestellungen, die Ergebnisse werden angemessen interpretiert (siehe VOLLMER 1991, S. 158–167) und »Wissenschaft« wird nicht betrieben als Argumentationshilfe zur Durchsetzung von Maßnahmen durch verschiedene gesellschaftliche Gruppen.

Wegen der Komplexität der Entstehungsbedingungen kann die (äußere) Realität empirisch nur sehr bruchstückhaft erfaßt werden, so daß die Ergebnisse empirischer Studien als Entscheidungsgrundlage für präventive Maßnahmen nicht ausreichen. Ein Vorgehen nach dem Rationalitätsmodell (WESTMEYER 1987; VOLLMER 1993) unter Einbeziehung verschiedenster Interessenvertreter ist unabdingbar, damit nicht eine Interessengruppe Entscheidungen umsetzt, die stärker durch von den gefährdeten Kindern/Jugendlichen unabhängigen operanten Bedingungen gesteuert sind als durch eine ursachenorientierte, mit den gefährdeten Kindern/ Jugendlichen in Interaktion stehende Prävention. Anzustreben sind weiterhin Entscheidungen auf empirischer, experimenteller und theoretischer Grundlage der den Abhängigkeitsbereich tangierenden Fachdisziplinen (Psychologie, Pädagogik, Soziologie,

Volkswirtschaft, Rechtswissenschaft, etc.). Die weitere empirische und experimentelle Analyse der Entstehungsbedingungen und die Vermittlung der Erkenntnisse der verschiedenen Fachdisziplinen an die im Interaktionsprozeß beteiligten Personen und gesellschaftlichen Gruppen ist eine der vorrangigsten präventiven Maßnahmen. Die Anzahl unbedachter, sich negativ auswirkender Verhaltensweisen wird sich durch ein verbessertes Wissen über die Entstehungsbedingungen erheblich reduzieren. Hinzu kommt, daß die Planung und Umsetzung präventiver Maßnahmen in der Suchtkrankenhilfe die Gefahr puritanischer und restriktiver Vorgehensweisen beinhaltet. Durch empirisch-wissenschaftliche Studien zu Entstehungsbedingungen, Prävention und Therapie ist es möglich, Präventionsmodelle zu erstellen, die unserer Kultur entsprechen und die ein Abgleiten in Puritanismus und Restriktionen vermeiden.

## Therapie

Allgemeine Bestandteile und Prinzipien einer Verhaltenstherapie der Abhängigkeiten, beispielsweise beschrieben bei MARLATT und GORDON (1985), SCHNEIDER (1982) und VOLLMER (1985, 1993), werden im folgenden nicht berücksichtigt. Es werden abschließend lediglich einige Schlußfolgerungen, die sich aus entwicklungspsychologischer Sicht für die Verhaltenstherapie Abhängiger ergeben, dargestellt.

### Individuelle Therapie

Die komplexen Entstehungs- und Rückfallbedingungen erfordern für jeden Patienten eine auf ihn individuell abgestimmte Therapie. Eine einseitig ausgerichtete Therapie wird den multifaktoriellen Bedingungen der Abhängigkeit nicht gerecht. Die Verhaltenstherapie besitzt inzwischen ein so breites Spektrum an Interventionen, daß ein eklektisches Vorgehen nicht (mehr) notwendig ist, sondern daß im Rahmen eines einzigen theoretischen Bezugssystems eine Vielzahl unterschiedlicher Interventionen, die aus den Verhaltensanalysen (einschließlich entwicklungspsychologischer Analysen) abgeleitet wurden, flexibel bei einem und unterschiedlich bei verschiedenen Patienten eingesetzt werden können. Therapeutische Interventionen sollten in der Regel nur eingesetzt werden, wenn sie indiziert sind, ansonsten kommt es zu Widerständen gegenüber nicht-indizierten Maßnahmen, die auf die gesamte Behandlung generalisieren können (VOLLMER, FERSTL u. ELLGRING 1992). Dies beinhaltet auch die Berücksichtigung der unterschiedlichen Entstehungsbedingungen einer Abhängigkeit. So sollte zum Beispiel den Patienten, deren Abhängigkeit fast ausschließlich durch externe drogenbezogene Faktoren entstand und aufrechterhalten wurde, und bei denen keine psychischen Probleme und Störungen als Folge der Abhängigkeit vorliegen, eine dementsprechende Therapie angeboten werden. Für diese Patienten ist eine verpflichtende Teilnahme an Interventionen, die für Patienten mit zusätzlichen anderen psychischen Problemen und Störungen notwendig sind, häufig sogar kontraindiziert. Bei der Mehrzahl der Abhängigen wird hingegen eine Beschränkung auf nur eine verhaltenstherapeutische Ausrichtung eine geringe Erfolgswahrscheinlichkeit haben. In der Regel werden sowohl kognitive als auch übende Verfahren notwendig sein, um eine langfristige Abstinenz zu erreichen.

*Funktionale entwicklungspsychologische Analyse*

Alle Risikofaktoren für den Beginn mit psychotropen Substanzen sind gleichzeitig Risikofaktoren für Rückfälle nach einer erfolgreichen Entwöhnungsbehandlung. Die funktionale Analyse der Entwicklung des Mißbrauchs und der Abhängigkeit von psychotropen Substanzen ist daher in der Verhaltenstherapie eine der wichtigsten diagnostischen und therapeutischen Maßnahmen. Nach KANFER und SASLOW (1965) sollte die entstehungsgeschichtliche Analyse einer Störung die biologischen, sozialen und verhaltensmäßigen Änderungen in der Lebensgeschichte einer Person berücksichtigen (zitiert aus KANFER, REINECKER u. SCHMELZER 1990). Nach den obigen entwicklungspsychologischen Ergebnissen sollte die Verhaltensanalyse bereits weit vor Beginn des ersten Gebrauchs psychotroper Substanzen potentielle Einflußfaktoren erfassen. Dazu gehören alle Variablen, die im Kindes- und Jugendalter mit dem späteren Konsum von psychotropen Substanzen korrelieren, wie situative Bedingungen, die zur Distanzierung von den Eltern führten und zu Kontakten mit delinquenten Jugendlichen, oder Faktoren, die Problemverhalten in der Schule förderten. Um sich so weit wie möglich der Realität anzunähern, das heißt möglichst valide Informationen über die Situation in der Kindheit und Jugend zu gewinnen, ist die Einbeziehung mehrerer Bezugspersonen (Eltern, Geschwister) in die Therapie sehr hilfreich.

*Verhaltenstherapeutische Familien-Interventionen*

Nach einer Analyse der gegenwärtigen und damaligen familiären Interaktionsmuster sind unter Einbeziehung der Familienmitglieder Interventionen zur Verbesserung der Familienstruktur möglich. Mit seinen Familienmitgliedern kann der Patient unter Supervision des Therapeuten neue kommunikative Fertigkeiten erproben, die er in vitro in der Therapie erworben hat. Die praktische Umsetzung des in der Therapie gelernten Verhaltens führt gemäß dem Konzept der sozial-kognitiven Lerntheorie (BANDURA 1979) zu einer Verbesserung der Selbstwirksamkeits-Erwartung. Die zentrale Bedeutung dieses Bereiches ergibt sich aus den Schwierigkeiten, die sehr viele Abhängige seit früher Jugend in ihrer Kommunikation haben, und aus der Notwendigkeit einer angemessenen Kommunikation für zukünftige soziale Beziehungen (z.B. Partnerschaft).

*Aktivitätstraining*

Wenn über kathartische Freizeitaktivitäten versucht wurde, das Selbstwertgefühl zu steigern (SILBEREISEN et al. 1986), und Defizite im Freizeitverhalten zu Langeweile führen und die Rückfallwahrscheinlichkeit erhöhen (VOLLMER u. FERSTL 1989), dann ist das Freizeitverhalten ein wichtiger Zielbereich bei der Entwöhnungsbehandlung Abhängiger. Durch die Vorgabe einer Verstärkerliste ist eine Identifizierung von potentiellen Freizeitaktivitäten möglich, die während der Behandlung von den Patienten aktiv erprobt werden können. Da die Patienten in ihrer bisherigen Entwicklung in ihrem Freizeitverhaltens-Repertoire sehr eingeschränkt waren, viele Freizeitaktivitäten ihrer Altersgenossen, die keine psychotropen Substanzen mißbräuchlich konsumieren, noch nie durchgeführt haben und der Vorstellungskraft, welche Aktivitäten Spaß machen, Grenzen gesetzt sind, ist die Durchführung und das Erleben bisher für den Patienten noch unbekannter Aktivitäten notwendig. Erst durch mehrmaliges Erproben unbekannter Freizeitaktivitäten kann die verstärkende Wirkung dieser Tätigkeiten erlebt werden und können neue Freizeitverhaltensweisen, die keinen Bezug zu Alkohol und Drogen haben, für die Zukunft der Patienten gefunden werden.

So ist für die Behandlung von Abhängigen, die bereits in der frühen Jugend psychotrope Substanzen mißbräuchlich konsumierten und ein stark eingeschränktes Freizeitverhalten aufwiesen, ein differenziertes Freizeitangebot während der Entwöhnungsbehandlung notwendig. Das Freizeitangebot sollte so gestaltet sein, daß die Patienten Verhaltensweisen erproben können, die auch für sie noch nach Abschluß der Behandlung realistisch sind.

Bei erfolgreicher Identifizierung und Durchführung verstärkender Freizeitaktivitäten wird sich das Selbstwertgefühl verbessern. Zusätzlich sollte das mangelnde Selbstwertgefühl, als eine der Ursachen unangemessener Freizeitverhaltensweisen, durch kognitive Interventionen behandelt werden.

*Kognitive Interventionen*

Die Identifizierung der unbewußten Kognitionen, die dem Gebrauch psychotroper Substanzen vorausgehen, geschieht entsprechend dem Vorgehen bei der Rational-emotiven Therapie (ELLIS 1962). Sowohl die drogenbezogenen automatischen Gedanken als auch die Grundkognitionen (siehe Abb. 2) sind Gegenstand der Analyse und der anschließenden Umstrukturierung durch Disputation, sokratischen Dialog, Rollenspiel und andere Interventionen der kognitiven Therapie (BECK et al. 1993; WALEN, DiGIUSEPPE u. WESSLER 1982).

Die Auftretenshäufigkeit und Intensität unangemessener Kognitionen und Gefühle kann zwar durch eine Therapie reduziert, aber nicht vollkommen gelöscht werden. Unangemessene Kognitionen und Gefühle sind Bestandteil des alltäglichen normalen Lebens und werden auch noch – zwar seltener und weniger intensiv – nach einer erfolgreichen Therapie auftreten. Daher sind die drogenbezogenen Basiskognitionen eine entscheidende Schnittstelle für die Aufrechterhaltung der Abstinenz versus Rückfall. Anti-Drogenkognitionen (z.B. Entspannung ist durch Sport möglich, durch Alkohol langfristig weiterer Streß) erhöhen die Wahrscheinlichkeit für ein abstinentes Leben.

Neben der Behandlung der drogenbezogenen Kognitionen dürfen in der Therapie die Ursachen der Abhängigkeit nicht vernachlässigt werden, da es ansonsten für den Patienten zu unzumutbaren Belastungen und inneren Konflikten (Anti-Alkohol- Einstellung, aber keine Bewältigungsstrategien, Alkohol abzulehnen oder irrationale Kognitionen zu reduzieren) kommt, und Symptomverschiebungen oder exzessive Rückfälle, teils in latent suizidaler Absicht, wahrscheinlich sind. Die Interventionen zur Umstrukturierung der drogenbezogenen Kognitionen sollten daher nicht in einem konfrontativen Therapiestil durchgeführt werden und die Anti-Drogen-Kognitionen sollten von den Therapeuten nicht apodiktisch vertreten werden. Es sollte dem Patienten ein möglichst großer Freiraum zur Entwicklung neuer Einstellungen gelassen werden. Die Möglichkeit von späteren Rückfällen ist in die kognitive Therapie einzubeziehen (MARLATT u. GORDON 1985). Außerdem sind bei der kognitiven Therapie der drogenbezogenen Einstellungen die gegenwärtigen und zukünftigen Einflüsse der sozialen Umwelt, einschließlich der durch sie ausgelösten potentiellen kognitiven Dissonanzen, beim Patienten zu berücksichtigen.

*Pädagogische Interventionen*

Junge Abhängige haben häufig andere Wertvorstellungen als eine nicht abhängige Vergleichsgruppe. Die Unterschiede sind besonders stark, wenn gleichzeitig Delinquenz vorliegt, bei jungen Abhängigen eine nicht seltene Diagnose. Bei Abhängigen illegaler Drogen kommen die unterschiedlichen Wertvorstellungen zum Ausdruck, wenn sie mit illegalen Drogen handeln oder wenn sie andere Patienten in einer Therapie zum Drogenkonsum animieren.

Nach einer erfolgreichen Therapie ist der Patient in der Lage, mit Aggressionen umzugehen, kann kritische Rückfallsituationen rechtzeitig erkennen, nimmt Gefühle besser wahr, kann Konflikte angemessen ansprechen, ist selbstsicherer geworden, kann Kontakte zu Personen aufnehmen, die keine Drogen nehmen und mit Alkohol angemessen umgehen. Trotz dieser aus therapeutischer Sicht sehr erfolgreichen Therapie kann der Patient nach einiger Zeit Probleme mit seinem neuen Bekanntenkreis bekommen und sich zu Personen hingezogen fühlen, die zu antisozialen Verhaltensweisen neigen. Der Patient hat sich in allen therapeutischen Zielbereichen verbessert, seine Wertvorstellungen haben sich aber nur unwesentlich geändert. Es besteht weiterhin die Tendenz zu antisozialen Verhaltensweisen. In anderen Worten, nach einer scheinbar erfolgreichen Therapie können Abhängige Probleme bekommen, die durch ihren bisherigen Entwicklungsverlauf bedingt sind und nicht ausschließlich durch die in einer Therapie üblichen diagnostizierten psychischen Störungen (z.B. Selbstunsicherheit, Depression). Daher ist für Abhängige, ebenso wie für Personen mit anderen sehr früh einsetzenden psychischen Störungen (z.B. Persönlichkeitsstörungen), in der Regel eine ausschließliche Psychotherapie nicht ausreichend für eine erfolgreiche Behandlung. Zusätzlich sind pädagogische Interventionen notwendig zur Reduzierung der Entwicklungsdefizite, und um Anregungen für andere Entwicklungsverläufe zu geben, so daß zukünftige Entwicklungsaufgaben im abstinenten Zustand bewältigt werden können.

Maßnahmen zur Klärung des eigenen Wertesystems wären wahrscheinlich für den obigen Patienten hilfreich gewesen. Das Ziel solcher Maßnahmen ist nicht die Vermittlung von inhaltlichen Werten, sondern könnte darin bestehen, Entscheidungskriterien für Werte, die der Persönlichkeit des Betreffenden entsprechen, anzuregen (RATHS, HARMIN u. SIMON 1978, zitiert aus OSER u. ALTHOF 1992). Im Mittelpunkt solcher Maßnahmen steht der Prozeß des Bewertens und nicht die Werte selbst. Das Aufzwingen von eigenen Werten und Moralisieren bei unangemessenen Verhaltensweisen des Patienten wird dadurch vermieden. Die Komplexität dieses schwierigen Bereichs und die Möglichkeit negativer Effekte (z.B. Verunsicherung des Patienten) erfordern den Einsatz ausgebildeter Fachkräfte.

Zu den Zielen der pädagogischen Interventionen gehören außerdem eine Förderung der Identitätsentwicklung, eine Nachreifung der Persönlichkeit, die Weiterentwicklung humanitärer Werte und moralischer Normen und die Bildung von Kongruenz zwischen den therapeutischen und den Lebenszielen. Im Unterschied zu therapeutischen Zielen sind diese pädagogischen Ziele abstrakter formuliert. Ihre Transparenz ist für die Patienten geringer, da keine eindeutige Vereinbarung über die Ziele zwischen Patient und Therapeut stattfindet. Dieses für die Verhaltenstherapie sehr untypische Vorgehen ist darin begründet, daß Entwicklungsverläufe weitaus komplexeren und dynamischeren kausalen Bedingungen unterliegen als Therapieverläufe. Außerdem gibt es im Vergleich zu Psychotherapiezielen für pädagogische Ziele weniger logische und wissenschaftliche Begründungen für deren Auswahl. Der starken Einbettung der pädagogischen Ziele in die gesamte psychische, biologische, soziale und materielle Entwicklung einer Person entsprechend muß eine hohe Pluralität in der Zielfindung gewährleistet sein. So können im Rahmen einer Entwöhnungsbehandlung lediglich Anregungen für Korrekturen in den bisherigen Entwicklungsverläufen gegeben werden, die auch Hinweise für die Bewältigung zukünftiger Entwicklungsaufgaben enthalten.

Es bestehen zwar Überschneidungen zwischen Pädagogik und Psychotherapie, trotzdem handelt es sich hier um zwei voneinander zu trennende Disziplinen (OSER u. ALTHOF 1992). Eine getrennte Analyse und Bearbeitung von therapeutischen und pädagogischen Bereichen ist sinnvoll, ansonsten besteht die Gefahr, daß ein Bereich zugunsten des anderen vernachlässigt wird. Die Betreuung von Personen mit psychischen Störungen, die bereits in der Kindheit oder frühen Jugend einsetzten – dies trifft bei fast allen Abhängigen illegaler Drogen und bei vielen Alkoholikern zu – erfordert in gleichem Maße pädagogische und psychotherapeutische Maßnahmen.

*Therapeutische Beziehung*

Der Aufbau und die Aufrechterhaltung einer angemessenen therapeutischen Beziehung zu jungen Abhängigen ist wegen der stark ausgeprägten und bereits seit vielen Jahren bestehenden Störungen in interaktionellen Verhaltensweisen sehr schwierig. Unerfahrene und unausgebildete Therapeuten flüchten sich häufiger in autoritäre oder permissive Verhaltensweisen gegenüber ihren Patienten, wenn sie durch die Interaktion überfordert sind. Bei vielen Patienten wird dadurch deren gestörte Familieninteraktion repliziert und sie entfliehen entsprechend ihrem damaligen Problemverhalten der Therapie, sei es durch Abbruch der Behandlung, durch Rückfall oder durch eine zurückhaltende Teilnahme an der Behandlung. Die Analyse des interaktionellen Verhaltens des Patienten in seiner Kindheit und Jugend, unter anderem im Rahmen der Familien-Interventionen, kann dem Therapeuten erleichtern, Verhaltenspläne des Patienten zu erkennen und in schwierigen therapeutischen Situationen angemessen zu reagieren.

Ein autoritativer Erziehungsstil der Eltern ist für Kinder/Jugendliche am besten. Es werden einerseits klare Regeln und Anforderungen gestellt, andererseits wird die Selbständigkeit des Jugendlichen gefördert und durch Empathie gestützt. Durch diesen Erziehungsstil entwickelt sich am ehesten Selbstvertrauen und sozial reifes Verhalten (BAUMRIND 1975, zitiert aus OERTER 1987). Ein autoritativer Stil des Therapeuten scheint auch bei der Verhaltenstherapie junger Abhängiger am sinnvollsten zu sein.

## Schlußbemerkung

Unter der Prämisse, daß die Entwicklung von kognitiven, emotionalen und von Verhaltensfertigkeiten in einer Veränderungsreihe mit mehreren Gliedern geschieht, die aufeinander aufbauen, wurden in diesem Artikel folgende Hypothesen aufgestellt: 1) Abhängige haben bereits vor Beginn des Konsums psychotroper Substanzen und im Zeitraum des Mißbrauchs und der Abhängigkeit andere Entwicklungsverläufe als Nicht-Abhängige, 2) Abhängige, die im Jugendalter bereits übermäßig pychotrope Substanzen einnahmen, haben durch den Gebrauch der Substanzen ihre Entwicklungsprobleme »bewältigt«, 3) so daß Entwicklungsaufgaben der späten Kindheit und der Jugend nicht angemessen gelöst wurden beziehungsweise werden können.

Da Entwicklungsverläufe veränderbar sind, durch viele Faktoren beeinflußt werden und in Wechselwirkung zur sich historisch ändernden Umwelt stehen (THOMAE 1979, zitiert aus MONTADA 1987), werden die obigen Hypothesen, in dieser allgemeingültigen Formulierung nicht zutreffen. Aber wenn sich diese Hypothesen auch nur teilweise als wahr erweisen, und dafür sprechen einige empirische Befunde und therapeutische Erfahrungen, dann ergibt sich die Schlußfolgerung, daß entwicklungspsychologische

Aspekte in Prävention und Therapie stärker berücksichtigt werden sollten als bisher. Im Gegensatz zur Psychoanalyse ist dies für die Verhaltenstherapie ein noch relativ neuer Themenbereich.

Bedingt durch die Komplexität des Gegenstands und durch die zeitliche Distanz der Ereignisse (ca. 15 Jahre zurückliegend), ist es in der Entwicklungspsychologie wesentlich schwieriger, Sätze zu formulieren, die wahr sind, so daß sie mit der (äußeren) Realität übereinstimmen. Trotz dieser Schwierigkeiten wird es weiterhin ein Ziel der verhaltenstherapeutisch orientierten Forschung und Therapie sein, die von Personen unabhängige Realität annäherungsweise zu erschließen.

## Literatur

BANDURA, A. (1979): Sozial-kognitive Lerntheorie. Klett-Cotta, Stuttgart.

BECK, A.T. (1967): Depression: Clinical, experimental and theoretical aspects. Harper and Row, New York.

BECK, A.T.; WRIGHT, F.D.; NEWMAN, C.F.; LIESE, B.S. (1993): Cognitive therapy of substance abuse. Guilford, New York.

BROOK, J.S.; BROOK, D.W.; GORDON, A.S.; WHITEMAN, M.; COHEN, P. (1990): The psychosocial etiology of adolescent drug use: A family interactional approach. Genetic, Social, and General Psychology Monographs 116.

CLONINGER, C.R.; SIGVARDSSON, S.; BOHMAN, M. (1988): Childhood personality predicts alcohol abuse in young adults. Alcoholism 12: 494–503.

COTTON, N.S. (1979): The familial incidence of alcoholism: A review. Journal of Studies on Alcohol 40: 89–116.

DÖRNER, D. (1989): Die Logik des Mißlingens. Rowohlt, Hamburg.

ELLIS, A. (1962): Reason and emotion in psychotherapy. Lyle Stuart, New York.

FEUERLEIN, W. (1989): Alkoholismus – Mißbrauch und Abhängigkeit. 4. Aufl., Thieme, Stuttgart.

FLEMING, J.P.; KELLAN, S.G.; BROWN, C.H. (1982): Early prediction of age at first use of alcohol, marijuana and cigarettes. Drug and Alcohol Dependence 9: 285–303.

FREUD, S. (1969): Bildende Kunst und Literatur. Fischer, Frankfurt a.M.

GLATT, M. (1982): Alcoholism. Hodder and Stoughton, Sevenoaks.

GOTTFREDSON, G.D. (1988): Issues in adolescent drug use. Unpublished final report to the US Department of Justice, Hohn Hopkins University, Center for Research on Elementary and Middle Schools, Baltimore.

GRAWE, K.; DZIEWAS, H. (1978): Interaktionelle Verhaltenstherapie. Kongreßbericht Berlin 1977; Fortschritte in der Verhaltenstherapie. Mitteilungen der DGVT, Sonderheft I: 27–49.

HAHLWEG, K.; SCHINDLER, REVENSTORF, D. (1982): Partnerschaftsprobleme. Diagnose und Therapie. Springer, Berlin.

HAWKINS, J.D.; CATALANO, R.F.; MILLER, J.Y. (1992): Risk and protective factors for alcohol and other drug problems in adolescence and early adulthood: Implications for substance abuse prevention. Psychological Bulletin 112: 64–105.

HERBST, K.; SCHUMAN, J.; WIBLISHAUSER, P.M. (1992): Repräsentativerhebung zum Konsum und Mißbrauch von illegalen Drogen, alkoholischen Getränken, Medikamenten und Tabakwaren. Manuskript, IFT Institut für Therapieforschung, München.

HULL, J.G. (1981): A self-awareness model of the causes and effects of alcohol consumption. Journal of Abnormal Psychology 90: 586–600.

JESSOR, R. (1987): Problem-behavior theory, psychosocial development, and adolescent problem drinking. British Journal of Addiction 82: 331–342.

JESSOR, R.; JESSOR, S.L. (1977). Problem behavior and psychosocial development: A longitudinal study of youth. Academic Press, San Diego.

KANDEL, D.B. (1978): Homophily, selection and socialization in adolescent friendships. American Journal of Sociology 84: 427–436.

KANDEL, D.B. (1986): Processes of peer influence in adolescence. In: SILBERSTEIN, R. (Hg.), Development as action in context. Problem behavior and normal youth development. Springer, New York, S. 203–228.

KANDEL, D.B. (1982): Epidemiological and psychosocial perspectives on adolescent drug use. Journal of American Academic Clinical Psychiatry 21: 328–347.

KANDEL, D.B.; ANDREWS, K. (1987): Processes of adolescent socialization by parents and peers. International Journal of the Addictions 22: 319–342.

KANFER, F.H.; REINECKER, H.; SCHMELZER, D. (1991): Selbstmanagement-Therapie. Springer, Berlin.

KAPLAN, H.B. (1980): Deviant behavior in defense of self. Academic Press, New York.

KAPLAN, H.B.; MARTIN, S.S.; ROBBINS, C. (1984): Pathways to adolescent drug use. Journal of Health and Social Behavior 25: 270–289.

KRAEMER, S. (1982): Erklärungskonzepte der Alkoholabhängigkeit und therapeutische Konsequenzen aus lerntheoretischer Sicht. In: VOLLMER, H.; KRAEMER, S. (Hg.), Ambulante Behandlung junger Alkoholabhängiger. Gerhard Röttger, München, S. 5–39.

KRAEMER, S. (1988): Über das Unbewußte in der Verhaltenstheorie und Verhaltenstherapie. In: HEIGL-EVERS, A.; VOLLMER, H.; HELAS, I.; KNISCHEWSKI, E. (Hg.), Psychoanalyse und Verhaltenstherapie in der Behandlung von Abhängigkeitskranken – Wege zur Kooperation? Blaukreuz, Wuppertal, S. 69–81.

LITMAN, G.K. (1986): Alcoholism survival: The prevention of relapse. In: MILLER, W.R.; HEATHER, N. (Hg.), Treating addictive behaviors. Plenum, New York, S. 391–405.

MCDERMOTT, D. (1984): The relationship of parental drug use and parent's attitude concerning adolescent drug use to adolescent drug use. Adolescence 19: 89–97.

MARGRAF, J.; BRENGELMANN, J.C. (1992): Die Therapeut-Patient-Beziehung in der Verhaltenstherapie. Gerhard Röttger, München.

MARLATT, G.A.; GORDON, J.R. (1985): Relapse prevention. Guilford, New York.

MONTADA, L. (1987): Themen, Traditionen, Trends. In: OERTER, R.; MONTADA, L. (Hg.), Entwicklungspsychologie. Psychologie Verlags Union, Weinheim, S. 1–86.

MUSSEN, P.H.; CONGER, J.J.; KAGAN, J.; HUSTON, A.C. (1993): Lehrbuch der Kinderpsychologie. Klett-Cotta, Stuttgart.

OERTER, R. (1987): Jugendalter. In: OERTER, R.; MONTADA, L. (Hg.), Entwicklungspsychologie. Psychologie Verlags Union, Weinheim, S. 265–338.

OSER, F.; ALTHOF, W. (1992): Moralische Selbstbestimmung. Klett-Cotta, Stuttgart.

PATTERSON, J.; DISHION, T.J.; BANK, L. (1984): Family interaction. A process model of deviancy training. Aggressive Behavior 3: 253–267.

ROST, W.-D. (1992): Psychoanalyse des Alkoholismus. Klett-Cotta, Stuttgart.

SCHNEIDER, R. (1982): Grundlagen für die Verhaltenstherapie der Abhängigkeit. In: DERS. (Hg.), Stationäre Behandlung von Alkoholabhängigen. Gerhard Röttger, München, S. 1–51.

SHEDLER, J.; BLOCK, I. (1990): Adolescent drug use and psychological health: A longitudinal inquiry. American Psychologist 45: 612–630.

SILBEREISEN, R.K.; REITZLE, M. (1987): Selbstwertgefühl, Freizeitpräferenzen und Drogengebrauch im Jugendalter. In: FREY, H.-P.; HAUß ER, K. (Hg.), Identität. Enke, Stuttgart, S. 125–138.

SILBEREISEN, R.K.; NOACK, P.; EYFERTH, K. (1986): Place for development: adolescents, leisure Settings, and developmental tasks. In:

SILBEREISEN, R.K.; EYFERTH, K.; RUDINGER, G. (Hg.), Development as action in context. Springer, Berlin, S. 87–107.

SILBEREISEN, R.K.; KASTNER, P. (1987): Jugend und Problemverhalten. Entwicklungspsychologische Perspektiven. In: OERTER, R.; MONTADA, L. (Hg.), Entwicklungspsychologie. Psychologie Verlags Union, Weinheim, S. 882–919.

SKINNER, B.F. (1948): Walden Two. McMillan, New York.

STANTON, M.D. (1980). A family theory of drug abuse. In: LETTIERI, D.J.; SAYERS, M.; WALLENSTEIN PEARSON H. (Hg.), Theories on drug abuse. NIDA Research Monograph 30, Rockville, S. 147–156.

TABAKOFF, B.; HOFFMAN, P.L. (1988): Genetics and biological markers of risk for alcoholism. Public Health Reports 103: 690–698.

UCHTENHAGEN, A.; ZIMMER-HÖFLER, D.; WIDMER, A. (1981): Zum Familienhintergrund bei Drogenabhängigen. In: HÄFNER, H.; WELZ, R. (Hg.), Drogenabhängigkeit und Alkoholismus. Köln, S. 155–168.

VOLLMER, H.C. (1985): Verhaltenstherapie der Opiatabhängigkeit. Psychiatrische Praxis 12: 94–100.

VOLLMER, H.C. (1991): Die vorzeitige Therapiebeendigung. In: HEIGL-EVERS, A.; HELAS, I.; VOLLMER, H.C. (Hg.), Suchttherapie: psychoanalytisch, verhaltenstherapeutisch. Vandenhoeck u. Ruprecht, Göttingen, S. 152–180.

VOLLMER, H.C. (1993): Therapie als kontinuierlicher Entscheidungsprozeß. In: HEIGL-EVERS, A.; HELAS, I.; VOLLMER, H.C. (Hg.), Eingrenzung und Ausgrenzung. Vandenhoeck u. Ruprecht, Göttingen, S. 67–100.

VOLLMER, H.C.; FERSTL, R. (1989): Warum und wie werden Drogenabhängige rückfällig? In: HAND. I.; WITTCHEN, H.-U. (Hg.), Verhaltenstherapie in der Medizin. Springer, Berlin, S. 385–397.

VOLLMER, H.C.; FERSTL, R.; ELLGRING, H. (1992): Individualized behavior therapy for drug addicts. In: BÜHRINGER, G.; PLATT, J.J. (Hg.), Drug addiction treatment research. Krieger, Malabar, S. 333–352.

VOLLMER, H.C.; FERSTL, R.; LEITNER, A. (1989): Der Rückfallprozeß bei Drogenabhängigen aus lerntheoretischer Sicht. In: WATZL, H.; COHEN, R. (Hg.), Rückfall und Rückfallprophylaxe. Springer, Berlin, S. 53–69.

VOLLMER, H.C.; WACKER, A.; BÖHMER, M.; FRIELING, B. (1993): Familiäre Entstehungs- und Rückfallbedingungen der Drogenabhängigkeit und verhaltenstherapeutische Interventionen. In: Deutsche Hauptstelle gegen die Suchtgefahren (Hg.), Sucht und Familie. Lambertus, Freiburg, S. 81–103.

WALEN, S.R.; DIGUISEPPE, R.; WESSLER, R.L. (1982): RET-Training. Pfeiffer, München.

WESTMEYER, H. (1987): Möglichkeiten der Begründung therapeutischer Entscheidung. In: CASPAR, F. (Hg.), Problemanalyse in der Psychotherapie. DGVT, Tübingen, S. 20–31.

WIKLER, A. (1965): Conditioning factors in opiate addiction and relapse. In: WILNER, D.M.; KASSEBAUM, G.G. (Hg.), Narcotics, McGraw-Hill, New York, S. 85–100.

WITTCHEN, H.-U.; FICHTER, M.M. (1980). Psychotherapie in der Bundesrepublik. Beltz, Weinheim.

ZIMMER, D. (1983): Empirische Ergebnisse der Therapieforschung zur Therapeut-Klient-Beziehung. In: DERS. (Hg.), Die therapeutische Beziehung. Edition Psychologie, Weinheim, S. 12–28.

ZUCKERMAN, M. (1987): Biological connection between sensation seeking and drug abuse. In: ENGEL, J.; ORELAND, L. (Hg.), Brain reward systems and abuse. Raven, New York, S. 165-176.

*Manfred Mickley*

# Ressourcen- und lösungsorientierte Ansätze innerhalb der Systemtherapie

Als therapeutische und beratende Professionelle konstruieren wir die äußere Realität unserer suchtkranken Klienten mit. Wir tun dies durch unsere Wertungen, durch unsere Pointierungen, durch unsere Verknüpfungen und durch unsere Auslassungen. Wir drükken dies mittels unserer Begriffssysteme, mittels unserer therapeutischen Konzepte aus. Wir haben definierende Kraft unseren Klienten gegenüber. Mit unseren Aussagen, mit unserem therapeutischen Tun schaffen wir Realität mit (vgl. FURMAN u. AHOLA 1990).

Die Familientherapie beziehungsweise viele der familientherapeutischen Ansätze sind in ihrer Anfangszeit mit einer deutlichen Kritik an einer *individuums-zentrierten* Pathologie aufgetreten. Diese vielfach kritisierte individuums-zentrierte Pathologie wurde jedoch oft lediglich gegen eine *familien-zentrierte* Pathologie ausgetauscht. Wir finden in der familientherapeutischen Literatur komplette süchtige Familiensysteme, perverse Dreiekke, Generationsgrenzenüberschreitungen, Co-Abhängigkeiten etc. (z.B. TEXTOR 1989; kritisch hierzu WELTER-ENDERLIN 1992). Defizite zu sehen, ist zweifellos wichtig, stellt aber nur eine Seite der Medaille dar.

Erweitern wir unsere System-Perspektiven und rücken nicht allein das Klienten-System, sondern das Klient-Therapeuten-System in den Mittelpunkt (vgl. DE SHAZER 1988), so ergeben sich andere Optionen. Der lösungsorientierte, systemische Ansatz, den ich hier darstellen möchte, ist dabei in Abgrenzung zur pathologie-orientierten Betrachtung suchtkranker Patienten(-Systeme) bemüht, die Seite der Fähigkeiten und Ressourcen suchtkranker Klienten hervorzuheben und damit zu arbeiten.

Als im Moment vielleicht bedeutendste Vertreter eines solchen lösungsorientierten Ansatzes soll hier die Arbeit des Teams von

STEVE DE SHAZER und INSOO KIM BERG aus Milwaukee vorgestellt werden. Es hat vielleicht auch Vorteile, wenn dieser Ansatz von einem »normal-sterblichen« Praktiker referiert und auf dem Hintergrund praktisch-klinischer Erfahrungen bewertet wird.

Der lösungsorientierte kurztherapeutische Ansatz verzichtet weitestgehend auf ätiologische Theoriebildung. Versucht wird eher herauszuarbeiten, was ein Therapeut mittels seines Gesprächs- und Frage-Stils während der Therapiesitzung tun kann, um konstruktive, gesunde Prozesse beim Patienten zu unterstützen. Er ist auf den ersten Blick sehr simpel und radikal pragmatisch. Im Mittelpunkt steht das Therapeutenverhalten, insbesondere sein verbales Verhalten und der Behandlungsplan und weniger der Patient mit seiner »Pathologie«. Es wird von der Grundidee ausgegangen, daß die Lösung und die sogenannten Ursachen eines Problems nicht grundsätzlich miteinander etwas zu tun haben müssen. Zugespitzt bedeutet dies, ich kann ein Problem lösen, ohne es verstanden haben zu müssen. Im Mittelpunkt des therapeutischen Interviews steht das Gespräch über mögliche Lösungen, früher einmal praktizierte Lösungen, bisherige Ausnahmen vom Problem, früher, jetzt oder zukünftig realisierte Stärken und Kompetenzen des Patienten. Es wird von der Auffassung ausgegangen, daß der Patient »in sich« Teile, Splitter, Fragmente von Lösungen und Lösungsansätzen trägt (vgl. DE SHAZER u.a. 1986). Die Kunst der therapeutischen Interview-Führung besteht darin, diese Einzelbestandteile herauszuarbeiten und mit dem Patienten zu einem Lösungs-Modell zusammenzufügen und dieses auf seine Brauchbarkeit zu überprüfen. Lösungsorientiertes kurztherapeutisches Arbeiten zeigt demnach sehr viel Respekt vor und Wertschätzung gegenüber der Selbstorganisation menschlicher Systeme und entspricht damit zentralen systemischen Ideen (vgl. KRIZ 1992). Im folgenden sollen hier *vier Hauptaspekte* des lösungsorientierten Vorgehens unterscheiden und dargestellt werden.


## Kooperation

Die Therapeut-Klient-Beziehung wird hier unter der Perspektive wechselseitig bedingter Kooperation gesehen: je größer die Kooperation zwischen Klient und Therapeut, desto größer (wahrscheinlich) die Wirksamkeit der Therapie. Primär wird überlegt, wie *ich als Therapeut* die Kooperation vergrößern kann. Dies geschieht, wenn ich die therapeutische Interviewführung und die darin enthaltenen oder darauf aufbauenden therapeutischen Interventionen dem jeweiligen Typus der *Therapeut-Klient-Beziehung* anpasse. Idealtypisch werden vom lösungsorientierten Ansatz drei Typen von Therapeut-Klienten-Beziehungen unterschieden: *Kunden, Klagende* und *Besucher*.

*Kunden* kommen mit Zielsetzungen, Änderungswünschen für sich selbst und formulieren ihre Bereitschaft, für die Erreichung dieser Ziele therapeutisch zu arbeiten. Der Klient als Kunde ist sich also bewußt, daß Lösungen sein aktives Zutun einschließen. Sie werden mir sicherlich zustimmen, daß gerade im Suchtbereich dieser Kundentypus selten vorkommt, obwohl wir es uns wünschen, auf Kunden im obigen Sinn zu treffen. Wir müssen vorsichtig sein in der Wahl unserer therapeutischen Interventionen, daß wir nicht von der falschen Prämisse ausgehen, unser Klient sei bereits Kunde. Dies führt zu Überforderung oder reduzierter Kooperation.

*Klagende* formulieren eine Vielzahl von oftmals sehr detailliert beschriebenen Beschwerden. Sie formulieren allerdings in der Regel Veränderungsziele für eine andere Person und eben nicht für sich selbst. Klagende sehen sich eher als Opfer einer anderen Person. Oftmals nimmt diese andere Person aber gar nicht am therapeutischen Prozeß teil oder wenn, entsprechend nur sehr widerwillig.

*Besucher* kommen in die Therapie mit Veränderungszielen, die gar nicht ihre eigenen sind, sondern die andere, überweisende Instanzen formuliert haben. Die Sicht dieses Überweisers unterscheidet sich sehr von der Sicht des Klienten. Aus der Sicht des Klienten selber gibt es zwar vielleicht Probleme, aber daraus leitet sich kein drängendes Bedürfnis nach Veränderung oder gar Therapie oder Beratung ab.

*Klagende* und *Besucher* werden oftmals abgewertet: sie seien widerständig, zeigen keine Therapiemotivation, sind schwierig und verleugnend. Der lösungsorientierte Ansatz wertet nicht und arbeitet auf Basis vorhandener, auch minimaler Kooperation. Sogenannte niedrig-schwellige Hilfsangebote im Suchtbereich sind typischerweise ein Bereich, wo Besucher und Klagende respektiert werden oder respektiert werden sollten.

Je nachdem, wie ich als Therapeut auf der Basis meiner klinischen Erfahrung die Therapeut-Klienten-Beziehung entsprechend diesen obigen idealtypischen Mustern einschätze, ergeben sich unterschiedlich »dosierte« Vorgehensweisen. So wird bei *Besuchern* empfohlen, respektvoll zuzuhören, Komplimente für das Erscheinen und maximal Fragen nach möglichen Überlegungen der überweisenden Instanz zu formulieren. Insbesondere bei Drogenabhängigen ergibt sich so eine hervorragende Möglichkeit, erst gar nicht in ein von solchen Patienten oftmals gesuchtes Kampf-Beziehungsmuster einzusteigen. »Es (gibt) ... keinen Kampf mehr um die Motivation, sondern Angebote, die sie nutzen (können) oder auch nicht« (HERRMANN 1993, S. 181). Bei *Klagenden* bieten sich die später noch vorzustellenden Fragentypen »Ausnahmefragen« und »Copingfragen« an. Erst bei *Kunden* wird empfohlen, direkte veränderungsbezogene Vorschläge im Sinne von Handlungsaufgaben zu machen. Entscheidend ist, daß ich als Therapeut mich auf die Weise, wie der Klient sein Problem sieht, einstelle und mich damit verbünde, was er in der Therapie erreichen will (vgl. DE SHAZER 1992).

## Zielorientierung

Eine Hauptarbeit gemeinsam mit dem Patienten besteht darin, die Ziele herauszuarbeiten, die der Patient in der Therapie erreichen möchte. Mittels dieser Zielorientierung wird klar gemacht, daß die Beratung zeitlich begrenzt ist und daß eine zweckgerichtete professionelle Beziehung eingegangen wird. Diese Zielorientierung ist ein hervorstechendes Merkmal des lösungsorientierten Ansatzes. Konkret wird vorgeschlagen, *mit dem Ende zu beginnen.* Fragen in der ersten Sitzung können lauten: »Woran werden Sie merken, daß wir hier fertig sind mit der Arbeit und wir die Therapie beenden können?« Von Anfang an wird so das Ende der Therapie fokussiert, vorbereitet, ausgehandelt. Gerade in der Arbeit mit Suchtproblemen halte ich die Herausarbeitung klarer Ziele für sehr hilfreich.

Der lösungsorientierte Ansatz empfiehlt, folgende Kriterien bei der Formulierung wohlgestalteter Ziele zu beachten:

- die Ziele sollten für den Patienten *persönlich bedeutsam* sein, wichtig sein. Für den lösungsorientierten Ansatz ist es wichtiger, mit den vom Klienten genannten Zielen zu kooperieren, als dem Klienten die vermeintlich »richtigen« Ziele aufzuzwängen;
- die Ziele sollten in *verhaltensbezogenen,* interaktionalen Beschreibungsmustern formuliert sein. Wohlgestaltete Ziele im lösungsorientierten Ansatz sind in einer Prozeß-Form beschrieben. Zirkuläre Fragemuster kommen hier zur Anwendung: »Wie glauben Sie, wird Ihre Frau beschreiben, was sich – bei Ihnen – ändern sollte, so daß bei Ihrer Frau die Gewißheit entsteht, Sie brauchen hier nicht mehr zu mir zu kommen?«
- die Ziele sollten *konkret* sein. Konkret formulierte Ziele sind letztendlich leichter zu erreichen, da klarer abgelesen werden kann, ob ein Ziel bereits erreicht ist oder was noch fehlt, bis ein Ziel erreicht ist;
- sie sollten den *Anfang und die Anwesenheit von etwas* und nicht nur das Ende oder die Abwesenheit von etwas markieren. Das Schlüsselwort in den Fragen lautet »anstatt«. Linguistisch positiv formulierte Zielsetzungen haben auch hinsichtlich ihres Beitrags zur weiteren kognitiven Orientierung des Klienten eine wichtige Funktion. »›Nüchtern bleiben‹ ist die bessere Möglichkeit, das Ziel zu formulieren, als ›mit dem Trinken aufhören‹. (Der Klient) hat schon versucht, ›mit dem Trinken aufzuhören‹, aber ›nüchtern bleiben‹ erfordert eine andere Verfassung und einen anderen Fokus« (BERG u. MILLER 1993, S. 119). Die Klienten sollten daraufhin orientiert werden, den Anfang der Veränderung zu fokussieren und nicht den Endzustand. Günstige Frageformulierungen sind: »Was wird das erste Zeichen sein, das Ihnen sagt, Sie beginnen jetzt damit, nüchtern zu bleiben?« Ziele sollten mehr als ein Prozeß und weniger als ein erreichter Zustand betrachtet werden;
- die Zielsetzungen sollten *klein und realistisch* sein. ›Klein‹ und ›realistisch‹ soll als ›etwas, was der Klient innerhalb der nächsten Wochen tun kann‹ verstanden werden. Auf realistische Zielsetzungen hinzuarbeiten, kann auch dazu beitragen, übermäßigen Versprechungen seitens des suchtkranken Klienten oder überzogenen Zielsetzungen seitens des Beraters entgegenzuwirken. Ein Schlüsselwort in den Fragen nach kleinen, realistischen Zielsetzungen kann sein: »Woran merken Sie, daß Sie

*auf dem Weg* sind, Ihr Ziel zu erreichen?« Langsames Vorgehen ist empfehlenswert. »Nicht die Größe des von einem Betroffenen unternommenen Schrittes zählt, sondern dessen Richtung« (WHITE u. EPSTON 1990, S. 78). Eine Parallele findet dieser Gedanke in den »kleinen« Zielsetzungen in Selbsthilfegruppen, für *einen* Tag trocken zu bleiben.

Kleine und realistische Zielsetzungen herauszuarbeiten, bedeutet auch, daß die Zielerreichung in der Kontrolle des Klienten liegt. Das ist besonders in der Arbeit mit Klagenden wichtig, da diese sich ja später als Opfer der Handlungen anderer Personen definieren.

## Ressourcen-Orientierung

Trivialerweise impliziert die Fragerichtung im Interview, welche Antworten ich vom Klienten erhalte. Lösungsorientierte Interviewführung während der Sitzung beinhaltet, mittels Fragen die Stärken, die Kompetenz und die schon praktizierten Lösungen des Klienten zu fokussieren. Die Ressourcen-Orientierung fördert so weiter ein Klima der Kooperation und der Wertschätzung. Sie unterläuft das oft starre Komplementaritätsmuster in süchtigen Beziehungssystemen, wo dem Suchtkranken ausschließlich die Position des Schwachen, Inkompetenten und Verantwortungslosen zugeschrieben wird: Drogenkonsumenten haben unrecht, die anderen haben recht. Suchtkrankentherapeuten entwickeln sich »... von ›Detektiven‹, die den ›Lügen‹ der Süchtigen nachspüren ... zu eher gelassenen Wegbegleitern« (HERRMANN 1993, S. 177). Fragen im therapeutischen Gespräch dienen primär dazu, innere Suchprozesse im Klienten auszulösen und erst sekundär der Informationsgewinnung für den Therapeuten.

Gerade im ambulanten Suchtbereich sind Settings mit relativ geringer Gesprächshäufigkeit nicht untypisch. Laut dem Jahrbuch »Sucht« 1993 (S. 136) enden mehr als die Hälfte der Betreuungen nach maximal 10 Kontakten. Die vom lösungsorientierten Ansatz entwickelten Fragerichtungen eignen sich hervorragend für solche Settings.

Folgende Grundtechniken und Fragentypen haben sich für die lösungsorientierte therapeutische Interview-Gestaltung als sinn-

voll und nützlich erwiesen. Diese Fragetypen stellen Hilfsmittel
dar, den Patienten einzuladen, seine innere Realität, seine Sichtweise über seine Handlungsmöglichkeiten zu erweitern.

## Die Wunderfrage

Die Wunderfrage lautet etwa folgendermaßen: »Angenommen
heute Nacht, während Sie schlafen, geschieht ein Wunder in der
Form, daß die Probleme, Schwierigkeiten oder Fragestellungen,
die Sie hierhin (in die Beratung, in die Therapie) geführt haben,
gelöst sind. Das Wunder geschieht, während Sie schlafen, so daß
Sie auch nicht mitkriegen, wie es sich vollzieht. Was ich gerne von
Ihnen wissen möchte ist, woran Sie es in Ihrem Alltag, in Ihrem
normalen Leben nach dem Wunder merken werden, daß sich das
Wunder ereignet hat?« Präziser auf den Handlungsspielraum des
Klienten bezogen, läßt sich fragen: »Was *tun* Sie dann *anders*, so
daß Sie bei sich merken, das Wunder hat sich ereignet« oder (etwa
milder, weniger magisch) »Was *tun* Sie *anders*, so daß Sie merken, Sie sind auf dem Weg zu einem solchen Wunder?«
   Diese Frage löst eine Reihe von bemerkenswerten Suchpro-
zessen im Patienten aus. Oftmals kommt es erst mit dieser Frage
zu einer Unterbrechung der bisherigen stereotyp anmutenden Kla-
gemuster, ein erster Unterschied zu sonstigen Gesprächssituatio-
nen wird realisiert. Es eröffnen sich Möglichkeiten für Nachfragen, die darauf abzielen, Verhaltensweisen, Auswirkungen, Be-
ziehungsveränderungen, Veränderungen im inneren Erleben *nach
dem Wunder* zu stellen. Aber: keine Frage allein kann bedeutsame
Veränderungen bewirken. Wichtig ist es, nicht nur die Wunderfrage zu stellen, sondern mit den Antworten des Klienten weiterzuar-
beiten.
   Bei den Antworten auf die Wunderfrage sollten Techniken zur
»Verflüssigung« angewendet werden (SIMON u. WEBER 1988). Es
sollte versucht werden, handlungsbezogene Antworten herauszuarbeiten. Machen Sie sich durch detailliertes Nachfragen »orts-
kundig« über die Lösungsvorstellungen Ihrer Klienten. Sehr oft
habe ich die Erfahrung besonders in Familiengesprächen gemacht, daß Antworten auf die Wunderfrage sich nur auf das Verhalten *anderer* Personen, nicht aber auf den Klienten selbst bezie-

hen. Dann sollte nach den *Reaktionen* des Klienten auf die Veränderungen der anderen gefragt werden.

INSOO KIM BERG und SCOTT MILLER führen aus, daß gerade
Patienten mit Trinkproblemen äußere, erkennbare Zeichen benötigen, um zu realisieren, daß sich das innere Selbst verändert. Die
Wunderfrage ist in diesem Sinne effektiv. Zur Vertiefung eignen
sich zirkuläre Fragemuster. Zirkuläre Fragen sind zu empfehlen,
wenn es dem Patienten schwer fällt, detaillierte Antworten auf die
Wunderfrage zu formulieren oder auch wenn er sich nicht freiwillig der Therapie unterzieht. Sie verknüpfen innere und äußere
Realität. »Wenn man Fragen stellt, wie der Klient sich von anderen wahrgenommen sieht, werden viele nützliche Ideen über die
Problemlösung erzeugt« (BERG u. MILLER 1993, S. 140).

### Fragen nach Ausnahmen

Das gleiche Ziel, den Patienten einzuladen, seine innere Realität
zu erweitern, verstärkten Kontakt zu seinen Ressourcen und Fähigkeiten herzustellen, kann ebenfalls durch vielfältige Fragen
nach Ausnahmen vom Problemmuster erreicht werden.* Damit
werden die Überlebensstrategien der Klienten erfragt, die oft in
anderen Kontexten nicht beachtet oder zu wenig beachtet werden.
In den Mittelpunkt der Befragung rücken dann die Momente, wo
der Klient entweder spontan nicht trinkt oder in der Folge wohl-
überlegter, möglicherweise geplanter, konkreter Schritte nicht
trinkt.

Die zentrale Fragerichtung hier ist also, was der Patient jetzt
bereits tut oder früher getan hat, um zu seinen Zielen zu gelangen.
Folgende Fragen sind empfehlenswert:
– bezogen auf Problemformulierungen: »Wann tritt das Problem
  bereits jetzt schon *nicht* auf?« »Was tun Sie dann anders?«
– bezogen auf Zielformulierungen: »Wann tun Sie bereits etwas
  davon, was Sie hier erreichen möchten?«
– mittels zirkulärer Fragetechnik: »Was bemerken andere an Ihnen, wenn Sie das Problem ausnahmsweise *nicht* zeigen?«

---

* Vgl. hierzu auch WHITES Konzept der einmaligen Ereignisse und seine
Fragetypen – Fragen nach dem relativen Einfluß (WHITE 1989).

Ausnahmefragen sind oft dann ergiebiger zu stellen, wenn mittels der Wunderfrage im Gespräch bereits Aspekte einer potentiellen Lösung klarer herausgearbeitet worden sind (vgl. WALTER u. PELLER 1992, S. 82f.). Die herausgearbeiteten Ausnahmen sollten den Kriterien wohlgestalteter Ziele genügen.

Es ist wichtig, sich darauf einzustellen, sehr lange nach Ausnahmen zu fragen und zu realisieren, daß als eine der häufigsten Antworten der Patienten der Satz »Ich weiß es nicht« kommen wird. Die Patienten benötigen Zeit für diese neuen Suchprozesse nach Stärken und Kompetenzen. Die Beschreibung der Wunderfrage, der Frage nach den Ausnahmen wirkt recht simpel, ihr erfolgreicher Einsatz im therapeutischen Gespräch erweist sich aber oft als nicht leicht. Es bedarf beharrlicher Geduld und klinischen Geschicks seitens des Therapeuten, dem Klienten lösungsorientierte Beschreibungen zu entlocken.

Der Patient kann eingeladen werden, die innere Wirklichkeit allmählich zu verändern und Stärken und Ressourcen wahrzunehmen und anzuerkennen. »Die lösungs-orientierte Interviewtechnik vergrößert und verstärkt die Erfolge einer Klientin durch die wiederholte Betonung jener wenigen, aber wichtigen Ausnahmen« (BERG 1993, S. 94). Damit wird auch die Zuversicht des Klienten verstärkt, Veränderungen zu erreichen, was wiederum dazu beiträgt, daß Veränderungen eintreten (vgl. STIEHL-WERSCHAK u. PFUNDT 1991).

## Skalierungsfragen

Eine weitere Variation des Lösungsgesprächs stellen die sogenannten Skalierungs-Fragen dar. Eine typische Variante dieses Fragetyps lautet beispielsweise: Stellen Sie sich eine Skala von 1 bis 10 vor. »10« steht dafür, daß die Probleme und Fragen, die Sie hier in die Therapie einbringen, zu Ihrer Zufriedenheit gelöst sind. »1« steht für den schlechtesten Zustand, den Sie bislang erlebt haben (Variante: »1« steht für den Zustand, als Sie sich zur Therapie angemeldet haben). An welcher Stelle dieser Skala von 1 bis 10 befinden Sie sich im Moment?

Skalierungsfragen sind nützlich, differenzierte Antworten zu bekommen, feinere Unterschiede zu identifizieren, von zu vereinfachenden Entweder-oder-Kategorisierungen Abstand zu nehmen. Skalierungsfragen sind nützlich, um an der Präzisierung des Behandlungsziels zu arbeiten. Skalierungsfragen lassen sich auch gut in zirkuläre Fragemuster einbetten. Sie können zur Identifikation von bisherigen Ausnahmen vom Problemverhalten genutzt werden. Schließlich dienen Skalierungsfragen auch dazu, während der gesamten Behandlung den Behandlungsprozeß und -erfolg durch den Patienten einschätzen zu lassen, und somit erneut dazu beizutragen, daß der Patient sich die Behandlung zu eigen macht (vgl. BERG u. MILLER 1993, S. 102).

Es ist wichtig zu beachten, *wann* im Therapiegespräch Skalierungsfragen angewendet werden sollten: Generell ist es empfehlenswert, Skalierungsfragen erst dann im Gesprächsverlauf einzusetzen, wenn der Patient schon einige lösungsorientierte Antworten gegeben hat, zum Beispiel Ausnahmen referiert hat. Dann ist in der Regel die Chance größer, daß er die angebotene Skala tatsächlich auch nutzt und nicht völlig im unteren Bereich verharrt. Zur Vertiefung dieser Methodik, Zahlen sprechen zu lassen, sei auf BERG und DE SHAZER (1993) verwiesen.

## Coping-Fragen

Trotz aller Bemühungen, Ausnahmen vom Problemmuster zu identifizieren, kann es geschehen, daß keine Ausnahmen gefunden werden können. Denkbar ist auch, daß die Anwendung der Wunderfrage keine brauchbaren Zielzustände identifizieren konnte. Auch Skalierungsfragen finden ihre Grenze, wenn der Patient keine Differenzierung angeben kann oder mag. Der Patient beschreibt in solchen Fällen eine sehr, sehr hoffnungslose Lage von sich und lädt letztendlich den Therapeuten ein, über diesen »hoffnungslosen« Fall deprimiert zu werden. Mittels der sogenannten Coping-Frage versucht der lösungsorientierte Ansatz auch hier, Ressourcen, Kompetenzen des Patienten durch das Interview zu identifizieren. Ein Typus von Fragen lautet: »Wie schaffen Sie es, das alles auszuhalten?« oder »Wie schaffen sie es, von Tag zu Tag weiterzumachen?« (vgl. BERG u. MILLER 1993, S. 108f.). Der andere Typus von Fragen lautet: »Wie kommt es, daß es *nicht* schlimmer ist?« oder »Was haben Sie getan, daß es nicht noch schlimmer geworden ist?« In diesen Fragetypen liegt einerseits die Anerkennung der Schwere der Situation, es wird deutlich gemacht, daß Probleme nicht weggeredet werden. Andererseits implizieren diese Fragen bereits eine Anerkennung von Leistungen, Stärken, Kompetenzen auf seiten des Patienten, der mit einer solch schwierigen Lebenssituation konfrontiert ist.


## Interventionen

Zwar wird ähnlich wie in der Familientherapie eine Sitzungsstruktur mit einer *Unterbrechung* des Interviews vor dem Schlußkommentar vorgeschlagen, doch wird aus dem Vorhergehenden deutlich, daß der Hauptteil der therapeutischen Arbeit bereits mit Hilfe der beschriebenen Fragemuster geleistet worden ist. Der Schlußkommentar dient eher der Zusammenfassung und beinhaltet außer einem eventuellen Aufgabenvorschlag nichts Neues bezogen auf die bisherige Interviewführung.

Als Hauptziel der Schlußintervention, letztendlich als Hauptziel der gesamten Therapiesitzung läßt sich beschreiben, daß der Patient in die Lage versetzt werden soll, in der Folgesitzung von mehr Ausnahmen vom Problemmuster zu berichten. »Die Intervention soll dem Klienten helfen, mehr von dem zu tun, was schon funktioniert« (DE SHAZER 1992, S. 78).

Einen Hauptteil der Schlußintervention stellen *Komplimente* seitens des Therapeuten dar. Möglichst präzise und möglichst die Formulierungen und Begriffe des Patienten nutzend, wird vom Therapeuten anerkennend hervorgehoben, welche Möglichkeiten für den Patienten jetzt schon gegeben sind oder früher gegeben waren, sich seinen Zielen zu nähern. Sehr wichtig ist es hier, dies nicht zu einem allgemeinen, inhaltsleeren Ritual zu reduzieren, sondern tatsächlich ernstgemeinte Komplimente zu formulieren. Dies hat in der Regel einen bemerkenswerten Einfluß auf den Patienten, da offenbar beim Gang zum Therapeuten eher erwartet wird, auf Defizite, Schwächen, Schuld etc. aufmerksam gemacht zu werden. Komplimente kommen natürlich nicht nur erst zum Zeitpunkt der Formulierung der Schlußintervention zum Tragen, sondern sollten in direkter und indirekter Form bereits während der gesamten Sitzung eingesetzt worden sein. Die Schlußintervention hat den Charakter einer Zusammenfassung des bisherigen Erfolgs des Patienten. Fortschritte, Erfolge sind aus der Sicht des lösungsorientierten Ansatzes eher *sozial konstruierte* Phänomene. Damit sich Fortschritt ereignen kann, muß es erst eine Person geben, die Fortschritte sieht und darüber spricht (vgl. FURMAN u. AHOLA 1992, S. 126f.). Diese Funktion übernimmt hier der Therapeut.

Gleichzeitig wird empfohlen, in der Schlußintervention darauf aufmerksam zu machen, daß es *harte Arbeit* für den Patienten erfordert, sein angestrebtes Ziel weiter zu erreichen. Mit Hilfe dieser Formulierung wird möglichen impliziten Abwertungen entgegengearbeitet, daß der Patient bislang noch nicht sein Ziel erreicht hat. Dies fördert Entlastung auf seiten des Patienten.

Je nach Typus der Therapeut-Klient-Beziehung (siehe oben die Differenzierung in Kunde, Klagender, Besucher) schließen sich dann möglicherweise Aufgabenvorschläge an, die geeignet sind, mehr Ausnahmen vom Problemmuster, also mehr Erfolg im obigen Sinne einzuleiten, worauf dann in der Folgesitzung aufgebaut werden kann. Diese Aufgabenvorschläge reichen von solchen simpel anmutenden Vorschlägen wie »Tun Sie mehr von dem, von dem Sie wissen, daß es gut für Sie ist!« bis hin zu komplexeren Typen wie zum Beispiel: »Suchen Sie sich zwei Tage bis zu unserem nächsten Treffen aus, an denen Sie jeweils vorübergehend so tun, als ob sich das Wunder, von dem wir gesprochen haben, bereits ereignet hat. Teilen Sie Ihrem Partner nicht mit, welche Tage Sie wählen. Dessen Aufgabe ist es herauszufinden, welche Tage Sie gewählt haben. Sprechen Sie bis zum nächsten Mal nicht darüber!« Viele Aufgabentypen entsprechen dem ERICKSONschen Konzept der Musterunterbrechung und/oder folgen kognitiv-verhaltenstherapeutischen Überlegungen. Typen von Aufgaben finden sich in DE SHAZER (1989) und BERG (1992).

An dieser Stelle soll die Darstellung des lösungsorientierten Ansatzes beendet werden und zu Fragen der Bewertung übergegangen werden. Insbesondere die Praktiker werden sicherlich eine Reihe von Parallelen zwischen der eigenen Arbeit und einigen Aspekten des lösungsorientierten Vorgehens entdeckt haben. Ich habe Ihnen hier keinen umfassend neuen Ansatz vorgestellt. Beeindruckend ist meines Erachtens aber die Radikalität, mit der dem Patienten die Rolle des *Experten für sich* zugeschrieben wird (ANDERSON u. GOOLISHIAN 1992), mit der davon ausgegangen wird, daß Stärken und Ressourcen beim Patienten vorhanden sind. Dies hat große Bedeutung für die Therapeut-Klient-Beziehung. Stimmt die Einschätzung, daß über ein Drittel aller exzessiven Trinker einschließlich derjenigen mit Abhängigkeitssyndrom ihre Symptomatik ohne professionelle Behandlung verbessern (vgl. FINGARETTE 1989, S. 72), dann wird es sicherlich lohnend sein, bei unseren Patienten sehr genau und sehr differenziert hinzuschauen, was sie bislang in die Lage versetzt hat, ihre Schwierigkeiten *ohne uns* zu meistern (ähnlich für den Bereich Nikotin-Abhängigkeit und Eß-Sucht, vgl. SCHACHTER 1982). Insgesamt ermutigt uns der lösungsorientierte Ansatz auch dazu, »maßgeschneiderter« in der Therapie vorzugehen, was beispielsweise eine vermehrte Flexibilität hinsichtlich der Dauer, der zeitlichen Länge von Behandlungen auch im stationären Bereich (vgl. z.B. HERRMANN 1993) anbelangt. Im Rahmen dieses Ansatzes werden im Suchtbereich differenzierte Zielsetzungen favorisiert: vorübergehende suchtfreie Zeiten oder Perioden mit reduziertem Suchtmittelmißbrauch werden ebenfalls als Ziele akzeptiert (vgl. BERG 1988). »Maßgeschneiderte Therapiegruppen wären denkbar, wo Klienten entlang der Dimension ›Kunde-Klagender-Besucher‹ eingeteilt werden. Veränderter Umgang mit einem Rückfall und dessen veränderte Bewertung erscheint möglich. Auch bei einem Rückfall wird in der Therapie fokussiert, was den Patienten veranlaßt hat, mit dem Trinken aufzuhören anstatt zu analysieren, was ihn veranlaßt hat, wieder zu trinken. Unterschiede zu vergangenen Rückfällen werden herausgearbeitet. Der Rückfall wird zu einem Vorfall (vgl. BERG u. MILLER 1993, S. 173ff.). Der lösungsorientierte Ansatz ermutigt uns ebenso dazu, neben den per definitionem der Kontrolle des Patienten entzogenen Phänomenen wie «Kontrollverlust» andere Faktoren in der inneren und äußeren Realität des exzessiven Trinkers zu identifizieren, die signifikant das Trinkverhalten beeinflussen. Insgesamt fördert der lösungsorientierte Ansatz direkt und indirekt solche Modelle innerer Realität, wo vermieden wird, daß sich sogenannte Betroffene eingeladen fühlen, sich zurückzulehnen und Verantwortung an sogenannte Behandelnde abzugeben, beziehungsweise wo vermieden wird, daß sich sogenannte Behandelnde eingeladen fühlen, sich vorzulehnen und Verantwortung für Entscheidungen ihrer Patienten zu übernehmen. Kurz, wir Therapeuten lernen – erneut – bescheiden zu sein.

# Literatur

ANDERSON, H.; GOOLISHIAN, H. (1992): Der Klient als Experte: Ein therapeutischer Ansatz des Nicht-Wissens, Z. syst. Ther. 10: 176–189.

BERG, I.K. (1988): Kurztherapie eines obdachlosen Drogenabhängigen. Z. syst. Ther. 6: 207–211.

BERG, I.K. (1992): Familien – Zusammenhalt(en), Modernes lernen. Dortmund.

BERG, I.K.; DE SHAZER, S. (1993): Wie man Zahlen zum Sprechen bringt. Familiendynamik 18: 146–162.

BERG, I.K.; MILLER, S.D. (1993): Kurzzeittherapie bei Alkoholproblemen. Ein lösungsorientierter Ansatz. Auer, Heidelberg.

DE SHAZER, S. u.a. (1986): Kurztherapie – Zielgerichtete Entwicklung von Lösungen. Familiendynamik 11: 182–205.

DE SHAZER, S. (1988): Therapie als System. Entwurf einer Theorie. In: REITER, L. u.a. (Hg.), Von der Familientherapie zur systemischen Perspektive. Springer, Berlin.

DE SHAZER, S. (1989): Wege der erfolgreichen Kurztherapie. Klett, Stuttgart.

DE SHAZER, S. (1992): Das Spiel mit Unterschieden. Auer, Heidelberg.

FINGARETTE, H. (1989): Heavy drinking. The myth of alcoholism as a disease. University of California Press, Berkeley.

FURMAN, B.; AHOLA, T. (1990): Nachteilige Auswirkungen von psychotherapeutischen Annahmen. Familiendynamik 15: 288–304.

FURMAN, B.; AHOLA, T. (1992): Solution talk. Hosting therapeutic conservations. Norton, New York.

HERRMANN, P. (1993): Tradition und neue Ansätze. Die Einführung eines systemischen Konzeptes in eine Fachklinik. In: HEIGL-EVERS, A. u.a. (Hg.), Eingrenzung und Ausgrenzung. Vandenhoeck u. Ruprecht, Göttingen.

KRIZ, J. (1992): Sucht – oder: Die Person in bester Gesellschaft. In: OSTERHOLD, G.; MOLTER, H. (Hg.), Systemische Suchttherapie. Entstehung und Behandlung von Sucht und Abhängigkeit im sozialen Kontext. Asanger, Heidelberg.

SCHACHTER, S. (1982): Recidivism and self-cure of smoking and obesity. Amer. Psychol. 27: 436–444.

SIMON, F.B.; WEBER, G. (1988): Das Ding an sich – Wie man »Krankheit« erweicht, verflüssigt, entdinglicht ... Familiendynamik 13: 57–61.

STIEHL-WERSCHAK, J.P.; PFUNDT, DH. (1991): Was wirkt in der Therapie? System Familie 4: 211–222.

TEXTOR, M. (1989): Drogensucht und Familie. Familiendynamik 14: 13–26.

WALTER, J.L.; PELLER, J.E. (1992): Becoming solution-focused in brief therapy. Brunner/Mazel, New York.

WELTER-ENDERLIN, R. (1992): Alkoholismus und Familie. In: OSTER-HOLD, G.; MOLTER, H. (Hg.), Systemische Suchttherapie. Entstehung und Behandlung von Sucht und Abhängigkeit im sozialen Kontext. Asanger, Heidelberg.

WHITE, M. (1989): Der Vorgang der Befragung. Familiendynamik 14: 114–128.

WHITE, M.; EPSTON, D. (1990): Die Zähmung der Monster. Literarische Mittel zu therapeutischen Zwecken. Auer, Heidelberg.

# II

---

Therapieziele

## Elke Schultze-Dierbach

# Therapieziele in der Suchtkrankenbehandlung

## *Psychoanalytische Sicht*

Therapeutische Arbeit ist in ihren wesentlichen Inhalten Arbeit an und mit Strukturen: Arbeit an der Persönlichkeitsstruktur des Patienten mit ihren Auswirkungen auf dessen Erleben und Verhalten, Arbeit innerhalb gegebener Strukturen von Organisationen und Institutionen (Kliniken/Kostenträger) mit ihren Auswirkungen auf den Behandlungsrahmen und schließlich mit der Persönlichkeitsstruktur des Therapeuten, die sein Beziehungsangebot gestaltet, über das verändernde Prozesse bewirkt werden können. Strukturen sind zeitstabile Gebilde, gewachsen unter Bedingungen innerer und äußerer Notwendigkeiten, in ihrem So-Sein begründbar und verstehbar und mit Veränderungswiderständen behaftet. Das betrifft nicht nur die Charakterstruktur in der Sicht der Psychoanalyse, sondern auch, dieser Vergleich sei erlaubt, die Strukturen von Institutionen und Behandlungskonzepten, und sie wie jene kommen oft nur über sich wandelnde Außenbedingungen unter Veränderungsdruck oder zur Einsicht von Veränderungsnotwendigkeit.

Die Arbeit im Bereich Suchtkrankentherapie, die auch eine Linderung äußeren psychosozialen Elends beinhaltet, hat sich insofern verändert, als zunehmend chronisch mehrfachgeschädigte Suchtkranke um unsere Hilfe ersuchen. Vertraute klinische Konzepte greifen hier oft nicht mehr oder können nur einen Teil unserer Patienten erreichen, zumal die Verweildauer wegen gestiegener Kosten und einer größeren Zahl behandlungsbedürftiger Menschen verkürzt wurde, was bedeutet, daß therapeutische Techniken, aber auch Kliniks- und Kostenträgerbedürfnisse an veränderte Patienten angepaßt werden müssen. Damit Enttäuschung und Resignation nicht die Oberhand behalten, ist der Therapeut gefragt, auch bei den oft als starr erlebten Institutionen eine Haltung des Verständnisses für ihr Gewordensein und ihr So-Sein aufzubringen. Nur über diese Mittlerfunktion können Behandler – die wegen des unmittelbareren Bezugs zum Patienten zumeist früher als Institutionen mit sich ändernden Formen von Krankheit, Leid und Elend konfrontiert sind – in einen Dialog mit Behandlungsträgern treten, der auf Modifizierung von klinischen Behandlungskonzepten und Therapiezielen, von Kostenzusagen und Behandlungsdauer ausgerichtet ist.

## Wer definiert Therapieziele?

### Kostenträger definieren Therapieziele

Orientierten sich die Kostenträger noch vor Jahren am § 1236 RVO, definiert durch das Ziel *Wiederherstellung der Erwerbstätigkeit*, so kommen heute sowohl Aspekte der *Krankenbehandlung* (§ 27 des Sozialgesetzbuchs) wie auch der *Rehabilitation* (§ 40 des Sozialgesetzbuchs) zur Anwendung, steht also nicht mehr nur die Erwerbstätigkeit im Zentrum, sondern auch der Aspekt, »Krankheiten zu erkennen, zu heilen, ihre Verschlimmerung zu verhüten oder Krankheitsbeschwerden zu lindern«. Leistungen beziehen sich jedoch schwerpunktmäßig auf medizinische Versorgung inklusive der Versorgung mit Heil- und Hilfsmitteln beziehungsweise »ergänzende Leistungen zur Rehabilitation wie Belastungserprobung und Arbeitstherapie« (§ 27) und orientieren sich an Subsidiaritätsvorstellungen gegenüber der Gemeinschaft der Versicherten. Im Leistungskatalog fehlt jener Bereich, der dem »Symptom« der psychosozialen Verelendung entspricht und der mögliche Maßnahmen auch zu seiner Erkennung, zur Linderung und zur Verhütung von Verschlimmerung dieser Beschwerden einleiten könnte. Oft handelte es sich dabei um späte und chronifizierte Folgeerscheinungen fehlgelaufener Entziehungs- und Entwöhnungsbehandlungen. Patienten mit diesem »Symptom« können die in § 9 Sozialgesetzbuch vorgegebenen Therapievoraussetzungen einschließlich der Verpflichtung zur aktiven Mitwirkung an ihrer Rehabilitation nicht oder nur sehr eingeschränkt erfüllen. Ihrer großen Behandlungsbedürftigkeit steht eine zum

Teil geringe Behandlungsbereitschaft und eine zum Teil erheblich eingeschränkte Fähigkeit zur Rehabilitation (im Sinn des Kostenträgers) entgegen.

## Kliniken/Versorgungseinrichtungen formulieren Therapieziele

Die Formulierung ihrer Ziele orientiert sich zum einen am Forderungskatalog der sie belegenden Kostenträger. Sie sind zum anderen Niederschlag der von ihnen vertretenen Theorie der Entstehung und Therapie seelischer Störungen und ihrer psychosozialen Auswirkungen und schließlich Ausdruck auch ihrer geographischen, baulichen und personellen Situation, letzteres also weder klinisch noch kostenträgerorientiert. Auf diesem Hintergrund sind Behandlungsinhalte und -ziele der Kliniken einerseits *marktorientiert*, andererseits über die Auflistung der ihren Bedingungen gemäßen Indikationen und Kontraindikationen *klinikorientiert*.

Eine Überbetonung der Marktorientierung in Blickrichtung auf die Kostenträger birgt die Gefahr der Vereinheitlichung von Therapierahmen und Behandlungsinhalten und damit die Gefahr eines nicht ausreichenden Bezugs zu individuellen Notwendigkeiten und Bedürftigkeiten der Patienten. Die Überbetonung allzu klinikspezifischer und theoriespezifischer Kontraindikationen grenzt einen Großteil der Patienten aus. Generell werden die prognostisch günstigen Patienten bevorzugt; solche mit gravierenden psychischen und somatischen Erkrankungen, mit manifester Suizidalität und Delinquenz oder mit der Neigung zu Impulsdurchbrüchen und Störungen in der therapeutischen Bündnisfähigkeit fallen nach wie vor sehr oft unter die Rubrik Kontraindikation (hier sei auf die sehr lesenswerte Auseinandersetzung mit dieser Thematik in dem Buch »Die vergessene Mehrheit« von WIENBERG 1992, verwiesen). Kliniken müßten sich mehr als bisher fragen, wie sie sowohl unter marktorientierten wie auch unter patientenzentrierten Versorgungsaspekten mit ihren Angeboten auch diesen Patienten gerecht werden können, damit sie nicht wegen fehlender Therapiemotivation, wegen mangelnder Krankheitseinsicht oder Bündnisfähigkeit zum wiederholten Male das *Trauma von Objektverlust und Ausgestoßensein* erleiden müssen.

Die noch in vielen Hochglanzbroschüren formulierten Behandlungsziele wie
- mittelfristig zu erreichende zufriedene Abstinenz,
- Förderung von Selbständigkeit und Unabhängigkeit,
- Fähigkeit zu erwachsenem, selbstbestimmtem Leben,
- Wiedererlangung psychischer und physischer Gesundheit,
- soziale und berufliche Wiedereingliederung

sind als Idealvorstellungen nur von einem kleinen Teil der heutigen Patienten zu erreichen.

Nur eine geringe Anzahl von Behandlungsstätten vor allem psychiatrisch-neurologischer Fachrichtung (Landeskrankenhäuser) formuliert wegen der Aufnahmeverpflichtung keine Kontraindikationen. Bei ihnen ist zum Beispiel Abstinenz nicht zwingende Verweil- und Behandlungsvoraussetzung. Hier sind Behandlungsziele wesentlich niedriger angesetzt als in Entwöhnungskliniken, beispielsweise die Besserung von Hirnleistungsstörungen, die Förderung lebenspraktischer Fähigkeiten, die Befähigung, unter geschützten Bedingungen leben und/oder arbeiten zu können; hier finden kränkende Ausgrenzungen und Retraumatisierungen durch Bedroht- und Verlassenwerden sehr viel seltener statt.

## Patienten formulieren Therapieziele

Nur einige wenige reifer strukturierte Patienten können Behandlungsziele benennen, die aus dem Leiden an inneren Behinderungen resultieren, und sind bereit wie auch in der Lage, sich innerseelischen Konflikten, die Ursache ihrer Suchterkrankung sind, zu stellen. Die Gruppe der Patienten mit sogenanntem »exogenem Leidensdruck« ist erheblich größer. Diese Patienten berichten von ihren Leiden an verständnislosen Partnern, versagenden Eltern, überfordernden Arbeitgebern oder verächtlichen Behörden, von ihrem Leiden an anderen also. In der Rolle des Opfers haben sie freilich ihre Mit-Täterschaft nicht im Blick. Wenn es nach ihnen ginge, wäre das Ziel therapeutischer Bemühungen die Veränderung kränkender Außenbedingungen oder die Veränderung des Verhaltens ihrer Bezugspersonen. Immerhin haben sie eine Ahnung von interpersonellen Entstehensbedingungen ihres Leidens.

Eine weitere Patientengruppe, sozusagen zusammengebrochen

unter innerem und äußerem Leidensdruck durch nicht mehr zu verleugnende Realitäten wie lebensbedrohliche Folgeerkrankungen, Verlust von Partnerschaft, Wohnung, Arbeitsplatz, erwartet vom hochidealisierten, mit aller Macht der Welt ausgestatteten Therapeuten eine sofortige Lösung aller äußeren Probleme, um nicht in tiefe Resignation und Depression versinken zu müssen.

Von dieser Patientengruppe abzugrenzen sind solche Hilfesuchende, die überhaupt keine Vorstellungen von Psychotherapie und ihrer eigenen aktiven Rolle dabei haben und die erst über einen langen Prozeß therapeutischer Zuwendung Innenbefindlichkeiten wahrnehmen und sich mit ihnen auseinandersetzen können.

Andere Patienten zeigen von Anfang an Abwehr und Widerstand gegen eine Therapie, weil sie zu Recht fürchten, daß ihnen ihr einziges Liebesobjekt, ihr Suchtmittel, weggenommen werden soll. Ihr Ziel ist es oft, die Auseinandersetzung mit diesem Konflikt zu vermeiden und sich dieses Liebesobjekt zu erhalten, weil es inneres und äußeres Elend wenigstens für eine Weile in gnädiges »Vergessen« hüllt.

Schließlich nimmt die Anzahl der chronisch mehrfachgeschädigten Suchtkranken zu, die lediglich *ein* Aufnahme- und Bleibemotiv, nur *ein* Versorgungsziel haben, weil es zur Klinik und ihren, wenngleich eingeschränkten, Befriedigungsmöglichkeiten draußen keine Alternativen gibt, weil außerhalb dieses Schutzes noch mehr Vereinsamung, psychosomatische Bedrohung, soziale Verelendung auf sie wartet. Krankheit gewährt ihnen wenigstens passager die Teilhabe an humanen Lebensbedingungen. Von Patienten formulierte Behandlungsziele sind mithin nur zu einem Teil als Therapieziele im engeren Sinne zu bewerten, häufiger beinhalten sie einen medizinischen und sozialen Versorgungsauftrag.

In der Fußgängerzone traf ich unlängst auf einen alkoholkranken Nicht-Seßhaften, der eine Broschüre selbstverfaßter Gedichte mit dem Titel »Lyrik eines Obdachlosen« verkaufte. Eines seiner Gedichte beschreibt dieses schicksalhafte Angewiesensein auf das Suchtsymptom sehr eindrucksvoll:

Die Gnade Deiner Krankheit ist
Daß sie Dich Dein Kranksein nicht sehen läßt
So bleibt Dir großer Schmerz erspart
Der Fluch Deiner Krankheit ist
Daß sie Dich Dein Kranksein nicht sehen läßt
So bleibt Dein Kranksein bewahrt.

## Therapeuten definieren Therapieziele

Wie Kliniken stehen auch Therapeuten mehr und mehr vor der Notwendigkeit, Konzepte und Ziele zu formulieren, die die Kluft zwischen therapeutischem Anspruch und Patientenwirklichkeit verringern.

Hintergrund der von ihnen vertretenen Behandlungsziele ist ihr therapeutisches Selbstverständnis als Niederschlag erworbener Weiterbildungsinhalte. Sie könnten für psychoanalytisch-orientiert arbeitende Therapeuten lauten: Nachentwicklung defizitärer Ich- und Über-Ich-Funktionen, Anbahnung von Ganzobjektbeziehungen, Entwicklung von Signalangst, Erreichen oder Wiedererreichen der ödipalen Ebene, Auflösung primitiver Übertragungsbeziehungen, Veränderung interpersoneller in innerseelische Konflikte.

Allzu idealistisch-normative Identifizierungen mit diesen Zielen werden ihre Adaptation an den Realpatienten behindern, die Sicht für andere therapeutische Möglichkeiten trüben, Patienten ausgrenzen oder enttäuschte Omnipotenzphantasien in depressives Erleben münden lassen. Da sie nur bei einem Teil der Patienten realisierbar sind, erreichen sie insbesondere die am stärksten depravierten Patienten nicht, denen zunächst vorrangig »äußere« Ziele angeboten werden müssen wie eine Verbesserung der äußeren Lebensbezüge, damit sie sich in einem späteren Schritt ihren inneren Korrespondenzen zuwenden können. Als erste therapeutische Maßnahme wäre in diesem Fall das Angebot einer haltenden Umwelt zu nennen (Objektmutter im Sinn WINNICOTTS 1956), um darüber die »Integration einer heilenden, fürsorglichen Mutterrepräsentanz als Schutz gegen Angst, Schmerz, Zerfall in die Selbstrepräsentanz zu ermöglichen« (KRYSTAL u. RASKIN 1983, S. 71). Dieses Angebot einer haltenden Umwelt sollte dabei nicht verstanden werden als verwöhnend, sondern als hinreichend gewährend wie versagend.

Therapeuten formulieren Therapieziele ferner in Abhängigkeit von ihrer *Persönlichkeitsstruktur* und ihrer *Gegenübertragung.* Werden sie beispielsweise von Patienten an der Einhaltung oder Realisierung ihrer Vorstellungen behindert, fallen ihre Urteile negativer aus (BISCHOFF 1979), da eine negative oder positive hedonische Resonanz Therapieinhalte und Therapieziele beeinflussen.

Eine weitere subjektive Einflußgröße ist die *Wert- und Nor-*

*menidentität* des Therapeuten. Therapeuten formulieren Therapieziele auch auf dem Hintergrund ihrer sozialen Schicht und der in
ihr herrschenden Werte und Normen. Vorstellungen von diesen
Werten materieller und/oder immaterieller Art, von Durchschnitts-
oder Idealnormen über menschliche Eigenschaften und Fähigkeiten, über menschliches Verhalten werden nicht immer ausreichend
reflektiert, obwohl gerade sie tiefgreifenden Einfluß auf Therapieinhalte und -ziele haben (siehe auch KÖNIG 1994, S. 85–87).
Bei Mittelschichtpatienten kommt es wegen der größeren Ähnlichkeit mit der eigenen Wert- und Normenidentität zu empa-
thischeren und realistischeren Abstimmungen mit den Patienten
als bei den unvertrauteren Unterschichtpatienten. Die sozial De-
praviertesten, die häufiger aversive Affekte als freundliche Zuwendung auslösen, die wegen ihres normenfremden Verhaltens,
vor allem wegen ihres Versagens an Idealnormen Empathie ein-
schränken oder verhindern, sind am meisten benachteiligt, wenn
es darum geht, adäquate Therapieziele zu finden, die ihnen die
notwendige Regression erlauben und die gebotene Progression
ermöglichen. Bei ihnen stößt der Therapeut oft an die Grenzen
einfühlsamer Therapieplanung.


## *Anspruch von Klinik und Therapeuten – die Wirklichkeit des Patienten: eine unheilige Allianz?*

Therapeutisches Handeln in Fachkliniken für Abhängigkeitserkrankungen ereignet sich im *Spannungsdreieck Patient-Thera-
peut-Institutionen* (Klinik/Kostenträger) auf sehr unterschiedlichen Wahrnehmens- und Erlebensdimensionen, so unter anderem
zwischen den Polen Rationalität – Emotionalität, Marktorientierung – Erlebnisorientierung, Außensteuerung – Binnensteue-
rung, Eingrenzen – Ausgrenzen, Gewähren – Versagen ... Die
Außensteuerung des therapeutischen Handelns durch klare Ziel-
vorgaben der Beleger (meist Kostenträger, Versicherungen) kann
es mit sich bringen, daß Therapeuten aus Gründen der Sicherung
der eigenen Existenz geneigt oder gezwungen sind, sich als Er-
füllungsgehilfen exogener Forderungen zu sehen: Statt individuelle Therapieziele in Absprache mit dem Patienten festzulegen,

sollen sie vorgegebene Behandlungsinhalte – auch gegen den Willen oder Widerstand des Patienten – anstreben; wo sie individuelles Leid sehen, wo sie den Patienten verstehen, dem mit dem Verlust des Suchtmittels auch ein Stück freundliches, tröstendes oder anregendes Leben verlorengeht, sieht der Kostenträger eher die Versicherungsnummer, den anonymen Einzahler, postuliert er das Abstinenzgebot und sieht nicht die sich daraus ergebende innere Not des Patienten. Ähnlich ist der Konflikt mit der Klinikverwaltung: Zwischen den von ihr vertretenen Prinzipien primär emotionsloser, sachorientierter, möglichst effizienter und kostengünstiger Aufgabenbewältigung und den ihr häufig entgegengesetzten therapeutischen Vorstellungen einer passageren Lösung von äußeren Zwängen und Behinderungen, des Erlebens von Affekten statt deren Ausschaltung, dem Sich-Einlassen auf Phantasien und Beziehungen statt deren Vermeidung, dem Raum- und Zeit-Geben für Reinszenierungen, für regressives Wiederbeleben, für Nachholen und manchmal für zeitintensive Neuorientierung.

## Ansprüche der Kliniken

Die Behandlung suchtkranker Patienten erfolgt zumeist nicht in Kliniken, die den Auftrag des § 40 Sozialgesetzbuch erfüllen, sondern schwerpunktmäßig den § 27 als Arbeitsgrundlage haben. Das beinhaltet, daß sie sich an Bedarfs-, Zeit- und Kostenvorgaben ihrer Beleger orientieren müssen und bewirkt, daß Beleger- und Trägerinteressen hier identisch sind. Zumeist folgen die Kliniken den Prinzipien der lean production: Sie müssen kostengünstig und schnell auf veränderte Vorgaben reagieren – um den Preis, daß konzeptuelle und strukturelle Veränderungen, die dafür erforderlich wären, zwangsläufig hinterherhinken. Sie sollen hohe Qualität bei niedrigen Kosten garantieren – das heißt, es wird von ihnen erwartet, pflegesatzneutrale Behandlungsangebote zu machen, mit denen zum Beispiel aus Gründen der Qualitätssicherung Lücken in einem nicht-tagesfüllenden Therapie-Programm gefüllt werden sollen (was im günstigen Fall den Selbsthilfeaspekt verstärkt, im ungünstigen Fall den Patienten nicht genügend Schutz und Orientierung gibt, wenn sie zum Beispiel gemeinsame Aktivitäten ohne Therapeuten gestalten müssen). Sie müssen Erwar-

tungen an die *Optimierung des »Produkts« Therapie* erfüllen –
das heißt, es wird administrativ eine bessere Steuerung therapeutischer Leistungen gefordert.

Das ist gerade bei affekt-, erlebnis- und beziehungsorientierten
Therapieformen nicht möglich, zumal Widerstand und Abwehr
der Patienten und deren Bearbeitung nicht über Außenvorgaben
steuerbar ist. Das ist auch deswegen nicht möglich, weil die konflikthaften Hintergründe einer Symptomatik niemals über kognitive und/oder administrative Steuerungsprozesse verändert werden können. Sie tragen eher zu Chronifizierung, zu Symptomverschiebungen, zu Kostensteigerungen bei.

## Ansprüche und Aufgaben von Therapeuten

Verglichen mit denen der Klinik- und Kostenträgerebene liegen
Ansprüche und Arbeitsschwerpunkte von psychoanalytisch orientiert arbeitenden Therapeuten auf einer weitgehend diametral entgegengesetzten Handlungsdimension. In ihrer Sicht kann sich die
Optimierung von Therapie nicht in reibungslosem und programmatisch gesteuertem Patientendurchlauf/Therapieverlauf gestalten, sondern vorwiegend über die Schaffung eines Rahmens, der
eine *individuumzentrierte* Therapie ermöglicht und den Bedürfnissen individuell leidender oder Leiden abwehrender Menschen,
unterschiedlichen Zeiten von Durcharbeiten und Veränderung
Rechnung trägt. Ihr therapeutisches Vorgehen ist gekennzeichnet
von der Arbeit an der Beziehung, in der Beziehung und mit der
Beziehung, einer Beziehung, in der für den Patienten eine Wiederbelebung früher enttäuschender Beziehungserfahrungen oder
ein Nacherleben früh verschütteter Affekte zum Beispiel über das
Eingehen idealisierter oder entwerteter Partialobjektbeziehungen
mit dem Therapeuten möglich ist. Dafür benötigt auch der Therapeut für sich einen raum- und zeitgebenden, haltenden und schützenden Rahmen. Das ist für den Therapeuten/die Therapeutin insofern wichtig,

– als er/sie Bedingungen benötigt, in denen er/sie seine/ihre
  Gegenübertragungsreaktionen wenigstens partiell überwinden
  und mit dem Patienten Indikation, Therapieinhalte und Therapieziele problematisieren und erörtern kann,

105

- als er/sie seine Gefühlswelt, seine/ihre Objektwelt, sich selbst als handelnde Person in diesen Prozeß einführen und reflektieren soll, um als »Modell«, als Hilfs-Ich, als Triangularität Fördernder, als anders Fühlender, und Denkender, Planender und Urteilender hilfreich wirken zu können, und das idealiter auch dann, wenn aversive Affekte und Über-Ich-Abwehr Ausgrenzung oder gar Verachtung signalisieren,
- in denen es möglich ist, parallele Ich- und Sozialtraumatisierungen über individuelle und soziale Empathie zu erkennen (ENKE 1980),
- weil er/sie Kollisionen zu bearbeiten hat, die weit hinausgehen über die in vertrauten Übertragungs- Gegenübertragungsszenen wiederbelebten Schicksalsanteiligkeiten von Patient und Therapeut, etwa wenn er/sie vor Realproblemen von Verelendung steht oder wenn er/sie sich intensivem Haß und Neid der gesellschaftlich Ausgegrenzten ausgesetzt sieht; weil er/sie sich dann immer wieder fragen muß, inwieweit auch er/sie Träger von Ausstoßungsmechanismen ist und in agierter Gegenübertragung zur Verfestigung dieser Mechanismen beiträgt (DIECK-MANN, OTTO-WULFF 1993, S. 44), anstatt sie in den Dienst von Diagnostik und Therapie zu stellen,
- damit er/sie nicht über ein Sich-Retten in bequemere administrative Tätigkeiten seine eigene Not und Hilflosigkeit verdrängen und aus Abwehrgründen in Gefahr ist, Leid und Elend zu verwalten.

### Ansprüche des Patienten

Schwächstes Glied im Dreieck ist der Patient, der nur eingeschränkt sowohl die Bedingungen für Anpassung an klinische Organisationsstrukturen wie an die Bedingungen für eine konfliktzentrierte Therapie mitbringt, wenn wir Ich-Stärke, Leidensdruck oder einen formulierbaren Behandlungsauftrag als Voraussetzungen für innerseelische Veränderungen im Blick haben. Einem Leiden an neurotisch gestörten Beziehungen oder an intrapsychischen Konfliktspannungen (bei unseren Patienten eher die Regel als die Ausnahme) stehen eine geringe Ich-Stärke sowie primärer und sekundärer Krankheitsgewinn entgegen. Aus diesem

106

Grunde können wir ein Leiden an *inneren* Behinderungen, einen prägnanten Behandlungsauftrag, eine stabile Veränderungsmotivation nur in sehr engen Grenzen oder gar nicht erwarten. Im günstigen Fall spüren die Patienten ein nachdrückliches Leiden an einem bedrängenden, versagenden oder bedrohlichen Außen und können einen Beziehungshintergrund erahnen wie das Leiden am Partner, am Arbeitgeber, für die man sich den Mühen einer Therapie unterzieht. Manchmal ist das Objekt des Leidens die eigene bedrohte Existenz, der den Dienst versagende Körper, manchmal auch ein sehr globales, apersonales, das zwar im Erleben präsent ist, als Adressat therapeutischen Veränderungsbemühens aber niemals in Frage kommen kann: ein versorgendes Partialobjekt, dem Abhängigkeitsphantasien und Abhängigkeitsängste gelten wie zum Beispiel dem Sozialamt der Stadt X, dem Rentenversicherungsträger Y, dem Elektrizitätswerk Z (das den Strom abgestellt hat). Letzter Schutz gegen das Auftreten massiver Schamaffekte und den Verlust der Selbstachtung ist oftmals die krampfhaft aufrechterhaltene narzißtische Selbstwertregulierung über Verachtung und Entwertung anderer, denen man sich nicht mehr zugehörig fühlen kann. Wird dieses narzißtische Regulationssystem hinterfragt, kommt der Patient an eigene strukturelle Grenzen, weil er, auf die Zufuhr von Bestätigung angewiesen, seinen Selbstwert nicht mehr steuern kann und als Folge therapeutischen Hinterfragens, von Konfrontation oder Kritik mit narzißtischen Wut- oder Rachegefühlen mit Scham- oder Neidgefühlen reagieren muß. Auch in diesem Fall wird ihm ein versorgendes (mit Selbstwert versorgendes) Partialobjekt entzogen.

Bei den chronisch mehrfachgeschädigten Suchtkranken, die wegen gravierender, bedrohlicher sekundärer und tertiärer körperlicher, seelischer und sozialer Folgeerkrankungen und wegen eines weitgehend exogenen Leidensdrucks oft als unmotiviert deklariert werden, sollten wir uns vergegenwärtigen, daß wir bei ihnen nicht viel anderes erwarten können als die begründete Angst vor dem Verlust von Außenobjekten, von denen sie existentiell abhängig sind, und das Leiden an versagenden Außenbedingungen. Unter diesen Prämissen wäre es falsch, Abwehrsymptome des Patienten als Widerstand bearbeiten zu wollen, weil sie ein letzter Schutz vor völliger Vereinsamung und Bedrohung sind. Vielleicht verzweifeln und leiden wir an ihnen ebenso wie sie an ihren Objekten zweifeln und leiden, weil sie uns Schuldgefühle machen, weil sie unsere sozialen Attributierungen, die wir so gerne verleugnen, in unser Gedächtnis zurückrufen, weil sie Mahnmal auch für unsere Begrenztheit und Unfähigkeit sind, mithin auch für uns eine narzißtische Bedrohung darstellen.

Die am meisten Benachteiligten unter ihnen erwarten von uns keine Therapie; sie haben keine Veränderungsmotivation, sondern nur eine Aufnahme-, Bleibe- und Versorgungsmotivation, den unbewußten Wunsch nach der Fusion mit guten Mutterobjekten, die Grundbedürfnisse nach Wärme, Nahrung, Sauberkeit und Schutz erfüllen.

Wie kann nun bei diesen so unterschiedlichen Rollen, Funktionen und Erwartungen der am Interaktionsdreieck Beteiligten eine Allianz werden? Wie können bei diesem geringen Maß an Übereinstimmung ungünstige Wechselwirkungen oder negative therapeutische Prozesse wie Abbrüche, Rückfälle, Suizidalität, Symptomverschlimmerungen, disziplinarische Entlassungen eingeschränkt oder vermieden werden? Das Zustandekommen wenigstens eines *Minimalkonsenses* wird wohl am ehesten über einen Therapeuten möglich sein, der über geschulte Empathie für Institutionen und Patientenbedürfnisse den Bedrohungen (Therapie als steuerbares Programm, Therapeuten als programmierbare Funktionäre, Therapieziele als rechnerische Größen, Patienten als Veränderungsobjekte) wirkungsvoll begegnen kann; ein Therapeut, der auch die Begrenztheit seiner persönlichen Möglichkeiten akzeptiert, der Mängel seines theoretischen Selbstverständnisses und seiner Praxistheorie kennt und die Frage zu reflektieren bereit ist, wann statt analytisch orientierter Psychotherapie sozialtherapeutisch orientierte Rehabilitation oder das Angebot einer haltenden Umwelt indiziert ist.

## Therapieziele ohne überzogenen Anspruch?

Vor allem die zunehmend größer werdende Anzahl chronisch mehrfachgeschädigter suchtkranker Patienten stellt die mit ihrer Versorgung betrauten Therapeuten und Kliniken vor die Aufgabe, Behandlungsangebote zu machen, die die Kluft zwischen therapeutischem Anspruch und Patientenwirklichkeit verringern und die einem veränderten Versorgungsbedarf Rechnung tragen. In

Supervisionen beobachte ich immer häufiger in Behandlungsteams Unsicherheiten darüber, wer in der klinischen Psychotherapie des einen oder anderen Patienten die *Hauptverantwortung* trägt, habe ich Spannungen zu klären, die die Lösung solcher Konflikte bisher verhinderten, soll ich Schuldzuschreibungen bestätigen oder Übergriffe zu vermeiden helfen, die sich aus veränderten Rollen und real oder scheinbar unklaren Kompetenzen ergeben: Ist der Therapeut verantwortlich, dem der Patient den Auftrag gegeben hat, mit ihm gemeinsam zu ergründen, warum er getrunken, Medikamente genommen oder Rauschgift konsumiert hat und unter welchen Bedingungen er auf das Suchtmittel verzichten kann? Oder der Internist, der wegen unklarer und wechselnder oder auch wegen gravierender, bedrohlicher Befunde ergänzende diagnostische Untersuchungen oder gar eine Operation, also zeitaufwendige Maßnahmen, für wichtig hält? Der Psychiater, der wegen psychotischer Episoden des Patienten eine Verlegung oder medikamentöse Therapie anstrebt? Vielleicht die Sozialarbeiterin, die sich dringend um Schuldenregulierung, die Abwendung einer Räumungsklage, die Klärung von Unterhaltsverpflichtungen oder aber auch um eine geeignete Nachsorgeeinrichtung kümmern soll?

Die Auseinandersetzung mit den in eine stramme Tagesstruktur gepreßten klinischen Angeboten nimmt einen zunehmend größeren Zeitrahmen in den von mir geleiteten Supervisionen ein. Kostenträgerwünsche wie auch konzeptionelle Überlegungen, dem Prinzip »viel hilft viel« folgend, wirken immer noch in den Patienten- und Therapeutenalltag hinein, bestimmen ihn teilweise in unerfreulicher Deutlichkeit, aber auch Patienten neigen dazu, die Qualität einer Klinik nach der Quantität ihrer Angebote zu definieren. In diesem Zusammenhang versuchen wir, inhaltliche Vorgaben der Klinikträger zu relativieren, Kostenträgerforderungen zu hinterfragen, Patientenansprüche in Abstinenz zu halten und uns mit der Frage auseinanderzusetzen, wie weit therapeutische Angebote zum *Surrogat* für das entzogene Suchtmittel werden, weil Kostenträger quantitative und qualitative Vorgaben hinsichtlich der therapeutischen Rahmenbedingungen machen und weil sie wie auch Therapeuten, wenn sie unreflektiert damit umgehen, sich co-abhängig verhalten und zur Chronifizierung von Konsumhaltungen und süchtigen Beziehungsqualitäten der Patienten beitragen (siehe auch SCHULTZE-DIERBACH 1991). Menschen mit süchtigen Beziehungsmustern vereinnahmen natürlich auch Therapeuten süchtig: Die Inszenierung dieser archaischen Interaktionsbereitschaften wird in *Gegenübertragungsphantasien* ausformuliert wie »Jetzt trinken Sie mich aus«; »nach jeder Therapiestunde mit Herrn X bin ich völlig ausgelutscht«; »Frau M redet mich besoffen«; »mir ist, als ob Frau A meine Persönlichkeit verschlingen würde«. Je nach Qualität der Objektbeziehungen des Patienten und nach dem Stand seiner Therapie (zum Beispiel kurz nach der Entgiftung, zu Beginn der Entwöhnungstherapie oder an deren Ende) gilt es daher, die Frage nach Zielen interaktiver Differenzierungen zu beantworten: wieviel Ersatzobjekt, wieviel »Droge« der Therapeut noch sein soll und wieviel »Entwöhnung« oder »Abstinenz« vom Patienten gefordert werden muß.

Als weiteres wäre zu prüfen, auf welche Suchtsurrogate Therapeuten ihr Augenmerk nicht oder nicht ausreichend richten, welche Suchtersatzstoffe darüber einer therapeutischen Bearbeitung entgehen und, damit zusammenhängend, ob, und wenn ja in welchem Ausmaß, wir Abstinenz oder kontrollierten Konsum fordern müssen. Hier sei an Zigaretten, Kaffee oder Süßigkeiten erinnert, die sich Patienten zum Teil in erheblichen, gesundheitsgefährdenden Mengen zuführen, an Einkäufe von Lebensmitteln zusätzlich zur Klinikverpflegung, an das Horten von Nahrungsmitteln in den Zimmern, vielleicht auch an das literweise Trinken von Mineralwasser.

In der Auseinandersetzung mit der Frage, welche Therapieziele bei einem sich verändernden Patientengut angemessen sind, wäre vorab zu klären, wer die *Hauptverantwortung* für die Therapie des Patienten trägt (ob die Behandlungsziele also primär medizinisch, psychologisch oder sozial definiert werden) und welche *Suchtsurrogate* die klinischen Settings anbieten, seien sie konzeptionell vorgegeben (z.B. die Tagesstruktur der Patienten oder die Anzahl der therapeutischen Angebote) oder durch Nichtbeachtung oder toleriert vom Therapeuten jederzeit verfügbar (Zigaretten, Kaffee, Süßigkeiten etc.), seien sie heimlich »konsumiert« in sogenannten pairings (das Ausleben von Bedürfnissen nach unmittelbar befriedigenden abhängigen Beziehungen, hinter denen sich die Suche nach einem guten Realobjekt verbirgt).

Wir geben darüber ein Zeichen, welche Formen süchtiger Beziehungsaufnahme von uns für »gut« oder »schlecht« gehalten werden, bei welchen Objekten für uns kein Abstinenzgebot besteht, welche Surrogate wir tolerieren. Damit steuern wir die Wahrnehmung des Patienten auf einen engeren oder weiteren Bereich der von ihm unbewußt gestalteten süchtigen Beziehungen, belassen ihm mehr oder weniger seine süchtigen Befriedigungsmöglichkeiten; wir erweitern oder begrenzen den Raum, in dem er spüren kann, welche Art von Unbefriedigtsein, welche Ängste, welche Impulse den Griff zu Suchtmitteln auslösen, und schließlich verhindern oder ermöglichen wir, andere, reifere, personalere Verarbeitungsformen von schwer aushaltbaren Affekten zu erproben und unter unserer Begleitung fester im Erlebens-, Konflikt- und Verhaltensrepertoire zu verankern. Damit steuern wir enger oder weiter gefaßte Therapieziele; darüber beantworten wir die Fragen danach, *wieviel Unabhängigkeit* wir bei diesem oder jenem Patienten für aushaltbar, wünschenswert, notwendig halten beziehungsweise *wieviel Abhängigkeit* von welchen Objekten wir ihm zugestehen. Manchmal grenzt sich therapeutische Einflußnahme ein auf die Suche nach benigneren süchtigen Beziehungsformen oder Suchtersatzstoffen: beispielsweise Kaffee statt Alkohol, die Beziehung zu einem funktionalisierten personalen statt zu einem apersonalen stofflichen Objekt). Das bedeutet, wir müssen Abschied nehmen von der Phantasie *therapeutischer Omnipotenz* und von der Utopie einer zu erreichenden umfassenden Abstinenz des Patienten. Wir stehen vor der Notwendigkeit, Therapieziele wie *Abstinenz* oder *Autonomie* differenzierter sehen zu müssen, zum Beisiel herauszufinden, welche Abhängigkeiten jeweils am wenigsten schaden. Wir sind letztlich, was wohl am schwierigsten zu entscheiden ist, weil es sehr weitreichende Auswirkungen auf das Leben des Patienten hat, sogar manchmal gefordert, uns und ihm einzugestehen, daß es zum Suchtmittel oder zu seinem Ersatz keine Alternative gibt. Das kann den äußeren Erfolgsdruck, unter dem Therapeuten stehen, mindern, weil sie ein Scheitern ihrer Bemühungen in Kauf nehmen dürfen.

Ich erwähnte schon, daß die Patienten von heute kranker und behandlungsbedürftiger sind als die Patienten von früher, daß ihrer großen Behandlungsnotwendigkeit aber eine eingeschränkte Therapiefähigkeit gegenübersteht, daß ihre psychosoziale und körperliche Situation desolater und chronifizierter und die Wahrscheinlichkeit einer erfolgreichen Behandlung geringer geworden ist. Klinische *Kurzzeitbehandlungen* werden gleichwohl häufiger verordnet als noch vor Jahren. Diese Kurzzeitkonzepte greifen vor allem dann nicht, wenn die therapeutische Orientierung schwerpunktmäßig nur eine Auseinandersetzung mit der inneren Realität zum Inhalt hat und die äußere Realität vernachlässigt wird. Sie greifen aber auch nicht, wenn der Zugang zur inneren Realität durch eine zu starke Außenorientierung versperrt und damit ein Staunen als Basis möglicher Korrekturen über das Wahrnehmen einer Wechselwirkung zwischen innerem Erleben und seinen Auswirkungen im Außen verhindert wird. Auch *Langzeittherapien* müssen den Aspekt der unbewußten Gestaltung der Außenrealität im Blickfeld haben, weil immer mehr Patienten berechtigterweise an äußeren Realitäten leiden, an deren Gestaltung sie ursächlich mitbeteiligt sind. Weil Therapie als verändernder Prozeß innerer Realitäten wohl nur dann möglich ist, wenn wenigstens ein Minimum an äußeren Befriedigungsmöglichkeiten gewährleistet ist – eine menschenwürdige Existenz, der Verlust nicht aller sozialer Statussymbole wie Partnerschaft, Wohnung, Arbeit, ein Minimum an Geld, um am sozialen Leben wenigstens ansatzweise teilhaben zu können – erfordert sie bei diesen Patienten eine deutliche Akzentverschiebung der Therapieziele von der inneren auch auf die äußere Realität, von der analytisch orientierten Psychotherapie zur analytisch orientierten Sozialtherapie oder auch eine stärkere Betonung des Selbsthilfegedankens.

*Voraussetzung für die erforderliche immer bessere Differenzierung der Therapieziele unter dem Aspekt einer vollständigen oder teilweisen Abstinenzforderung, der Verschiebung von malignen auf benigne Befriedigungsmöglichkeiten, die Veränderung von inneren und/oder äußeren Konflikt- und Lebensbedingungen sollten eine spezielle psychoanalytische Haltung und ein spezielles Symptomverständnis sein.*

Diese *therapeutische Haltung* ist von HEIGL-EVERS und HEIGL (1983, 1985, 1987, 1994) im Konzept der psychoanalytisch-interaktionellen Psychotherapie beschrieben worden als erbarmungsvolle Zuwendung, als eine Haltung, in der aversive Affekte zwar erlaubt sind, aber in den Dienst der Beziehungs-Diagnostik gestellt werden sollen, die gemildert werden über das Bemühen um Akzeptanz, Toleranz und Respekt gegenüber dem Fremden, dem Befremdlichen, dem Erschreckenden, so ganz Andersartigen, mit dem der Patient dem Therapeuten gegenübertritt, in der ferner Alteritätstoleranz geübt und gefördert wird (HEIGL-EVERS u. SEIDLER 1993). Ekel und Abscheu als ausgrenzende Affekte des

Therapeuten dem Patienten gegenüber sind eben leichter zu ertragen, wenn wir den Patienten in dieser Haltung als Kranken und nicht als einen Menschen ansehen, der aus freier Absicht eigenes und fremdes Leid provoziert, um sich und/oder andere zu strafen oder gar Hilfen zu erzwingen; kein Süchtiger, auch kein verelendeter Süchtiger, kein aggressiv fordernder oder gar gefährlicher Suchtkranker lebt sein Leben freiwillig, bewußt, gewollt so, wie er es gerade jetzt tut. Wenn wir ihm in dieser Haltung gegenüberstehen, zeigen wir, daß wir in ihm immer noch den Menschen in seinem Leid und in seiner Not sehen, daß wir ihn nicht aufgeben, laden wir ihn ein, in uns einen Hoffnungsträger zu sehen, mit dem er erfahren kann, daß das Sich-Einlassen auf eine Beziehung eine Alternative zum Suchtmittelkonsum sein könnte.

Psychoanalytisches *Symptomverständnis* geht davon aus, daß ein jedes Symptom einen verschlüsselten Sinn enthält, der unter anderem über einen gemeinsamen Verständigungs- und Einfühlungsprozeß eruiert werden kann. So fragen wir, wenn wir patientenzentrierte Therapieziele finden wollen, zum Beispiel nach der Funktion des Suchtmittels. Wir erfragen, welche Phantasien dem Suchtmittel gelten, für welches Objekt es stellvertretend steht, welche Wirkungen es im Inneren auslösen, welche Affekte und Verhaltensweisen es ermöglichen, welche es ausschalten soll. Damit implizieren wir, daß auch das Suchtsymptom der Anpassung dient (adaptive Funktion), daß es ich-reparative, ich-ergänzende und schließlich beziehungsregulierende Funktionen ausübt. Boothe-Weidenhammer (1989, S. 17) hat dafür einleuchtende und prägnante Formulierungen gefunden: »Seelische Pathologie ist eine nach persönlichen und sozialen Normen nicht befriedigende, nach Maßstäben des seelischen Haushalts aber annehmbare Lösung. ... Seelische Pathologie ist zugleich eine besondere Art, Beziehungen auf der Ebene sozialer und interpersonaler Interaktionen zu organisieren«.

Welche Ziele sind nun unter den gegebenen inneren und äußeren Bedingungen (Patient, Therapeut, Klinik/Kostenträger) erreichbar? Es wäre wohl eine Illusion, zu glauben, wir könnten sozusagen drei Herren gleichzeitig dienen und Therapievereinbarungen finden, die alle gleichermaßen zufriedenstellen. Im Mittelpunkt therapeutischer Überlegungen sollte immer der Patient stehen. In seinem Sinne wäre als erstes die Frage zu stellen, welches Angebot dieser Patient in dieser, seiner körperlichen, seelischen und sozialen Gesamtsituation zu dieser Zeit benötigt (adaptive Indikation nach ZIELKE 1979; HEIGL-EVERS, HEIGL, OTT 1993, S. 156), damit ein Prozeß zunächst in Gang gebracht und später aufrechterhalten werden kann. Für einige Patienten könnte dieser Prozeß der Klärung des Therapieziels dienen oder der Klärung der Frage, ob eine Therapie oder eine andere Maßnahme indiziert wird.

Ein weiteres frühes Teilziel könnte bereits psychoanalytisch-interaktionell definiert sein: Das Auslösen von Staunen oder Betroffenheit gegenüber Ich-syntonen habituellen Verhaltensweisen des Patienten, die seiner Wahrnehmung und damit auch einer kognitiven und affektiven Verarbeitung nicht zugänglich sind. Die informationsverarbeitenden Affekte wie Staunen, Betroffenheit, Stutzen, Überraschung sind nämlich geeignet, eine erste Distanzierung von Ich-syntoner Unhinterfragtheit auszulösen und darüber Veränderungsmotivationen wegen des Betroffenseins über eigene Verursachungs- und Schuldmechanismen einleiten statt der vagen Vorstellung von Schuld oder Defizienz anderer, des Verursacherprinzips im Außen also. Dies kann vielleicht sogar in die Formulierung eines begrenzten (interaktionell ausgerichteten, also beziehungsorientierten) Therapieziels münden.

Weitergehende Therapieziele könnten, darauf aufbauend, die *Organisation* oder *Restitution* der *Ich-Organisation* sein

– hinsichtlich der *Selbst- und Objektrepräsentanzen* die Entwicklung von der Teilobjekt- zur Ganzobjektbeziehung, von der dyadisch fixierten zur triadischen Objektbeziehung, die Entwicklung einer stabilen Trennung von Selbst und Objekt, eines Transfers von Regulierungsfunktionen der Teilobjektrepräsentanz auf das Selbst,

– hinsichtlich der *Ich-Funktionen* generell die Nachreifung struktureller Defizite, speziell eine Erhöhung der Toleranzen für Affekte und Frustrationen, die Förderung einer realistischeren Selbst- und Fremdwahrnehmung, von Antizipation und Empathie, um Konflikte besser in ihren Entstehenszusammenhängen erfassen, in den seelischen Binnenraum verlagern und Spaltungen im Außen zugunsten der Errichtung von Verdrängungsschranken im Inneren verändern zu können,

– hinsichtlich der *Über-Ich-Funktionen* die Anbahnung eines funktionsfähigen (postödipalen) Über-Ich mit depersonifizierten Werten und Normen, die ins Ich integriert werden können,

114

weil sie nicht mehr als Außenrepräsentanz mit fremden, verfolgenden, sadistischen, korrumpierbaren Regulativen erlebt werden.

Als besonders wichtiges Ziel erscheint mir die Klärung der Frage, wovon der Patient eigentlich, primär abhängig ist, die Klärung der Frage also, welches personale Objekt durch das apersonale Suchtmittel substituiert wird, und zwar sowohl auf triebdynamischem Hintergrund wie auch auf der Basis der narzißtischen Selbstwertregulierung und der vorliegenden ich-psychologischen Anpassungs- und Abwehrleistungen beziehungsweise deren Ausfällen. Zu den notwendigen Bedingungen des Sich-Annäherns an dieses Ziel gehört der Umgang mit dem *Rückfall*, seine therapeutische Begleitung statt die schnelle Ausgrenzung der Rückfälligen. Gerade über die Bearbeitung des Rückfalls erfolgt ein intensives Kennenlernen und späteres Antizipierenlernen rückfallgefährdender Situationen, zu denen der Patient sonst keinen so unmittelbaren Zugang findet (SCHULTZE-DIERBACH 1991). Vor allem über diesen Weg können Rückfallsituationen mit Signalangst besetzt werden, kann der Patient eine Vorstellung davon entwickeln, unter welchen Bedingungen er abstinent leben kann. Dieses Ziel, die Aufmerksamkeit von Patienten auf Situationen zu richten, in denen sie symptomfrei leben und sich besser fühlen können, ist besonders von FÜRSTENAU (1992, S. 86-87) als Förderung von Progression beschrieben worden.

Ein weiteres, nicht immer beachtetes Ziel, sollte nach meinem Dafürhalten die gemeinsame Auseinandersetzung mit dem Patienten darüber sein, wieviel an *Autonomie* bei ihm wünschenswert und erreichbar ist oder anders gewendet: wieviel Abhängigkeit er braucht. Das bedeutet für den Therapeuten die Klärung der Frage, wie er seinen *eigenen* Autonomie-Abhängigkeits-Konflikt verarbeitet hat.

Ich möchte mich diesem Ziel etwas ausführlicher widmen, weil wir Therapeuten oft eine Autonomie-Ideologie vertreten, die an der Wirklichkeit unserer Patienten vorbeigeht und die dazu angetan sein kann, sie in Einsamkeit scheitern zu lassen. Abhängigkeit hat in unserer Gesellschaft, in der sich jeder selbst der nächste ist, in der wir alle mehr oder weniger beziehungsabstinent als beziehungsorientiert leben, einen schlechten Klang und eine kümmerliche moralische Konnotation. Dabei sind wir alle Sozialwesen, alle auf Objekte angewiesen und ohne sie wären wir dem psychischen, körperlichen und sozialen Verfall preisgegeben. Schließlich sind nach der Therapie viele Ehen daran gescheitert, daß Partner sich eine mit mehr Unabhängigkeit verbundene Paarbeziehung nicht vorstellen konnten. Wir sollten uns fragen, vor allem dann, wenn wir selbst noch diesem Konflikt verhaftet sind, *ob wir unsere abhängig-süchtigen Patienten nicht deswegen brauchen, weil sie unsere süchtige Latenz ausleben*, weil sie unseren abgewehrten Wunsch nach Nähe, Fusion und Ekstase, unsere Angst vor damit verbundener Selbstauflösung und vor Autonomieverlust ausleben, um sie dann in ihm stellvertretend zu behandeln oder zu bekämpfen.

Davon abzugrenzen wären Ziele, die auf *psychoanalytisch orientiertem sozialtherapeutischen Verständnis* beruhen. Auf diesem Hintergrund wird bei einem Teil der Patienten das Ziel therapeutischer Bemühungen über das Angebot einer zugewandten, nicht verachtenden Haltung und sich über einen längeren Prozeß erstreckende Klärung der Frage sein, ob der Patient sich auf eine Therapie überhaupt einlassen und einen Behandlungsauftrag formulieren will.

Ein vom psychoanalytisch orientiert arbeitenden Therapeuten anzustrebendes Ziel wäre es ferner, über eine differenzierte Diagnostik eine angemessene Indikationsstellung zu erarbeiten und passende Behandlungsangebote zu machen, so unter anderem im Rahmen der Diagnostik zu klären, ob nicht die Unterbringung des Patienten in einer rehabilitativen Einrichtung sinnvoller wäre als ein ergebnisloser Therapieversuch. Es muß ihm auch erlaubt sein, das regelhaft nicht einlösbare Ziel einer »lebenslangen zufriedenen Abstinenz« wenigstens bei einigen Patienten aufgeben zu dürfen, bei anderen zu relativieren. Da bei chronischen Erkrankungen Rückfälle eher die Regel als die Ausnahme sind, wird bei pauschaler Handhabung dieser Vorgabe den Patienten und dem Therapeuten etwas nicht zu Leistendes abverlangt. Sinnvoll ist es auch, *statt eines großen Gesamtziels verschiedene Teilziele* zu erarbeiten, deren Erreichen den Patienten zum Weitermachen motiviert.

*Sozialtherapeutische Ziele* haben schwerpunktmäßig die *Veränderung pathogener Außenbedingungen* zum Inhalt. Sie betonen Veränderungen des sozialen Umfelds und nicht die Veränderung innerer Strukturen: zum Beispiel Schaffen eines angemessenen Lebensrahmens, Verbesserung der psychosozialen Situation über direktes Eingreifen in das Leben des Patienten wie Bestellung einer Pflegschaft, Klärung der finanziellen Situation einschließlich Schuldenregulierung, Hilfe bei der Wohnungs- oder Unterbringungssuche. Adressaten ihrer Bemühungen sind die am schwersten gestörten unserer Patienten. Rehabilitation heißt bei ihnen schwerpunktmäßig *soziale Rehabilitation*. Rehabilitation auf einer höheren Ebene wäre dann in enger Kooperation mit Ärzten der Versuch einer beruflichen Wiedereingliederung einschließlich der Vermittlung der dazu erforderlichen sozialen Kompetenzen.

Schließlich sind *medizinische Ziele* zu erwähnen, die unstreitig von großer Bedeutung sind wie die Besserung von körperlichen Begleit- und Folgekrankheiten, die Erweiterung der kognitiven Möglichkeiten in bezug auf die Entstehensbedingungen der Suchtkrankheit sowie das Anerkenntnis der Notwendigkeit lebenslanger Abstinenz, darüber hinaus die Besserung von neurologischen Ausfällen und Hirnleistungsstörungen mit dem großen Gesamtziel der Wiederherstellung der Erwerbsfähigkeit.

Als letztes wären Therapieziele zu erwähnen, die auf dem Boden des *Selbsthilfegedankens* angesiedelt sind. Sie werden als Schwerpunkt den *Umgang mit statt die Heilung von Krankheit* haben und dem Patienten Hinweise darüber geben, wie er sich mit seiner chronischen Krankheit im Leben einrichten kann. Der Patient soll lernen, wie er sich innerhalb der eigenen Grenzen (u.a. Umgang mit Suchtmitteln, nicht ausschließlich Abstinenz von Suchtmitteln, Umgang mit Diäten bzw. Korrektur von Diätsünden, Gebot engen Kontaktes zu Mitgliedern von Selbsthilfegruppen, von denen er abhängig sein darf, u.a.m.) halbwegs wohlfühlen kann und sich nicht weiter schaden muß.

## Literatur

BISCHOFF, C. (1979): Attributionstheoretische Untersuchung zur psychoanalytischen Urteilsbildung. Diss. Ulm.

BOOTHE-WEIDENHAMMER, B. (1989): Zur psychoanalytischen Konfliktdiagnostik. Entwicklung eines hermeneutischen Verfahrens zur diagnostischen Auswertung von Erstinterview- und Therapie-Kontrollen. Bern, Europäische Hochschulschriften, Reihe 6, Psychologie, Band 282.

ENKE, H. (1980): Gedanken zur Kompetenz in der Sozialtherapie. Reihe: Sozialtherapie in der Praxis, S. 51–58. Nicol, Kassel.

DIECKMANN, A.; OTTO-WULFF, H. (1993): Ausgrenzung oder Rehabilitation »prognostisch ungünstiger« Suchtkranker. In: HEIGL-EVERS, A.; HELAS, I.; VOLLMER, H.C. (Hg.), Eingrenzung und Ausgrenzung. Zur Indikation und Kontraindikation für Suchttherapien. Vandenhoeck u. Ruprecht, Göttingen.

FÜRSTENAU, P. (1992): Entwicklungsförderung durch Therapie. Grundlagen zu analytisch-systemischer Psychotherapie. Pfeiffer, München.

HEIGL-EVERS, A.; HEIGL, F. (1983): Das interaktionelle Prinzip in der Einzel- und Gruppenpsychotherapie. Zeitschrift für psychosomatische Medizin 29: 1–14.

HEIGL-EVERS, A.; HEIGL, F. (1985): Psychoanalytisch-interaktionelle Psychotherapie. Psychother. Med. Psychol. 35: 176–182.

HEIGL-EVERS, A.; HEIGL, F. (1987): Die psychoanalytisch-interaktionelle Therapie. Eine Methode zur Behandlung präödipaler Störungen. In: RUDOLF, G.; RÜGER, U.; STUTT, H. (Hg.), Psychoanalyse der Gegenwart. Vandenhoeck u. Ruprecht, Göttingen.

HEIGL-EVERS, A.; SEIDLER, G.H. (1993): Die Alterität des Suchtkranken. In: HEIGL-EVERS, A.; HELAS, I.; VOLLMER, H.C. (Hg.), Eingrenzung und Ausgrenzung. Zur Indikation und Kontraindikation für Suchttherapien. Vandenhoeck u. Ruprecht, Göttingen.

HEIGL-EVERS, A.; HEIGL, F.; OTT, J. (Hg. 1993): Lehrbuch der Psychotherapie. Fischer, Stuttgart und Jena.

KÖNIG, K. (1994): Indikation. Entscheidungen vor und während einer psychoanalytischen Therapie. Vandenhoeck u. Ruprecht, Göttingen.

KRYSTAL, H.; RASKIN, H.A. (1983): Drogensucht. Aspekte der Ich-Funktion. Vandenhoeck u. Ruprecht, Göttingen.

SCHULTZE-DIERBACH, ELKE (1991): Der psychoanalytisch-therapeutische Umgang mit der Realität Klinik. In: HEIGL-EVERS, A.; HELAS, I.; VOLLMER, H.C. (Hg.), Suchttherapie psychoanalytisch-verhaltenstherapeutisch, S. 108-127. Vandenhoeck u. Ruprecht, Göttingen.

WIENBERG, G. (Hg. 1992): Die vergessene Mehrheit. Psychiatrie Verlag Bonn.

WINNICOTT, D.W. (1960): Die Theorie von der Beziehung zwischen Mutter und Kind. In: WINNICOTT, D. W., Reifungsprozeß und fördernde Umwelt. Kindler, München.

ZIELKE, M. (1979): Indikation zur Gesprächspsychotherapie. Kohlhammer, Stuttgart.

# Ralf Schneider

## Realistische Therapieziele: Eine Fiktion?

### *Verhaltenstherapeutische Sicht*

Wenn jemand sagt »Sieh das doch mal realistisch«, dann meint er meistens: »Sieh es, wie ich es sehe!« In einem freundschaftlichen Kontext, in dem man die Absicht spürt, wohlwollend aus einer Sackgasse der Irrationalität, aus Befangenheit oder aus einer eingeschränkten Sichtweise befreit zu werden, mögen die darauf folgenden Erläuterungen, Ratschläge und Mahnungen vielleicht etwas Positives bewirken.

In anderen Kontexten wird der Appell an mehr Realismus jedoch schnell in einen edlen Wettstreit der Rechthaberei oder um die Machtposition des Realistischeren und in Defensivstrategien münden, die dann vielleicht so klingen: »Du hast ja keine Ahnung ...; wenn Du wüßtest ...; leider kann ich Dir nicht alles sagen, was Du brauchst, um mich zu verstehen ...; wenn Du an meiner Stelle wärst ...«.

»Nicht realistisch sein« wird oft gleich gesetzt mit »verträumt, dumm und beschränkt sein«, und wer möchte als Erwachsener in unserer Kultur schon gerne als naiv-verträumter Idealist gelten, wenn doch die anerkannten Leitfiguren ganz andere Züge tragen? Wenn man also trefflich darum streiten kann, was Realismus ist, wer legt dann letzten Endes fest, was nach allgemeiner Übereinkunft realistisch genannt wird? Und an welchen Kriterien orientieren sich die Realismus definierenden Instanzen? Wenn solche Probleme bezüglich des Realismus schon bei relativ gut objektivierbaren Sachverhalten auftreten, um wieviel größer werden sie dann bei etwas so wenig Wägbarem wie in der Zukunft liegenden Zielen sein!

In jüngster Zeit wurde zum Beispiel wiederholt behauptet, daß die Abstinenz in der Suchtkrankenbehandlung für die Mehrzahl der Patienten kein realistisches Therapieziel sei, weil mehr als die Hälfte aller Patienten mit Hilfe einer Therapie die Abstinenz nicht dauerhaft beibehält. Gäbe es im Einzelfall sichere Prognosekriterien, könnte man diese Aussage so stehen lassen. Aber es gibt sie eben leider noch immer nicht. Deshalb ist die statistische Aussage für die Praxis und ihre Zielbestimmungsprozesse irrelevant. Wenn man Realismus nämlich in allen Lebensbereichen so definieren würde, dann könnte man Abschied nehmen von Zielen wie »Eine gesunde Natur fördern und erhalten«, »Frieden« oder »Gerechtigkeit«, denn die Mehrheit der Menschheit lebt unter anderen Bedingungen.

Mit solchen Grundsatzdiskussionen will ich mich hier aber nicht weiter befrachten. Ich werde einfach *zwischen einem Realismus erster und zweiter Ordnung unterscheiden.* Bezogen auf Therapieziele ist mit Realismus erster Ordnung gemeint, daß etwas prinzipiell erreichbar ist, und mit Realismus zweiter Ordnung, inwieweit es gerade jetzt dieser Person in ihrem gegenwärtigen Zustand und unter den gegebenen Bedingungen möglich ist. Diese letztere Form von Realismus soll uns beschäftigen, nicht die abstrakte Diskussion um die Erreichbarkeit von Abstinenz.

Anstelle von Überschriften werden jedem Abschnitt Thesen vorangestellt.

*1. Der Konsum von Drogen ist weniger ein Ziel als vielmehr ein Mittel, das auf die Beeinflussung der eigenen Befindlichkeit gerichtet ist. Eine sorgfältige funktionale Analyse der Befindlichkeits-Manipulations-Möglichkeiten hilft, die Therapieziele realistischer werden zu lassen.*

In der lerntheoretischen Sicht ist der Konsum von Drogen, mithin auch das Trinken von alkoholischen Getränken, eine funktional sinnvolle Verhaltensweise, die langfristig dann einen *destruktiven Charakter* annimmt, wenn sie a) exzessiv ist oder b) in unangemessenen Situationen ausgeführt wird oder c) eine funktional beherrschende Stellung in der Befindlichkeitsbeeinflussung und Streßbewältigung einnimmt.

Im Zustand der Teufelskreise bildenden Abhängigkeit wird das Verhalten »Drogenkonsum«, das vielleicht ursprünglich primär auf soziale Verstärkung ausgerichtet war, zunehmend *funktional autonom*, erhält sich also ohne zusätzliche Verstärkung selbst aufrecht. Als zeitlich verzögerte Folgen der Befindlichkeitsmanipulation treten beispielsweise Befindlichkeitsstörungen auf, die vom Betreffenden anfangs als solche gar nicht wahrgenommen

werden, weil sie recht unauffällig sind und leicht anders attri-
butiert werden können. Am Ende der Entwicklung wird das Dro-
genverhalten auch dann noch beibehalten, wenn es nicht mehr
realistisch ist zu hoffen, daß man damit die ursprünglich erreichte
Wirkung erzielt.

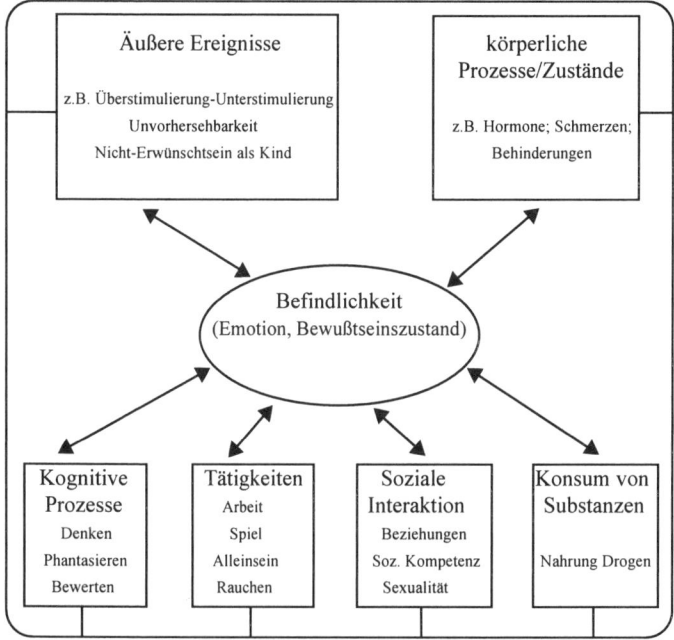

Abb. 1: Befindlichkeitsmanipulation als zentrales funktionales Element

Wenn schließlich Störungen durch psychotrope Substanzen eintreten, kann eine Lösung durch Veränderungen auf allen in Abbildung 1 schematisch dargestellten Ebenen der *Befindlichkeitsre-*
*gulation* versucht werden. Je unmittelbarer, verläßlich-gleichblei-
bender, stärker und sicherer die Wirkung der Droge auf die
Befindlichkeit ist und je weniger negative Folgen davon erwartet
werden, desto ausschließlicher wird allerdings von der Möglichkeit »Drogenkonsum« Gebrauch gemacht. Lösungen auf anderen
Ebenen werden dadurch mangelhaft entwickelt oder bereits ent-
wickelte verkümmern. Sind sie nur vernachlässigt worden, stellen

121

sie wertvolle Änderungsressourcen dar. Deshalb sollten frühere Stärken und Fähigkeiten der Person in Anamnese und Zielplanung besonders gewürdigt werden. Bemerkungen des Patienten wie »Ich möchte werden, wie ich früher einmal war« können ein guter Einstieg in das Wiederbeleben solcher Ressourcen sein.

Die eigene Befindlichkeit günstig zu beeinflussen ist ein Grundbedürfnis aller *Lebewesen*. Auf eine zumindest kurzfristig sehr wirkungsvolle Art der Befindlichkeitsbeeinflussung zu verzichten, ist eine täglich neu und wieder zu treffende Entscheidung des jeweiligen Menschen, sofern der Zugang zu dieser Verhaltensmöglichkeit nicht durch eine Art »Gehirnwäsche« oder »Umprogrammierung« ein für allemal verbaut wird. Aber selbst wenn derartige Konditionierungen langfristig möglich und praktikabel wären, wird die Freiheit des Individuums von uns als Wert so hoch gewichtet, daß grundsätzlich der *Selbststeuerung* und *Selbstkontrolle* der Vorrang eingeräumt würde. Suchttherapie besteht deshalb im Kern weniger in der Behandlung einer Krankheit als in einer Hinführung zu Entscheidungen bezüglich der individuellen Lebensführung, in der Begleitung und Unterstützung bei der Realisierung dieses Lebensstils und in der Anleitung und Einübung von dafür notwendigen oder hilfreichen Kompetenzen.

Die Ziele betreffen im Prinzip bei allen Patienten
– die Notwendigkeit und den Sinn der Entscheidung zum Verzicht auf bestimmte Möglichkeiten der Befindlichkeitsänderung,
– die Reihenfolge der Schritte und die Art ihrer Ausführungen auf dem Anfangsweg in diesem geänderten Lebensstil,
– die dafür notwendigen oder unterstützenden Änderungen im Erleben und Verhalten.

Eine sorgfältige Analyse der Funktionen des Trinkens in der Anfangs- und Mißbrauchsphase unter Beachtung aller Umgebungsbedingungen ist dafür unbedingt notwendig. Gerade zu diesem Zweck ist eine hohe Frequenz von Einzeltherapiesitzungen wichtig.

Verhaltenstherapeuten nutzen alle Ebenen der Befindlichkeitsbeeinflussung, um solche Änderungen herbeizuführen und zu stabilisieren. Keine ist a priori »wertvoller« oder gar »allein seeligmachend«.

*2. Der Nicht-Konsum – die Abstinenz – ist ebenfalls weniger ein Ziel als ein Mittel, mit dem man etwas erreichen möchte. Den Problemen mit einer ausgewogenen Lebensstil-Gestaltung während der Abstinenz sollte prospektiv und begleitend viel Aufmerksamkeit gewidmet werden, damit die Therapieziele darauf abgestimmt sind.*

»Wenn das Trinken Probleme macht, dann ist Trinken das Problem« heißt ein geflügeltes Wort in der Alkoholismusbehandlung. Der Drogenkonsum ist damit als Zielverhalten (target behaviour) gekennzeichnet, dem im Therapieprozeß die primäre Aufmerksamkeit gebührt. Die möglichst weitgehende Befreiung von Störungen durch psychotrope Substanzen ist in der Regel das erste Ziel der Behandlung.

Aber ebenso wie das Trinkverhalten ist auch die Abstinenz als anerkannteste, sicherste Möglichkeit zur Befreiung von derartigen Störungen funktional: Was habe ich davon? In welcher Hinsicht wird es mir besser gehen? Was muß ich auf mich nehmen, was ertragen? Kann ich es schaffen? Was ist zu befürchten, wenn die Abstinenz nicht gleich gelingt? Die Diskussion derartiger Fragen nimmt in einer sich als *Rückfallprävention* verstehenden Therapie viel Aufmerksamkeit in Anspruch. Die inneren Antworten des Patienten darauf sind wesentlich für die Änderungsmotivation und die Stabilisierung der Veränderung.

Das, was durch die Abstinenz erreicht werden soll, ist in höchstem Maße von den Eigenschaften der einzelnen Person abhängig. Eine histrionische Person mag durch den Drogenkonsum beispielsweise Langeweile, Angst vor Festgefahrenheit und Versorgungsansprüche von Kindern gemildert haben, eine schizoide Person hingegen interaktionelle Verunsicherung oder emotionale Nähe. Auf einer höheren Ebene lassen sich aber bei aller Verschiedenheit durchaus Gemeinsamkeiten finden. Wenn man zum Beispiel in der vertikalen Verhaltensanalyse von einzelnen Verhaltensweisen auf die sie steuernden kognitiven Schemata oder sogenannte »Pläne« (vgl. GRAWE 1980) schließt, kommt man letzten Endes auf so allgemeine Pläne, die nicht weiter hinterfragbar sind. In der griffigen Formulierung der Logotherapeutin ELISABETH LUKAS heißen sie:
– Mir geht es gut.
– Ich kann etwas gut.
– Ich bin für etwas gut.

Mit diesen Formulierungen sind die Lebenszielbereiche des *Hedonismus* und der Lust, der *Kompetenz* und des Kontrollbedürfnisses – auch der eigenen Befindlichkeit – und schließlich des *Wertseins* und der *Sinnfindung* angesprochen: Kann der Patient diese Bedürfnisse im Alltag befriedigen? Wie macht er das, wie hindert er sich daran? Wie reguliert er Nähe und Distanz? Wie könnte er seinem Leben mehr Sinn geben, wie Ressourcen erschließen? Welche Vernachlässigung von Bedürfnissen oder welche Schwierigkeiten bei ihrer Umsetzung in konkrete Lebenspraxis könnten den Drogenkonsum wieder attraktiv machen oder Hochrisiko-Situationen entstehen lassen? Der Drogenkonsum ist in aller Regel ursprünglich auf eines der Oberziele oder sogar auf die Befriedigung aller drei gerichtet.

Manche der therapeutischen Anfangsprobleme können als Umkehrung der ursprünglich angestrebten Ziele verstanden werden: Es ist die passive Erwartungshaltung, die Demoralisierung und die Scham, oft gekoppelt mit innerer Vereinsamung. Die Abstinenz sollte folglich gekoppelt sein mit aktiver Befindlichkeitsbeeinflussung zum Positiven, mit Zuversicht und Überzeugung, wesentliche Dinge im eigenen Leben selbst bewirken zu können, und mit dem Gefühl des Wertes der eigenen Existenz.

Ohne ein Minimum an Erfolg bei der Realisierung dieser Lebensziele werden alle sonstigen konkreten Therapieziele nur von vorübergehender Relevanz und »hohl« sein. In bezug auf unser Thema des *Realismus* von Therapiezielen ist diese Feststellung nicht ohne Bedeutung. Wenn nämlich auch nach der Änderung des problematischen Konsummusters die beschriebenen Oberpläne und -ziele weiterhin schwer oder gar nicht erreichbar sind, dann wird die Therapie sehr komplex werden. In der Regel muß dann auch mit längeren Therapiezeiten gerechnet werden, wie zum Beispiel bei Patienten mit lebensgeschichtlich frühem Mißbrauchsbeginn. Bei allen derartigen Patienten wird man eine große Anzahl von sehr praktischen und lebensnahen alltäglichen Zielen finden müssen, die vom Patienten in einen sinnvollen Zusammenhang mit seinen höheren Zielen zu bringen sind. Man nennt dies oft »Nachreifung«.

Je stärker die Oberpläne erst durch den Drogenkonsum und nur durch ihn behindert wurden, desto symptomorientierter und in der Regel wohl auch prognostisch günstiger kann die Therapie sein. Dies ist zum Beispiel bei sozial gut eingefügten Personen der Fall, die wesentliche soziale Kompetenzen, wie eine angemessene Ärgerkontrolle, und keine Persönlichkeitsstörungen aufweisen.

Um all dies abschätzen zu können und um die Grundbefindlichkeit wieder herzustellen, ist die vorübergehende Ausblendung möglichst vieler Drogen in der Therapie sinnvoll. Diese Art der Abstinenz ist aber kein Ziel an sich, sondern ein Mittel zum Zweck, das zu diesem Zeitpunkt oft sogar eher im Interesse des Therapeuten als in dem des Patienten liegt. Für den Patienten ist die Abstinenz immer ebenso ein Mittel zum Zweck, wie es der Drogenkonsum vorher war. Wenn dieser Zweck subjektiv nicht erreicht werden kann oder zu unattraktiv ist, dann wird der Betreffende wenig tun, um sich alle Arten von Mitteln – zu denen auch Therapien gehören – verfügbar zu machen. Es scheint deshalb sinnvoll zu sein, Änderungen im Drogenkonsum, wie zum Beispiel die Abstinenz, *mehr als Problemlösungsmittel denn als Ziel* zu sehen. Der Verhaltenstherapeut wird also früh nach Zielzuständen suchen, die attraktiv und nur bei Änderung des Drogenkonsums erreichbar sind. Er wird Fragen stellen wie: »Kennen Sie jemand, der Ihnen irgendwie ähnlich ist und der ein drogenfreies Leben führt, das Sie akzeptabel finden? Wie sieht ein solches Leben aus? Wie nennen Sie das, was der hat, daß er Ihre Probleme gemeistert hat?« Hierher gehören auch schon Fragen, wie das Leben aussehen würde, wenn das Symptom über Nacht verschwände oder wie das Leben beschaffen sein müsse, damit das Problem keinesfalls mehr vorkommen könne (vgl. dazu KANFER, REINECKER u. SCHMELZER 1991 oder LAZARUS 1978). Solche Fragen erleichtern es dem Therapeuten, die genannten allgemeineren Lebensziele mit konkreteren therapeutischen Änderungszielen zu verknüpfen.

Das Vorliegen schwerer gesundheitlicher und sozialer Schäden oder eine deutliche funktionale Autonomie, die bei manchen Drogen möglicherweise mit bleibenden biologischen Änderungen im Belohnungszentrum des mesolimbischen Systems verbunden ist, sind eine wesentliche Vorbedingung dafür, daß als Problemlösung ein zumindest vorübergehend drogenfreies Leben vom Berater klar und forciert thematisiert wird. Ein Patient kommt ja zu einem Berater auch als zu einem Experten, von dem er erwarten kann, daß dieser sich mit einer klaren Meinung äußert, wo dies notwendig ist.

Grundsätzlich gilt aber Zurückhaltung beim »Verordnen« von Änderungsmitteln, also auch der Abstinenz.

*3. Ziele sind Sollzustände und damit stets Fiktion. Wünschen kann
man sich auch Unmögliches, aber Ziele in der Therapie beziehen
sich immer auf das Mögliche. Sie sind mithin realisierbare Vorsätze und nicht einfach Wünsche. Realistischer werden Therapieziele, wenn sie durch Mitpatienten, Kollegen, Vorgesetzte oder
Supervisoren konkret auf Akzeptabilität und Realisierbarkeit geprüft werden.*

Die Therapie von Störungen durch psychotrope Substanzen besteht zu großen Teilen in Maßnahmen zur sozialen Reintegration
und Stabilisierung sowie zur gesundheitlichen und konditionellen
Besserung. Nur der Einfachheit halber sprechen wir in diesem
Kapitel ausschließlich von Psychotherapiezielen.

Unter »Psychotherapiezielen« versteht man die durch das psychotherapeutische Handeln angestrebten *Sollzustände* bei Patienten. Diese Sollzustände können Verhaltensdispositionen affekti-
ver, kognitiver, psychomotorischer oder auch physiologischer
(psychosomatischer) Art betreffen. Als Sollzustände sind Ziele
per definitionem nicht real. Trotzdem spricht man oft von »realistischen« Zielen. Damit ist gemeint, inwieweit sie *realisierbar*
und inwieweit sie *akzeptabel* sind.

Akzeptabel sind sie dann, wenn sie die Autonomie der Patienten möglichst wenig beeinträchtigen, wenn die Nebenwirkungen bei Erreichen der Ziele nicht negativ sind – sowohl für den
Patienten als auch für andere! –, wenn die Teilziele tatsächlich
zum Endziel führen und wenn eine hinreichende Bestätigung des
Zusammenhanges zwischen Maßnahmen und Zielführung vorliegt. Die Bestätigung sollte möglichst empirischer Natur sein.

Diese Abwägung auf Akzeptabilität kommt am Beginn der
Suchttherapie in der Motivations- und Entgiftungsphase oft zu
kurz, was auch in der Natur der Störung begründet ist. Nach der
verhaltenstherapeutischen Terminologie handelt es sich ja bei den
Störungen durch psychotrope Substanzen um pathologisches An-
näherungsverhalten, nicht um pathologisches Vermeidungsverhalten, wozu wir zum Beispiel Phobien, soziale Ängste und Zwän-
ge zählen. Pathologische Annäherungsverhaltensprobleme werden
im DSM-III-R »Störungen der Impulskontrolle« genannt. Alle
diese Störungen, wozu auch die Paraphilien (zum Beispiel Vo-
yeurismus und Exhibitionismus) zählen, weisen einige Gemeinsamkeiten auf. Die Problemstruktur läßt sich am ehesten beschrei-

ben als »Ich möchte gerne ..., aber ich darf nicht/sollte nicht« beziehungsweise auf einem anderen Bewertungsniveau »Ich will eigentlich nicht mehr .., aber tue es doch immer wieder, fühle mich dazu getrieben«. Bei allen derartigen Problemen spielt also eine starke Ambivalenz zwischen dem kurzfristig positiv erlebten, üblicherweise willensgesteuerten Verhalten und den langfristig negativen Folgen und Bewertungen eine wesentliche Rolle. Zwar bilden der Nichtseßhaften-Alkoholismus und der persönlich normkonforme Konsum illegaler Drogen eine gewisse Ausnahme, aber in der Mehrzahl der Fälle führt die *negative Fremd- und Selbstbewertung* bei allen diesen Störungsbildern zu *Scham- und Schuldgefühlen,* bei wiederholten Fehlschlägen der Selbstkontrolle auch oft zu einem *Absinken des Selbstwertgefühles* und zu einem tiefgreifenden Zweifel an sich selbst und den eigenen Fähigkeiten.

Wenn das Problem nach langer Abwehr öffentlich wird und eine Änderung – oft unter Aufsicht – versucht wird, erscheint der »gute Wille« des Patienten bisweilen geradezu übertrieben. Jegliche Ambivalenz zwischen Trinkimpulsen und Nichttrinkenwollen wird unterdrückt. Aus kognitiv-lerntheoretischer Sicht könnten die intrapsychischen Gründe dafür unter anderem in der Vermeidung von Angst vor dem »Schwachwerden« oder in der Beseitigung von Schuldgefühlen liegen, die bereits beim kleinsten aufkommenden Wunsch nach der Droge ausgelöst werden. Interaktionell werden durch den guten Willen äußere Änderungsinteressen (Therapeut, Partner) außerdem beschwichtigt. Therapeutisch am problematischsten ist es, daß diese Haltung oft eine intensivere Diagnostik mit Ausweitung der Problemsicht über das symptomatische Drogenproblem hinaus verhindert. Bestenfalls hört man dann:»Alles, was ich brauche, ist eine vernünftige Wohnung und eine gute Arbeitsstelle!« Solche Aussagen sind dazu angetan, beim Therapeuten eine emotionale Reaktion zu provozieren.

Manchmal werden dann zusätzliche Ziele über den Kopf des Patienten hinweg aufgestellt, ohne daß sie kooperativ auf Akzeptabilität geprüft worden wären. Das kann sich besonders insofern fatal auswirken, als der Patient sie zwar ohne Widerspruch hinnimmt, aber die Therapie *insgesamt* dadurch zu einer Art »*verschriebener* Medizin« verkommt, die am Ende trotz braver Einnahme leider nicht so recht gewirkt hat.

Das stationäre therapeutische Setting als Möglichkeit zur »Vermittlung von Erfahrungsfeldern« über die verbale Therapie hinaus ist oft eine wertvolle Hilfe für die Prüfung der Ziele auf Akzeptabilität und Realisierbarkeit. Und auch die Gruppe hat als vielfältiges Informations- und Meinungsangebot unterstützend wie konfrontierend dafür eine überragende Bedeutung. Die Abwehrhaltung, wie sie in der obigen Aussage zum Ausdruck kommt, wird im stationären Gruppentherapie-Setting, wenn es nicht zu konfrontativ angelegt ist, viel leichter relativiert und überwunden als in der ambulanten Einzeltherapie.

Aus solchen Erlebnissen in der Gruppe und sonstigen Erfahrungsfeldern heraus werden manche Ziele oft erst im Verlauf der Therapie prägnant herausgearbeitet. Man darf nicht erwarten, daß die Ziele bereits nach einer anfänglichen Diagnose klar herausgemeißelt und beständig wie Granit wären. Im Gegenteil ist die Zielbestimmung wie auch die Diagnosestellung ein sogenannter iterativer, dynamischer Prozeß: Während es in einem ersten Schritt reichen mag, daß überhaupt eine Änderungsabsicht geäußert wird, wird sich das Ziel immer weiter konkretisieren und differenzieren, wobei motivationale Einflüsse aus der Umgebung dem ganzen noch eine zusätzliche Dynamik verleihen.

Die Suchtkrankenhilfe hat es nun aber nicht nur mit Personen zu tun, deren Selbststeuerungsfähigkeiten gut entwickelt sind. Bei Langzeitabhängigen, die vom üblichen Versorgungssystem der Fachambulanzen und -kliniken kaum erreicht werden, stehen ganz andere Ziele im Vordergrund als Abstinenz oder Erwerbsfähigkeit. Hier müssen meist erst die Grundbedürfnisse und das schlichte Überleben gesichert sein, ehe man überhaupt an akzeptable Änderungen der Person an sich selbst denken kann. SCHWOON und KRAUSZ (1990) haben diesen Sachverhalt als Zielhierarchie dargestellt, die in der von KÖRKEL und KRUSE (1993) überarbeiteten Form in Abbildung 2 wiedergegeben wird.

So selbstverständlich diese Hierarchie auch scheinen mag, so wenig ist sie es im Praxis-Alltag bei der Bewertung von Therapieerfolgen, in der meistens doch nur die Abstinenz als Erfolg gezählt wird. Jede Zielebene hat ihre eigene Bedeutung und ihren eigenen Wert. Dies wird bei der Erläuterung des rekursiven Therapieprozeßmodells von PROCHASKA und DI CLEMENTE im weiteren noch deutlicher werden.

Wir haben gesagt, daß Therapieziele dann akzeptabel sind,

128

wenn die Teilziele tatsächlich zum Endziel führen. Dies ist unter Vorbehalten zu verstehen. Therapeutische Entscheidungen fallen fast immer unter der Bedingung großer Unsicherheit, denn therapeutische Probleme sind keine Denksportaufgaben, bei denen es einen eindeutigen Ausgangs- und Zielzustand sowie klar definierte Wege zwischen diesen beiden Zuständen gibt. Das Gegenteil ist der Fall. In der Praxis sind für solche Problemkonstellationen am ehesten Modelle hilfreich, die von heuristischem Wert sind, ohne gleichbleibende algorithmische Lösungsschritte vorzuschreiben. Ein solches metatheoretisches Modell haben PROCHASKA und DI CLEMENTE (1981) vorgelegt. Es ist so allgemein gehalten, daß es viele Ansätze einbeziehen kann, ohne aber auf eine hilfreiche Systematisierung verzichten zu müssen. Es handelt sich um ein allgemeines Änderungsmodell, das jedem Therapieprozeßmodell logisch übergeordnet ist.

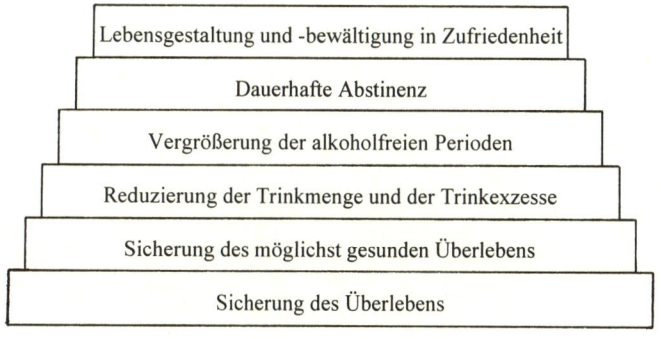

Abb. 2: Hierarchie von Globalzielen in der Suchtbehandlung

Wesentlich für unser Thema ist, daß sich in empirischen Untersuchungen vier gut voneinander unterscheidbare Phasen gefunden haben, denen jeweils verschiedene Ziele zugeordnet werden können. Im Änderungsprozeß sollte der Patient zuerst dazu gebracht werden, aus der aktiv Dissonanz vermeidenden Vornachdenklichkeits-Phase herauszukommen und *nachdenklich*, *selbstaufmerksam* und *interaktionell zugänglich* zu werden. Wenn im Überlegen über die eigene Person und Situation dann eine *Entscheidung zur Änderung* gefallen ist, wird der Therapeut als nächstes Ziel das Finden einer angemessenen, *akzeptablen Problemlösung* sowie deren *Ausführung* anstreben. Das dritte größere Prozeßziel besteht in der Planung und Ausgestaltung der *Bedingungen*, die eine Beibehaltung der Änderung als *dauerhaften Lebensstil* ermöglichen. Das vierte Ziel schließlich ist die *Rückfallprophylaxe*, die Analyse, Konfrontation und Bewältigung von problematischen Situationen sowie das Vorgehen bei und nach eingetretenen Rückfällen umfaßt.

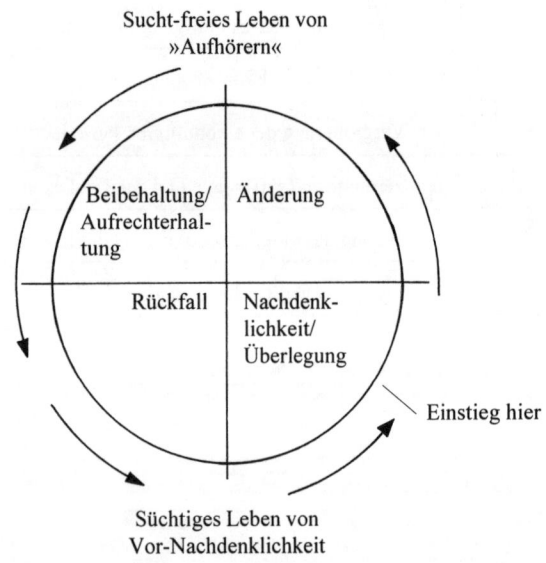

Abb. 3: Das Drehtür-Modell der Änderungsphase von
PROCHASKA und DI CLEMENTE

Die aus dem Modell von PROCHASKA und DI CLEMENTE ableitbaren Ziele beziehen sich nicht nur auf den Verlauf der Therapie, sondern auch auf verschiedene Problemebenen. PROCHASKA und DI CLEMENTE empfehlen zum Beispiel, daß man fünf Problemebenen – und damit auch Ziele in diesen Bereichen – voneinander trennen sollte und in der Regel in dieser Reihenfolge bearbeitet:

1. Symptombezogene/situationsspezifische Ziele
2. Kognitions-/Einstellungsbezogene Ziele
3. Aktuelle soziale/zwischenmenschliche Konflikte
4. Familien-/Systemkonflikte
5. Intrapersonelle Konflikte

Der Therapieplan kann es zwar erforderlich machen, daß man von dieser Empfehlung abweicht oder sogar auf allen Problemebenen gleichzeitig vorgeht, aber in der Regel sollte man mit der symptomatischen Ebene beginnen.

Dieses Modell macht auch deutlich, daß ein großer Teil der Suchttherapie in einer Form von Begleitung des Patienten in seinem Änderungsprozeß besteht. In diesem Prozeß kann der Therapeut durchaus führende Funktion übernehmen, aber er kann ihn nicht beliebig beschleunigen. Eine deutliche Warnung sprechen die Autoren davor aus, in den frühen Phasen der Therapie (Vornachdenklichkeits- und Überlegungsphase) Änderungsmethoden zur Anwendung zu bringen, die in ihrer Lösungsorientierung bereits sehr spezifisch sind. Statt dessen sollte man hier vor allem bewußtseinschaffende Maßnahmen verwenden (Informationen, Konfrontation mit Tatsachen, Präsentation von Modellen usw.). Ebenso wird durch das Modell klar vor Augen geführt, wie unsinnig es wäre, Patienten mehrfach hintereinander mit einer im Ablauf und in den Phasen identischen Standardtherapie zu behandeln, da ihr Einstieg in die Therapie in ganz verschiedenen individuellen Phasen erfolgt, jedenfalls nur selten in der Vornachdenklichkeitsphase. Und mehrere Anläufe bis zur endgültigen Stabilisierung brauchen schließlich die meisten »Aufhörer«.

Neben der Beachtung dieser individuellen prozeßorientierten Ziele ist es natürlich auch von Bedeutung, welche Interessen die Institutionen und Personen aus der Umgebung des Patienten haben. Nur dann werden auch die Ziele des Patienten realistisch im Sinn von realisierbar. Zu diesen Interessen zählen die der Gesellschaft und der Politik, der Institutionen und Leistungsträger, des sozialen Umfeldes und Netzes (Familie, Betrieb usw.) sowie der Helfer (Arzt, Therapeut usw.). Auf weitere Ausführungen zu diesem Punkt kann hier verzichtet werden, da in dem Beitrag von SCHULTZE-DIERBACH in diesem Buch darauf ausführlich eingegangen wird.

*4. Ziele werden realistischer, wenn sie gewählt, geschätzt und in Handeln umgesetzt werden können.*

In Anlehnung an RATHS, HARMIN und SIMON (1976) werden Werte und Ziele um so wahrscheinlicher realisiert, wenn der Mensch folgendes tun kann:

*Wählen*
- frei
- zwischen verschiedenen Möglichkeiten
- nach sorgfältiger Überlegung der Konsequenzen jeder Alternative
- zwischen »wohlgestaltet« formulierten Zielen (keine Negation, kein Komparativ, sinnesspezifische innere Repräsentation)

*Hochschätzen*
- daran festhalten, glücklich sein mit der Wahl
- gewillt sein, das Gewählte öffentlich zu bestätigen

*Danach Handeln*
- etwas mit dem Gewählten tun, das wertvoll und befriedigend ist
- wiederholt, in einer Art von Lebensschema

Ziele sollten also für den Patienten die Bedingungen »Frei wählen«, »Hochschätzen« und »Verwirklichen können« erfüllen, was vom Therapeuten eine offensive Diskussion aller sonstigen Möglichkeiten erfordert. Unter Beachtung dieser Bedingungen wird der Therapeut beim Herausarbeiten einzelner konkreter Ziele üblicherweise in den drei Schritten *Beschreibung, Gewichtung* und *Vergleich* vorgehen, damit das Wünschbare realistischer wird.

Oft ist die Angabe von Zielen außer »Nicht mehr trinken« oder »nie wieder dies oder jenes erleben wollen« für den Klienten schwierig. Die Situation erscheint belastend oder unbefriedigend, das Ziel besteht nur aus der Negation der jetzigen Lage (»Ich möchte nicht geschieden werden.«). Durch eine *positive Beschreibung* des erwünschten Zustandes kann die Diskrepanz zwischen derzeitigem und erwünschtem Zustand sowie manchmal die Aufgabe des Patienten dabei deutlicher werden: »Ich möchte die Beziehung zu meiner Frau für uns beide zufriedenstellend gestalten«.

In dieser *positiven Beschreibung* sollen das Ziel beziehungsweise die verschiedenen Zielsetzungen möglichst konkret bearbeitet werden. Es kann hilfreich sein, wenn der Patient sich fragt, was er will, was er besser fände, worüber er sich freuen würde, wann er zufriedener wäre und ähnliches mehr. Der Zielzustand sollte dann in möglichst allen Modalitäten des Verhaltens (Verhalten, Gefühl, Sinneswahrnehmungen, innere Bilder, Gedanken, Interaktionen und Körperzustände) beschrieben und erfahren werden. Der Therapeut kann zum Beispiel fragen: »Wenn ich Sie heute in einem Jahr besuche, was sehe, höre und erfahre ich da?« und dies dann in den genannten Modalitäten näher explorieren.

In der *Gewichtung* werden die erarbeiteten Ziele auf das Wertsystem des Patienten bezogen: »Was ist ihm besonders wichtig? Was würde der Patient alles tun, um diese Ziele zu erreichen? Welchen Stellenwert haben Ziele hinsichtlich längerfristiger oder umfassenderer Zielsetzungen? Was erhofft oder befürchtet er bei diesen Zielsetzungen an Folgen? Welche möglichen Nebenwirkungen hätte das Erreichen dieser Ziele?« Um auf solche unbewußten Gewichtungen aufmerksam zu machen, kann man zum Beispiel provokante Äußerungen tun wie: »Jeder, auch Sie, kann Millionär werden, wenn er es wirklich will!« Bei der Diskussion dieser Frage kann man dann ausführen, daß es viele legale und illegale Wege zu einer Million gibt, daß aber viele auf einen Bankraub verzichten werden, um dieses Ziel zu erreichen, daß ein gefahrenarmes, gemeinschaftsorientiertes Leben und Freundschaft auch sehr wichtig sein mögen und daß man vielleicht auch Bequemlichkeit ganz gut findet.

Im Schritt des *Vergleichens* sollen die einzelnen Zielaspekte nach verschiedenen Gesichtspunkten betrachtet werden. Es wird nach Konflikten zwischen Zielen gefragt: Bestehen Widersprüche und Gegensätze zwischen verschiedenen Teilzielen (Wunsch nach bürgerlichem Leben, aber wenig angepaßte äußere Erscheinung)? Ist bei der Zielsetzung mit Widerspruch von anderen zu rechnen, zum Beispiel von Familienangehörigen? Gibt es unrealistische Zielsetzungen in dem Sinne, daß eine Realisierung prinzipiell nicht möglich ist?

Ein möglicher vierter Schritt kann in der Differenzierung des Ziels nach der Wahrscheinlichkeit bestehen, mit der man es erreicht. Eine solche Skalierung in fünf Abstufungen wurde als Methode zur Evaluation psychotherapeutischer Maßnahmen in den USA entwickelt. Sie ist als GAS (goal attainment scaling) bekannt geworden (KIRESUK und LUND 1978). Es handelt sich meist um eine 5-Punkte-Skala mit dem »erwarteten Ergebnis« als mittlerem Wert sowie jeweils zwei abgestuften Positiv-Negativ-Abweichungen hiervon: besser als erwartet, schlechter als erwartet; viel besser als erwartet, viel schlechter als erwartet.

Der therapeutische Nutzen solcher Skalierungen liegt auf der Hand: Der Patient kann nicht mehr in Alles- oder Nichts-Kategorien denken, übergroßer Pessimismus oder Optimismus wird von den realen Ergebnissen entlarvt und korrigiert, auch eine völlig individualisierte Therapie ist evaluierbar und die Ziele müssen gezwungenermaßen sehr präzise benannt werden, was der Kooperation von Therapeut und Patient förderlich ist. Zwei Wermutstropfen sind der relativ hohe Zeitaufwand, wenn man es korrekt macht, und die Einübungsschwierigkeiten für Therapeuten ohne Training in dieser Methode.

Ein Therapeut sollte sich hüten, die Veränderung von Tatsachen in den Katalog der Therapieziele aufzunehmen. Tatsachen sind zum Beispiel die Körpergröße, das Wetter und im allgemeinen auch das Wesen anderer Menschen. Übrigens wird bei Suchtkranken ja auch die Abhängigkeit als Tatsache gesehen, die nicht mehr änderbar ist, so daß das Problem darin besteht, wie man mit dieser Tatsache fertig wird und möglichst gut mit ihr umgeht. Solche Therapiezielverschiebungen klingen in einem Text wie diesem recht einfach und selbstverständlich, sind jedoch in der Realität oft erst mit Mühen und Zeitaufwand zu verwirklichen.

Damit ein Patient aber überhaupt in diese therapeutischen Prozesse des Beschreibens, des Gewichtens und Vergleichens hineinkommt, muß er zuerst über Zeiten der Unentschlossenheit, der Verwirrung und der Ziellosigkeit geführt werden. Methoden der *Ziel- und Werteklärung* (ZWK) sowie eine eher unspezifische Gruppentherapie können dabei hilfreich sein. KANFER, REINECKER und SCHMELZER (1991) haben viele Anregungen zu diesem Bereich gegeben.

*5. Realistischer werden Ziele durch Klärung und Einigung. Das erfordert Offenheit der Therapeuten.*

Man kann Sucht nicht im eigentlichen Sinn behandeln. Statt dessen kann man Personen mit Störungen durch psychotrope Substanzen dabei helfen, diese Störungen in ihren Zusammenhängen klarer zu erkennen, zu gewichten und zu bewältigen. Dies geht immer nur in Kooperation. Der respektvolle Umgang miteinander schließt gerade die Ziele und Werte des anderen ein, weshalb man sich als Therapeut seiner eigenen bewußt sein sollte. Nach einer Untersuchung von SCHÖNTHAL (1993) scheint es aber durchaus nicht so zu sein, daß Therapeuten und Patienten sehr offen über diese Themen sprechen, daß sie zumindest die Therapieziele nicht ähnlich gewichten. In der Abbildung 4 ist gegenübergestellt, in welcher Rangfolge Patienten und Therapeuten die Ziele in der Drogenbehandlung sehen. Die Ziele sind übrigens nicht von Verhaltenstherapeuten formuliert worden, sondern an der Untersuchung waren mehr humanistisch orientierte Einrichtungen beteiligt.

| Therapeut | Patient |
|---|---|
| 1. Nachlernen von Defiziten im Sozialverhalten | 1. Das Erkennen riskanter Situationen |
| 2. Ein realistisches Selbstbild aufbauen | 2. Ein realistisches Selbstbild aufbauen |
| 3. Etwas finden, was die Droge ersetzen kann | 3. Mit sich selbst im reinen sein |
| 4. Soviel wie möglich aus seinen Fähigkeiten machen | 4. Regelmäßig wenigstens einem Hobby nachgehen |
| 5. Regelmäßig wenigstens einem Hobby nachgehen | 5. Personen meiden, die mit Drogen zu tun haben |
| 6. Das Erkennen von riskanten Situationen | 6. Ein von anderen weitgehend unabhängiges Leben führen |
| 7. Streß aushalten lernen | 7. Eine möglichst abwechslungsreiche Lebensführung |
| 8. Keine Orte aufsuchen, an denen früher Drogen konsumiert wurden | 8. Sich von anderen nicht ausnutzen lassen |
| 9. Sich selbst für gute Leistungen belohnen können | 9. Sich selber für gute Leistungen belohnen können |
| 10. Eine möglichst abwechslungsreiche Lebensführung | 10. Gegen sich selber hart sein können |

Abb. 4: Hierarchie der Therapieziele von Therapeuten und Patienten aus Drogeneinrichtungen

Da es empirisch keinen nachweisbaren Zusammenhang zwischen einzelnen Therapiemaßnahmen und späterem Lebensglück gibt, sind Kooperation und Respekt in der Therapie besonders gefragt. Dies ist nicht zu verwechseln mit Nachgiebigkeit und Gleichgültigkeit. Ganz im Gegenteil sollten sich Therapeuten offen und ehrlich zu erkennen geben, zumal es in stationären Einrichtungen auf die Dauer sowieso keine wirkliche Alternative dazu gibt, denn die Therapeuten sind für die Patienten in der Regel oft schnell erkennbar und in ihren Inkongruenzen durchschaubar. Die Bedeutung der Therapieziele des Therapeuten hat ROSENTHAL schon 1955 verdeutlicht, indem er zeigte, daß sich ethische Werte bei Patienten, die die Therapie nicht erfolgreich beendeten, deutlich mehr von denen des Therapeuten unterschieden als die, die die Therapie erfolgreich abschlossen.

Vielleicht ist es für Therapeuten in der Drogentherapie unter anderem die Unausweichlichkeit, authentisch zu sein und sich permanent mit der Frage auseinanderzusetzen, wofür es sich lohnt zu leben und wofür man Anpassungs- und Verzichtsleistungen bringen sollte, die die Arbeit manchmal so anstrengend macht. Hier hilft nur eigene Klarheit, während die Suche nach Selbsthilfe durch die Arbeit sich gerade in diesem Bereich als besonders hinderlich erweisen dürfte.

*6. Therapieziele können nie dauerhaft erzwungen, aber unter vorübergehendem Druck vielleicht interessant werden: Die Überprüfung des »Realismus« sollte durch Erfahrung geschehen.*

Besonders in der stationären Therapie können Erfahrungsfelder erschlossen und erprobt werden, die im bisherigen Leben der Patienten eher vermieden wurden. Dies betrifft nicht nur kommunikative Erfahrungen in der Gruppe, sondern auch solche durch körperliche Betätigung und psychische Erlebnisse.

In vielen Fällen ist es dabei durchaus von Vorteil, wenn nicht jede einzelne Maßnahme vorher lange auf Wünschbarkeit diskutiert wird. Manchmal kann ohne eigentliche Wahl und Freiwilligkeit ein neuer Lebensstil (frühes Aufstehen, körperliches Training, Arbeit, Nähe zu anderen, Verzicht auf Genußgifte usw.) erprobt und erlebt werden. Das Motiv mag anfangs dabei nur in der Vermeidung aversiver Lebensbedingungen bestehen. Erst später kommt dann mancher »auf den Geschmack« und kann das

Positive daran erleben. Und erst dann werden Teile dieses Lebensstiles wirklich wählbar und vielleicht auch gewählt.

Anders ausgedrückt heißt dies: Wenn ich keine innere Repräsentation vom Zielzustand habe, nicht einmal in der Phantasie sehen, hören, riechen oder schmecken kann, wie sich das andere neue Leben anfühlen könnte, dann muß ich es *ausprobieren*.

Derartige Vorgehensweisen können besonders bei Personen angebracht sein, die ihren Rauschmittelkonsum sehr früh in der Lebensgeschichte begonnen haben, die Defizite in ihrer Ausbildung und im Arbeitsverhalten haben, die psychosomatisch leicht störbar sind und schnell lebensunzufrieden werden, die Impulssteuerungsprobleme allgemeiner Art aufweisen und die sozial nicht gut integriert sind. In bezug auf unsere Abbildung 1 kann man bei diesem Personenkreis von einem sehr frühen Einstieg in eine eindimensionale Befindlichkeitsbeeinflussung sprechen.

Da es für die weitaus meisten Patienten in Fachkliniken allerdings nicht angebracht ist, derartige Vorgehensweisen zu wählen, ist es ausgesprochen sinnvoll, für diese Personengruppen auch spezielle Therapieangebote bereitzuhalten.

*7. Unrealistische Ziele können für die Motivierung zur Fortführung der Therapie manchmal sehr realistisch sein.*

Momentan nicht erreichbare Ziele brauchen vom Therapeuten nicht unbedingt verworfen zu werden, denn gerade das Festhalten daran kann Demoralisierung abbauen und motivierenden Kräften Richtung geben. Realistische Therapieziele, verstanden als »mit hoher Wahrscheinlichkeit erreichbar«, bedürfen manchmal geradezu einer Einbettung in weniger realistische Wertbezüge.

Stellen Sie sich einen jungen Mann von 25 Jahren vor, der als Vorschulkind von den in einer sozialen Randgruppe lebenden und später geschiedenen Eltern in ein Heim gesteckt wurde, der als Jugendlicher dann zu der inzwischen allein lebenden, stark trinkenden Mutter zurückkehrte, immer wieder mit dem Gesetz in Konflikt kam, auch unter Aufsicht keine Lehre abschloß und dessen große Liebe, für die er bereits seit Monaten mit allen schlechten Freunden und Gewohnheiten Schluß gemacht hatte, nach einem halben Jahr des beginnenden Glücks vor seinen Augen tödlich überfahren wurde, als er gerade zwanzig war. Dieser unter Bewährung stehende alkoholkranke Mann hat vor seiner letzten

Haftstrafe ein aus Italien stammendes Mädchen kennengelernt, von dem er gar nicht mehr sicher weiß, ob sie noch etwas von ihm hören will. Als Ziel für die Zeit nach der Therapie nennt er: Auf Sardinien mit Marietta eine Familie gründen, arbeiten und mit den dort netteren Leuten gut auskommen. Realistisch? Wohl kaum. Trotzdem werde ich als Therapeut die in den Zielen angesprochenen *Träume als wesentliche Motivationsquelle* aufgreifen und ernstnehmen. Würde ich die offiziell bekannten Prognosekriterien als alleinige Grundlage für mein Handeln nehmen, brauchte ich gar nicht erst mit der Therapie zu beginnen. Statt dessen begegne ich dem Patienten nicht als statistischem Prozentwesen, sondern als Einzelwesen, in dem alles angelegt ist, was er zur Realisierung seiner Ziele braucht. Ob er das aus sich macht, was er könnte, hängt von seiner Mitarbeit ab. Aber nur in der Einbettung in seinen Traum war dieser Patient bereit, darüber zu sprechen, was denn sein Zusammenleben mit anderen so leicht beeinträchtigt, welche Arbeit zu ihm paßt und durchhaltbar ist und so weiter. Daraus erst ließen sich konkrete Ziele für die Therapie aufstellen.

*8. Die Bewältigung des Alltäglichen ist eine Voraussetzung für die sich darin konkretisierende Sinnhaftigkeit des jeweiligen Lebens.*

»Sinn« kann nach Viktor Frankl nicht vermittelt, sondern nur *erfahren* werden, und dies auf Dauer auch nicht im Sinne einer mystischen Erfahrung, sondern indem man Sinnvolles tut. Das Geben von Sinn kommt vor dem Empfangen von Sinn. Dieser Grundgedanke bringt die Logotherapie und die Verhaltenstherapie nahe zueinander. Höhere Ziele behalten nur dann ihre positive handlungsleitende Funktion, wenn das Alltägliche routiniert »wie ein Fisch im Wasser« bewältigt wird. Chronisch Kranke, gerade Suchtkranke, brauchen dazu einen passenden Rahmen ohne passivierende Versorgung, aber mit dem lange Zeit potenten Drogenwirkungsersatz, der Gemeinschaft. Der Aufbau von *Handlungskompetenz im Alltag* ist in einer solchen Gemeinschaft vorrangig.

Während ich also auf der einen Seite durchaus für Minimalinterventionen mit fokussierten Zielen bin – wie zum Beispiel eine methodisch spezifizierte und kurzzeitige Rückfalltherapie – sollte die Therapie von jüngeren Alkohol- und Drogenabhängigen langfristig mit effizienten und akzeptablen Adaptionseinrichtungen angelegt sein. Während mancher sozial integrierte Mittelschicht-

Alkoholiker sich mit Hilfe von Selbsthilfegruppen oder Gruppentherapie mit seinem So-Sein aussöhnen kann und der Trauerprozeß mit der Entlastung und Neuorientierung im Mittelpunkt steht, sollte auch stationär die Einzeltherapie in größerem Umfang ermöglicht werden, zum Beispiel für persönlichkeitsgestörte Patienten, bei denen die Beziehungsarbeit lange Zeit zentral ist und die Gruppe überfordert. Die Erfolgsprognose im Sinne der Leistungsträger kann man bei manchen Patienten aus dem letztgenannten Personenkreis ehrlicherweise nicht einmal positiv stellen, und trotzdem sollten hier längerfristige stationäre Therapien möglich bleiben oder stationär-ambulante Modelle mit Therapeutenkonstanz erprobt werden. Langfristig zahlt sich das sicherlich für unsere gesamte Gesellschaft aus. Die Mehrheit der Patienten betreffend sollte der Therapeut jedoch folgende Regeln in Erinnerung behalten.

– Hilfe kann auch »entmündigen«, jedenfalls Selbstwirksamkeitserwartungen verringern: Verhaltenstherapie achtet auf Autonomie und Humanität!
– Je komplexer und uniformer die Therapie, desto größer die passive Erwartungshaltung »Die Therapie wird's schon bringen«, und desto geringer die Eigeninitiative zum Finden persönlich wichtiger Änderungsziele: Verhaltenstherapie achtet auf Individualität!
– Je kürzer die stationäre Therapie ist, desto größer ist in der Regel das Bestreben auf seiten der Patienten (und Therapeuten!), sich Ziele zu setzen und die Zeit sinnvoll zu nutzen: Verhaltenstherapie nutzt alle Quellen für die Motivierung!
– Ziele entwickeln sich dynamisch in einer kooperativen Beziehung zwischen Patient und Therapeut: Aber der Therapeut muß entscheiden, welche er als Ziele der Therapie akzeptiert!
– Die durch die Ziele verwirklichten Änderungen sollten nicht nur in der Therapie herstellbar sein, sondern vor allem zum sonstigen Verhaltensrepertoire im zukünftigen Lebensstil des Patienten »ökologisch« passen!
– Wer ein »Warum« zu leben hat, erträgt fast jedes »Wie«. Das »Warum«, der Sinn, ist etwas sehr Individuelles und ergibt sich nicht aus dem Philosophieren, sondern aus dem Alltagshandeln: Die Verhaltenstherapie teilt höhere Ziele in kleine Schritte auf!
– Der Mensch ist keine Insel: Achte bei den Zielen auf das Netz-

werk, in dem der Patient lebt. Es kann die stabilisierenden Kräfte im Patienten stärken oder schwächen!

– Ohne eine sorgfältige funktionale Analyse, inklusive Ziel- und Werteklärung, geht in der Verhaltenstherapie nichts!

Der Therapeut sollte sich also davor hüten, zum »Weisen« mit dem Allheilmittel der Abstinenz zu werden, denn sonst geschieht nur allzuleicht das, was im abschließenden Comic HÄGAR äußert.

Abb. 5: Glück möchte jeder erfahren, aber nicht den Weg dorthin gehen

140

# Literatur

GRAWE, K. (1980): Die diagnostisch-therapeutische Funktion der Gruppeninteraktion. In: GRAWE, K. (Hg.), Verhaltenstherapie in Gruppen. Urban u. Schwarzenberg, München.

KANFER, F.H.; REINECKER, H.; SCHMELZER, D. (1991): Selbstmanagement-Therapie. Springer, Berlin.

KIRESUK, T.J.; LUND, S.H. (1978): Goal Attainment Scaling. In: ATTKISSION, C.C.; HARGREAVES, W.A.; HOROWITZ, M.J.; SORENSEN, J.E. (Hg.), Evaluation of human service programs. Academic Press, New York.

KÖRKEL, J.; KRUSE, G. (1993): Mit dem Rückfall leben. Psychiatrie-Verlag, Bonn.

LAZARUS, A.A. (1978): Verhaltenstherapie im Übergang. Reinhardt, München.

PROCHASKA, J.O.; DI CLEMENTE, C.C. (1986): Toward a Comprehensive Model of Change. In: MILLER, W.E.; HEATHER, N.: Treating Addictive Behaviors. Plenum Press, New York.

RATHS, L.E.; HARMIN, M.; SIMON, S.B. (1976): Werte und Ziele. Pfeiffer, München.

ROSENTHAL, D. (1955): Changes in some moral values following psychotherapy. In: Journal of Consulting Psychology 19: 431–436.

SCHÖNTHAL, J. (1993): Werte und Zielsetzungen von Suchttherapeuten und ihren Klienten: Eine empirische Untersuchung. Sucht 4: 236–243.

SCHWOON, D.; KRAUSZ, M. (Hg., 1990): Suchtkranke. Die ungeliebten Kinder der Psychiatrie. Enke, Stuttgart, S. 13ff.

141

*Michael Grabbe*

## Therapieziele aus systemischer Sicht

Therapie heißt Heilung, und Heilung setzt Krankheit voraus. Sucht ist im Sinne der RVO als Krankheit anerkannt. Der Titel »Therapieziele aus systemischer Sicht« suggeriert nun, es könne aus systemischer Sicht andere Ziele geben als aus der Sicht anderer Behandlungsmethoden, beispielsweise der Psychoanalyse oder der Verhaltenstherapie (wenn das so wäre, sollte man dies den »Patienten« offenlegen, damit sie sich entsprechend entscheiden könnten).

Der Titel suggeriert auch, es könne gar andere Therapieziele geben als bei anderen Krankheiten. Bei einer eitrigen Mandelentzündung oder einer Durchfallerkrankung ist das Ziel klar, nämlich, daß Symptome und Krankheit verschwinden, man davon befreit ist, daß heißt davon abstinent ist und/oder – vor allem bei rezidivierenden Leiden – man seinen Teil dazu tut, krankheitsfördernden Umständen fernzubleiben, sich also abstinent verhält.

Was ist bei Sucht anders? Sind es die schlechten Heilungserfolge, die uns zwingen, daß wir nicht so naiv an die Sache herangehen können? Wäre es dann nicht konsequenter, von *Zielen bei der Pflege* oder von *Möglichkeiten der Begleitung* (eventuell gar lang- oder mittelfristiger Sterbebegleitung) zu sprechen als von Therapie – nein, so schlecht sind die Heilungschancen nun wohl auch nicht, was immer Heilung sein mag.

Oder liegt es daran, daß es uns bei dem Thema ›Sucht‹ nicht so leicht fällt, dichotom ›gesund‹ und ›krank‹ zu unterscheiden: ein bißchen Gallensteine oder ein bißchen Krebs zu haben, ist schon eine seltsame Vorstellung, ein bißchen süchtig sind wir dagegen alle. Oder könnte man nicht sogar das ganze Leben als eine ›Krankheit‹ definieren? Schließlich hat es einen plötzlichen Ausbruch, einen chronischen, zustandsändernden Verlauf und endet mit dem Tode.

Es stellt sich doch die Frage nach den ›Therapie‹-zielen in

unserer Gesellschaft bei einem so gewöhnlichen und umfassenden Verhalten, wie es das sogenannte Suchtverhalten ist – die aktuellen Zahlen brauchen hier nicht genannt zu werden.

Eine Gesellschaft ohne Gebrauch von Suchtmitteln ist nicht vorstellbar. Ist eine Differenzierung in eine ›Zweiklassengesellschaft‹ – die einen können's vertragen, die anderen eben nicht – hilfreich? Ich denke: nein! Das Thema scheint sehr komplex zu sein.

## Aus der Perspektive der therapeutischen Beziehung

Wenn Sucht definitionsgemäß da anfängt, »wo ein Mensch nicht mehr eigenbestimmt entscheiden kann, was er tut, sondern von etwas anderem getrieben wird« (KINDERMANN 1993), dann kommen wir zu einer neuen Zieldefinition: *Eigenbestimmung*. Aber wer kann in unserer heutigen vernetzten Gesellschaft mit Arbeitsteilung und institutionalisierter Fremdbestimmung schon eigenbestimmt sein und warum gerade die »Süchtigen«? Und wäre das überhaupt anstrebenswert? Oder vielleicht ist ein »Abhängiger« bereits zu eigenbestimmt, so daß er für Therapien schlecht zugänglich ist?

Auch das kann also keine gute Grundlage für die Bestimmung von Therapiezielen sein.

Um es gleich vorwegzunehmen: Therapieziele aus alleiniger Sicht des Therapeuten oder der Therapeutin, gibt es für mich nicht.

Es entspricht meiner Erfahrung und meinem wissenschaftlichen Verständnis, daß Menschen beziehungsweise Systeme nicht von außen gezielt bestimmt werden können, sondern sie sich *autonom selbst regulieren*. Man kann sie nicht entwöhnen, etwa im Sinne von ›abstillen‹. Aus diesem Grund sowie auch von meinem ethischen Verständnis her steht es mir gar nicht zu und ist es auch müßig, sich Gedanken um Therapieziele über die Betroffenen hinweg zu machen. Wenn es in der Therapie differenzierte Ziele gibt, dann können sie nur vom »Patienten« beziehungsweise vom »Klienten« beziehungsweise vom entsprechenden System *selbst definiert* werden.

Dabei wird es kontextabhängig Unterschiede geben. Bei einer

143

Frau, die von ihrem, die finanzielle Macht mißbrauchenden, Mann wirtschaftlich abhängig ist, können Alkohol oder Tabletten als Versuch gelten, sich zu emanzipieren, und es könnte ein gemeinsam mit ihr erarbeitetes Ziel sein, diese Emanzipation anders zu gestalten, – während bei einem Manager, der versucht, durch Suchtmittel seine Leistung und seine Risikobereitschaft noch mehr zu steigern, es Ziel sein könnte, dies zu lassen, und es darum gehen könnte, sich wieder in eine untergeordnete berufliche Position hineinzubegeben.

Ich fasse klinisch definiertes Suchtverhalten und auch dessen Behandlung und Therapie als kommunikativen Vorgang auf, also als ein *zwischenmenschliches Phänomen*. Aus systemischer Sicht ist es kein individueller Kranker, der von einem außenstehenden Therapeuten diagnostiziert und behandelt werden kann, sondern sowohl die Genese des als Krankheit definierten Zustands wie auch der Therapieprozeß ist als ein vernetzter Kommunikationsprozeß zu verstehen. Niemand hat ein Problem für sich allein, sondern immer mit Bezug auf andere.

Dies kann anhand einer Therapiesitzung erläutert werden, wo zwei Systemkreise aufeinandertreffen:

Das »Klientensystem« und das »Therapeutensystem«.

Der Klient (Patient, Kunde, Zugewiesener – wie immer er oder sie etikettiert wird)

- mit seiner *individuellen Geschichte*, dem Gewordensein, den Lernerfahrungen, den entwickelten Fähigkeiten und den getroffenen bewußten oder unbewußten Entscheidungen, den daraus *konstruierten Geschichten* über diese seine Geschichte,
- mit seiner *aktuellen Lebenssituation* und der *Bedeutung*, die er und die mit ihm lebenden, mit ihm vernetzten Menschen und Einrichtungen dieser Situation geben
- und mit der *erhofften oder befürchteten Lebensperspektive*, konstruiert von allen Beteiligten (oft sind Symptome nicht Folgen von als Risikofaktoren eingestuften Gegebenheiten, sondern die auf das Symptom folgenden Ereignisse oder Beziehungen fließen symptomfördernd ein – wie »Zeichen an der Wand«).

Auf der anderen Seite das »Therapeutensystem«.

Der oder die Therapeutin

- mit eigener Geschichte und den darüber entstandenen Geschichten

– der aktuellen Situation, privat und institutionell
– sowie der konstruierten Perspektive.

In dieser Begegnung liegt die Chance, Regulationsabläufe zu durchschauen, die Wirkung versuchter Lösungsversuche zu reflektieren und Ideen für Veränderungsmöglichkeiten zu entwickeln.

Dabei kann der Therapeut nun als Teil dieses *therapeutischen Systems* durchaus Ziele für sich und ausschließlich sein Verhalten entwickeln und seine Ideen kundtun, in der Hoffnung, dies sei auch für das »Patienten-/ Klientensystem« hilfreich, um die Optionen des Handlungs- und Meinungspotentials zu erweitern.

Wenn also von »Therapiezielen aus systemischer Sicht« die Rede ist, dann kann der Therapeut über seine Ziele als Beteiligter in diesem Setting und in diesem Prozeß nur für sich sprechen, dies könnten Ziele sein wie

– Aufrichtigkeit, auch in der Rückmeldung
– Respekt und Achtung dem anderen gegenüber
– Anerkennung der Autonomie des anderen
– Anerkennung des Leidens und der Leistungen des Betroffenen
– Ernstnehmen von ökonomischen Bedingungen wie Wohnsituation, Arbeitsplatz etc.
– Schärfung der Wahrnehmung für Ressourcen des Patientensystems, statt auf Defizite fixiert zu sein (Blick auf den Käse, statt auf die Löcher – Wenn man in Löchern gräbt, werden sie meist größer)
– Sorgen für sich, seine Kreativität und Flexibilität im Denken und Handeln während des Prozesses
– Offenheit, auch für Konfrontation mit überraschenden, ungewöhnlichen, unplanbaren, unkonventionellen Erfahrungen
– Bereitschaft zu solidarischer Konfrontation ohne Verleugnung, ohne Schuldzuweisung und Stigmatisierung
– Bewußtmachung seiner Eigenverantwortung als Therapeut;

diese Ziele berücksichtigen seine Stärken und Schwächen, seine jeweilige Gefühlslage und die Übernahme der Verantwortung dafür.

Aber auch seine eigenen Süchte sollten in die Verantwortung mit einbezogen werden:

– seine Verführbarkeit, zum Beispiel Verantwortung für andere zu übernehmen, hinsichtlich seines ›Größenwahns‹ und seiner Eitelkeit, sich als Retter wichtig zu fühlen,

– seinem eventuellen Wunsch nach Anerkennung und Liebe, die
er von den im doppelten Sinne »Abhängigen« bekommen
könnte.

Ziel sollte sein, die eigene konkrete Beteiligung und Betroffenheit, eine eventuelle Parteilichkeit ständig zu reflektieren. Selbst-
erfahrung und Selbsthinterfragung sehe ich als einen wichtigen
Bestandteil in der systemischen Therapie.

Hinsichtlich eines späteren Therapieerfolgs bedeutet diese
Sichtweise: Wenn ein «Patient» beziehungsweise ein System sich
entschließt, in einem durch diese Ziele definierten Prozeß, Unterschiede zum bisherigen Verhalten oder Denken zu riskieren, sich
also zu verändern, dann kann sich dieses Ergebnis nicht der Therapeut zuschreiben, sondern er kann es nur als Ko-Produktion aller
Beteiligten sehen.

Damit verabschiedet sich der Therapeut von der Vorstellung, zu
glauben, selbst bei strukturiertem Vorgehen, Kontrolle über den
Prozeß zu haben. Kontrolle kann jemand nur bei Annahme und
Kenntnis linearer Ursache-Wirkungszusammenhänge haben. Dann
müßte der Therapeut nicht nur wissen, welche Faktoren sich auswirken, sondern auch, warum die gleichen Faktoren bei anderen –
wenn auch nur in geringer Häufigkeit – nicht wirken.

Zusammenhänge scheinen aber chaotisch zu sein, das Leben
scheint für uns chaotisch zu sein. Ein Ziel könnte sein, diesen
*Kontrollverlust* zu akzeptieren. Paradoxerweise führt gerade diese
Akzeptanz dazu, daß es zwischen dem »Ich muß alles unter Kontrolle haben« und der Erfahrung »Ich kann hier nichts bewirken«
einen dritten Weg gibt: *im Kontakt bleiben* während des The-
rapieprozesses, in einem klaren, liebevollen, konfrontativen Kontakt auf dem gemeinsamen Weg.

So kann das Verhalten eines »Patienten« in einem Therapieprozeß, das als ›Rückfall‹ bezeichnet wird, eher als eine hilfreiche
Konfrontation (»Therapie geht mir zu schnell, ist zu gefährlich,«
etc.) oder als hilfreicher Kontrollverlust betrachtet werden, nicht
nur für den »Klienten«, sondern auch für den Therapeuten und die
therapeutische Einrichtung sowie als eine Chance und Herausfor-
derung für Therapeut und »Patientensystem«, mit einer bekannten
problematischen Situation anders umzugehen zu versuchen. Somit
stellt ein ›Rückfall‹ zwar einen unerwünschten, aber gegebenenfalls doch hilfreichen ›Vorfall‹ dar.

Darüber hinaus kann man diesen ›Vorfall‹ auch als Test sehen, mit dem die Tragfähigkeit der Therapeut-Patienten-Beziehung geprüft wird, also vielleicht sogar als Vertrauensbeweis.

Verhält sich der Therapeut entsprechend seiner ihn selber betreffenden Ziele, wie oben ausgeführt, adäquat und kongruent im Dialog mit den zu ihm kommenden Hilfesuchenden, mag sich dies hilfreich auswirken – und das ist natürlich die mitmenschliche und auch professionelle Hoffnung.

## Weitere Systemebenen aus der Meta-Perspektive

Bislang wurden die Therapieziele aus der Perspektive der therapeutischen Beziehung betrachtet. Von einer Meta-Ebene auf das Therapeutische System blickend, können Wünsche formuliert werden, die für die Seite des »Klientensystems« in seiner Komplexität Relevanz haben könnten.

Dabei sind folgende System- und Kontextebenen unterscheidbar, wohlwissend, daß die Wechselwirkungen und Vernetzungen komplex sind:

– das Binnensystem des »Klienten« mit seiner über mehrere Generationen gehenden Geschichte
– die Partnerschaft, die Familie oder die aktuelle Lebensform
– andere Subsysteme von Bedeutung (Subkultur, Freundeskreise, Vereine etc.)
– Arbeitsplatzkontext
– gesellschaftlicher Kontext.

Dabei verstehe ich klinisch auffälliges süchtiges Verhalten – ebenso wie andere, als Krankheit bezeichneten Auffälligkeiten, die sich an Symptomen festmachen – als eine *Verhaltens- und Ausdrucksmöglichkeit im Kommunikationsprozeß* der verschiedenen Systemebenen: im Kommunikationsprozeß mit sich selbst und mit anderen. Es erscheint dann nicht so sehr als Problem (das natürlich auch), sondern vielmehr als *Botschaft,* quasi als ›Flaschenpost‹: »Gesetzt den Fall, das Trinken Ihres Mannes wäre ein Protest: was denken Sie, gegen wen würde er sich richten?« Süchtiges Verhalten stellt damit zugleich einen weitgehend bewußten oder intuitiven *Lösungsversuch* dar sowie eine Bewältigungsstrategie (Coping) in einer Situation oder Geschichte, die intra- oder innerpersonal unbefriedigend oder unerträglich ist oder erscheint.

147

Lösungsversuche fordern bei häufiger und intensiver, dabei unreflektierter Wahl durch rigide Einengung ihren Preis dann in einem Maß, das für den Betroffenen und/oder die Betroffenen seiner engeren oder weiteren Umgebung unerträglich werden kann und somit zur Einleitung von Therapie führen kann.

Dann wird deutlich, daß Therapieziele nicht etwas sind, was in der Beziehung von Therapeut und »Klient« allein ausgehandelt wird, sondern in ein komplexes Beziehungsnetz eingewoben ist. Denn für den therapeutischen Auftrag und den Therapieprozeß ist relevant, *wer* dieses Maß als unerträglich definiert, also *wer* kommt, *wer* zuweist und *welche* Werte und Maßstäbe angelegt werden. Was in dem einen Kontext (Familiennorm, Wohnbereich, Arbeitsplatz) auffällig ist, kann in einem anderen innerhalb der Norm und des Gewohnten sein.

## Einige Anmerkungen und Ideen zu den verschiedenen Systemebenen

### Zum gesellschaftlichen Kontext

Es gibt und gab wohl keine Gesellschaft, in der nicht Drogen besondere Bedeutung haben vor allem als Genußmittel sowie bei religiösen und spirituellen Ritualen. Viele künstlerische Werke sind entstanden durch suchtmittelschätzende Menschen. Eine abstinente Gesellschaft würde vielleicht auch viel verlieren.

In Verbindung mit sportlichen Veranstaltungen und Ritualen könnte man gut auf Alkohol verzichten. Bei vielen Sportübertragungen hat Alkoholwerbung einen festen Platz. Solange wir uns an sportlichen Höchstleistungen berauschen, zum Beispiel wenn ein Gewichtheber etliche Doppelzentner über seinen Kopf hievt, um sie dann erleichtert von sich zu stoßen, sind wir beteiligt am Suchtverhalten und auch am Doping.

Paradox ist, daß gerade der Sport, der auch als spirituelles Erlebnis Sinn geben könnte, von Sucht und Suchtmitteln nicht frei ist.

Der Gedanke, daß man sich bei einer Siegerehrung statt einer Magnumflasche Champagner zwei Tetrapaks Orangensaft über das Trikot schüttet, mutet in unserer Kultur seltsam an.

Suchtmittelmißbrauch unterstützt den ›olympischen Gedanken‹ im kapitalistischen Sinn: immer höher springen (immer tiefer sinken), immer schneller, immer weiter, immer mehr. Suchtmittel helfen, geforderte Leistung zu erbringen, auszuhalten, das Erreichte zu feiern und/oder auch aus diesem Wettlauf auszusteigen, ohne das System infrage zu stellen.

Eine Szene aus einem alten Film:

Ein alter Lastensegler, mit Gewürzen beladen, gerät nach langer Reise in einen schweren Sturm, die Wellen schlagen hoch über das Schiff, die Mannschaft ist am Rande der totalen Erschöpfung, der Großbaum ächzt im Wind, droht der Belastung nicht standzuhalten, es gilt, die Segel zu reffen, die letzten körperlichen Reserven müssen mobilisiert werden. Der Käpt'n brüllt gegen den Sturm und verspricht der Mannschaft eine Extraration Rum und läßt das Faß schon auf's Deck holen. Natürlich schafft die Mannschaft es, die Ladung wieder einmal zu retten. Sollte die moderne therapiezielorientierte Version des Films nun sein, daß der Käpt'n einen Selbsterfahrungsabend mit ehrlichem Feedback, Kontaktübungen und Meditation verspricht?

*Zum Arbeitsplatzkontext*

Nicht nur am Arbeitplatz, wo Entfremdung und Fremdbestimmung groß sind, ist Suchtmittelmißbrauch, meist Alkohol und Tabletten, häufig – auch auf der Führungsebene, wo der Kontrollmythos gerade groß ist (Fast jeder dritte Manager gilt als ›User‹ stoffgebundener Mittel, von workoholismus ganz zu schweigen).

Wenn nun Arbeit krankmachen sollte, müßte es den Arbeitslosen oder Rentnern bessergehen – tut es aber nicht. Und: Pennen die Penner weil sie trinken oder trinken sie, weil sie pennen – oder sind sie gar erwacht?

Zur Arbeitssituation: Wünschen wir uns soziale und emotionale Akzeptanz, wertschätzende Unterstützung im Kollegenkreis als gefährdungsmindernde Qualitäten (was Untersuchungen ergeben haben) statt Mißtrauen und Mobbing, so sind das so lange fromme Wünsche, wie gnadenlose Konkurrenz und Selektion betrieblich und gesellschaftlich verankert sind – auch in Suchteinrichtungen.

Der Staat ist doppelt beteiligt: Er betreibt einerseits Aufklärung, trägt wertzuschätzende Projekte, finanziert den Kampf gegen den Mißbrauch und kommt anderseits seinen notwendigen Aufgaben durch steuermäßige Beteiligung am legalen Suchtmittelverkauf nach. Viele konjunkturbelebende Investitionen in unserem Lande sollen gar durch gewaschene Drogengelder zustande kommen.

Tragisch erscheint der persönliche und subkulturelle Versuch, sich durch Gebrauch illegaler Drogen außerhalb der Gesellschaft zu stellen, zu rebellieren – mit der Folge, dann im Gefängnis zu sitzen, dort eine restriktive Gesellschaft erst richtig hautnah zu erfahren und in Trotz oder Protest zu verharren und sich damit die Prophezeiung und Gesellschaftssicht zu erfüllen.

## Zum außerfamiliären Kontext

Neben der in der Familie erlebten oder nicht erlebten Bindung ist die Zugehörigkeit zu anderen Gruppierungen wichtig. Diese Bindung ist oft wichtiger als der Preis (Alkohol, Drogen), der häufig dort gefordert wird – als Medium, Regel oder Begleiterscheinung. Wenn die Droge als Eintrittskarte in die ›Erwachsenenwelt‹ oder in eine Alternative dazu gesehen wird, dann hilft auch die Verbilligung von nichtalkoholischen Getränken in Gaststätten wenig.

## Zum Mehrgenerationenaspekt

Über Generationen hinweg werden Konfliktlösungsstrategien genetisch und abgeguckt »vererbt«, was ohne Hinschauen den Betroffenen meist nicht bewußt ist. Auch die Partnerwahl ist oft unter diesem Gesichtspunkt kein Zufall. Ungelöste Aufgaben, Tabus können weitergegeben werden und Suchtmittelmißbrauch kann in diesem Zusammenhang als Verdrängungs- und Abspaltungshilfe eine Bedeutung haben. Die sogenannte *Familienrekonstruktion* kann eine therapeutische Methode sein, Licht und neue Sichtweisen hineinzubringen, Ereignisse in einem neuen Rahmen zu sehen, ihnen eine neue Bedeutung zu geben, was sich dann auf die Befindlichkeit auswirken kann und neue Handlungsoptionen eröffnen hilft.

150

Der Begriff *Co-Abhängigkeit* sollte nicht bedeuten, daß nun der mit einem sogenannten Alkoholiker zusammenlebende Partner der eigentlich Kranke ist, sondern aufzeigen könnte, wie verflochten die Motive für das Verhalten sind und wie sich alle Beteiligten einrichten und ihren Preis bezahlen, um einen Zustand zu bewältigen oder auszuhalten, wo ein anderer als noch katastrophaler und angstbesetzter eingeschätzt wird, auch wenn vordergründig Gegenteiliges angenommen wird.

Ein Wunsch kann die *Auflösung rigider Muster* sein, wie: »ich trinke, weil Du nörgelst«, »ich nörgele, weil Du trinkst«. Möglichkeiten wären:
– ich trinke, auch wenn Du nicht nörgelst
– ich nörgele, auch wenn Du nicht trinkst
– ich nörgele nicht, auch wenn Du trinkst
– ich trinke nicht, auch wenn du nörgelst, sondern mache sonst was.

Auflösung geschieht dann, wenn die Beteiligten *Verantwortung für sich als Handelnde* übernehmen können, statt sich als reagierend zu definieren.

Suchtmittel wirken zunächst kompensatorisch, sie scheinen einem etwas zu geben, was man zu brauchen scheint. Der Prozeß eskaliert dann oft symmetrisch und wird zum Kampf, wer gewinnt: der Alkohol oder ich. Das hat dann eine Analogie auf der Paarebene. ›Co-Abhängigkeit‹ bedeutet dann, daß der ›Enabler‹ (der/die Ermöglichende) komplementär kompensatorisch versucht zu ergänzen, zu decken, zu schützen. Der Prozeß kippt dann, wenn der Partner (auch Chef) in die symmetrische Position geht, in den Machtkampf, wodurch das »Problem« dann offen wird, wenn man verloren zu haben glaubt und am Ende ist. Hierin liegt aber auch möglicherweise eine Lösung: Ist der Kampf nicht mehr haltbar und überleben ihn die Betroffenen, können beide Seiten in eine unabhängigere, distanziertere, komplementäre Beziehung eintreten.

In Familien beobachten wir immer wieder *Triangulationen* im Zusammenhang mit Suchtmittelmißbrauch – wobei vernachlässigt werden kann, ob diese die Folge sind oder schon vorher bestanden. ›Triangulation‹ bezeichnet man eine Konstellation, in der ein Familienmitglied mit einem anderen einer anderen Generationsebene eine heimliche Koalition eingeht, zum Beispiel Kinder zu Partnerersatz werden. Diese Kinder gelten als überfordert und gefährdet.

Die Erfahrungen der Praxis zeigen, daß über Suchtmittelgebrauch versucht werden kann, Nähe und Distanz zu regulieren, Macht und Ohnmacht oder Sichgroß- und Sichkleinfühlen auszugleichen.

Bedeutsam kann auch sein, in welcher Phase des Lebenszyklus eine Familie sich gerade befindet. Ein Beispiel aus der Praxis kann dies verdeutlichen:

Die Einnahme von Heroin durch einen Jugendlichen konnte mehreren helfen: Der Jugendliche konnte dadurch die Wärme und Geborgenheit, die prompte Befriedigung von Bedürfnissen und umfassende Gefühlsversorgung als Wert weiter schätzen. Das war in der Familie von hohem Wert und galt als gutes Familienklima, dem vieles untergeordnet wurde und für die sonst die Mutter zuständig war. Er konnte sich das jetzt durch die Droge holen und nicht mehr über die Mutter oder über eine Freundin. So blieb er der Mutter treu, ersparte ihr Eifersucht und war zugleich unabhängig, brauchte den Preis von großer Nähe zu einem fürsorgenden, aber auch als einengend erlebten Menschen nicht zu zahlen. Der Vater stand in der dramatischen Situation endlich für seinen Sohn zur Verfügung. Die Eltern akzeptierten ihre Hilflosigkeit, mußten Versuche von Einflußnahme und Kontrolle aufgeben und kamen sich als Paar in der Sorge um ihren Sohn wieder näher und eine überfällige Ablösung erfolgte leichter.

In anderen Fällen kann ein Aufenthalt in einem Krankenhaus oder einer stationären Einrichtung wieder Ein›bettung‹ bedeuten, wodurch dann auch beides erhalten bleibt: Ablösung und Unabhängigkeit, wie auch Versorgung und Verantwortungsabnahme.

*Suchtmittelabhängigkeit kann also auch als ein Lösungsversuch betrachtet werden, der auf Unabhängigkeit abzielt.*


*Wünsche auf individueller Ebene*

Nach Bateson sind Süchtige *zerrissen*, mit sich selbst uneins, sie versuchen Leib und Seele zusammenzuhalten. Wenn sie die Flasche oder Spritze lassen wollen, müssen sie also Alternativen haben, mit denen sie diese Zerrissenheit überwinden können, sich in diesem Sinne etwas anderes Gutes tun können, was ihr Leben wieder lebenswert und überlebenswert macht. Diese Zerrissenheitsgefühle treten besonders in der Adoleszenz (später dann in einer möglichen ›midlife-crisis‹) auf. Weltschmerz und universale Verschmelzungssehnsüchte stehen neben Souveränitäts- und Selbstbestimmungswünschen. Neugier, Reiz an intensiven Erlebnissen, Neigung zu Extremsituationen, Mutproben, Rebellion und Grenzüberschreitungen gehören dazu. »Das wächst sich meist aus«.

Tragisch ist es, wenn durch Folgen und Konsequenzen hieraus, wie Kriminalisierung, Inhaftierung etc., Jugendliche über diese Zeit hinaus gefangen sind und Integration behindert ist, so daß die Konsequenzen wieder Drogeneinnahme begünstigen und sie in diesem Kreislauf über die Zeit festgehalten werden.

Oft heißt es, es sei ein Ziel, daß »Klienten« wieder Eigenverantwortung übernehmen sollten. Damit ist wohl gemeint, daß sie sich ihrer getroffenen oder zu treffenden Entscheidungen bewußter werden. Eigenverantwortung haben sie immer, sowieso, denn sie sind ja beteiligt:
– sie nehmen Situationen mit ihren subjektiven Sinnen wahr,
– interpretieren diese, wobei sie Interpretationsmöglichkeiten, also eine Auswahl haben können und den Rahmen dafür setzen,
– sie haben Gefühle, die wieder Interpretation und Wahrnehmung beeinflussen,
– d.h. daß andere Interpretationen möglicherweise andere Gefühle erzeugen
– sie können sich als Erwachsene abhängiger oder unabhängiger machen von Bedürfnissen nach Liebe und Anerkennung,
– sie können ihre Sehnsüchte wahrnehmen und zu Entscheidungen im Verhalten kommen, dabei Konsequenzen gedanklich vorweg durchspielen. Das Aushalten von Gefühlen, wie Angst und Schmerz kann dabei ein Ziel sein. (In meiner Praxis entstand neulich die Formulierung: »vielleicht doch besser *bedrückt, als gedrückt«.)
Die obigen Gedanken und Ideen zu den verschiedenen Systemebenen können mit folgender Formulierung zusammengefaßt werden: *Neue bewußte Verantwortlichkeit beziehungsweise verantwortliches Bewußtsein.*
Die genannten Wünsche und Perspektiven lassen sich nicht

leicht zu Therapiezielen umdefinieren, sondern sie beschreiben eher mögliche Wege, auf denen Veränderungen möglich sein könnten. Auch hier gilt wohl: der Weg ist das Ziel, wobei es ein gemeinsamer Weg von betroffenen Menschen, ob Therapeut oder Klient, ist. Das Beschreiten dieses Weges setzt achtungsvolle Begegnung, wechselseitiges respektvolles Einlassen und aufrichtigen Dialog voraus. Das Ziel ist der Weg und das Ziel ist dann auch der Abschied aus dieser Begegnung.

Therapeutisches Ziel aus systemischer Sicht heißt nun: *Die Beendigung einer therapeutischen Beziehung und der Abschied daraus.* So spät, wie nötig, so bald, wie möglich.

Es ist der Abschied aus einer Beziehung, in der über möglichst hilfreiche Dialoge ein gemeinsamer Weg gegangen wurde und dem hilfesuchenden System statt rigider Einengung flexible Sicht-, Entscheidungs- und Handlungsmöglichkeiten eröffnet worden sind, aus denen autonom gewählt werden kann.

Auf diesem Weg gibt es bestimmt Resignation, Hoffnungslosigkeit, Trauer, Wut, Schmerz, Angst und Verzweiflung bei allen Beteiligten – auch beim Therapeuten –, aber vielleicht auch Freude, tiefes Erleben und die Erfahrung, daß aus allem, auch aus dem Schlimmen – und vielleicht dadurch in besonderem Maße – Sinn und neu erlebte Identität entstehen kann. Die Angst wird nicht verschwinden, aber vielleicht Mut wachsen, trotz dieser Angst leben zu wollen.

Eine Schlußmetapher zu meinem Verständnis von der Rolle des Therapeuten:

Ich definiere mich gern als das 18. Kamel aus der wohl bekannten Geschichte, die ich so erinnere: Ein Scheich reitet auf seinem Kamel durch die Wüste und trifft auf drei junge Männer, die streiten und verzweifelt scheinen. Was das Problem sei? Unser Vater ist verstorben und hat uns Söhnen seine 17 Kamele vermacht. Der Älteste soll die Hälfte erhalten, der Mittlere ein Drittel und der Jüngste ein Neuntel. Wir kommen nicht zurecht, wollen den Wunsch unseres Vaters ehren, die Tiere natürlich auch nicht schlachten. Der Scheich sagt: Nehmt mein Kamel dazu. Die Söhne teilen erfreut auf: Der Älteste bekommt 9 Tiere, der Mittlere 6 und der Jüngste 2 Tiere. Zum Erstaunen bleibt das Kamel des Scheichs übrig, dieser besteigt es und reitet weiter.

# *Literatur*

BATESON, G. (1972): Steps to an Ecology of Mind. Ballentine Books, New York.

KINDERMANN, W. (1993): Interview. In: Stiftung Warentest ›test‹ 11.

# III

Umgang mit dem Rückfall

*Alexander Böhle, Andreas Dieckmann* und
*Imke Ehlers*

# Ekstase und Verantwortung.
# Die Beziehung zwischen Therapeut und trinkendem Patienten beim Rückfall

## *Psychoanalytische Sicht*

> Der göttliche Marsala steht auch
> bereits auf unserem Tisch, wir kön-
> nen ihn aber nur tropfenweise trin-
> ken. Martha hat die Flaschen ge-
> zählt und verwahrt, damit ich mich
> nicht in der Einsamkeit dem trö-
> stenden Trunke ergebe.
>
> Freud an Fließ , 16.6.1899

L. war wieder schwer betrunken – heruntergekommen, stinkend, seiner
Zunge nicht mehr ganz mächtig saß er am späten Abend in der Aufnahme unserer Klinik. »Frau Doktor, geben Sie mir noch mal die Aufnahme« bettelte er mit Hundeblick von unten, »Ich schaff's alleine nicht« –
Es war die etwa dreißigste Szene dieser Art, seit er zu uns kommt. Kurz
spürte ich Ärger, wie gegenüber einem mißratenen Kind, bei welchem
die Hoffnung, daß es noch mal wird, im besten Falle eine petitio
principii ist. Eigentlich hatte ich ihn aufgegeben, aber ich wehrte mich
gleichzeitig gegen den Impuls, den er mit seiner Unterwürfigkeit unbewußt in mir zu konstellieren schien, nämlich ihm eine runterzuhauen.
Drei Monate lang hatte er in seinen langen narzißtischen Monologen,
die ich innerlich unter der Rubrik »Ewige Wiederkehr« abgehakt hatte,
das Entwöhnungsteam und die Mitpatienten genervt. Hinter seiner aus-
gedehnten verbalen Therapiebeteiligung und seiner erpresserischen
Kalfaktoren-Hilfsbereitschaft blieb er uns fern und lief einsam durch
die Therapie, manchmal – und dann nachtragend – gekränkt von dieser
oder jener interaktiven oder interpretierenden Intervention eines trau-

159

rig-tapferen, therapeutischen Ritters, der eine Lanze an ihm brach. Jetzt in der Aufnahme schien er mir bei allem Konflikt, den wir hatten, offener und authentischer. Hinter der Unterwerfung glimmte Stolz, und ich phantasierte mir seine Gedanken über mich: »Was weißt Du schon von Glanz und Elend des Alkohols«. »Na, was geht da wohl in Ihrem Kopfe rum?« fragte ich ihn »Ich denke, Sie denken schelmisch... ganz so hilflos waren Sie wohl die letzten Tage nicht...« Er räusperte sich und das Leuchten breitete sich aus den Augenwinkeln über den ganzen Blick aus: »Ach Quatsch, Frau Ärztin, dann bin ich trocken und dann bin ich Herr L. – auch was! –, dann führe ich den Dackel von meine Alte aus und keiner grüßt mir, aber wenns in die Birne knallt, bin ich Bobby und Freibier für alle und die Kneipe geht zu Bruch, und dann Bonanza, dann brauchen die «nen Mannschaftswagen – aber so rum wie so rum – alle kennen mir ... eben alles ...«.

Eine alltägliche Szene: Ein Rückfall, erneuter Klinikaufenthalt, Fortsetzung eines Lebens in Krankheit, sozialer Verelendung und schlußendlich Selbstzerstörung – so bekannt und doch so schwierig zu verstehen und so oft auch eine Demonstration therapeutischer Hilf- und Ratlosigkeit.

Natürlich ist jeder Rückfall anders und bedeutet immer Neues auf dem Horizont der jeweiligen Persönlichkeit. Natürlich haben wir Psychoanalytiker Konzepte, welche uns helfen, einige Phänomene zu ordnen und in den Zusammenhang des Lebens und Leidens unserer Patienten zu stellen. Wir wissen von den archaischen Objektrepräsentanzen und der Ich-Pathologie unserer Patienten mit ihrer papierdünnen Frustrationstoleranz, wir kennen ihre Wahrnehmungsverzerrung durch eine mangelnde Affektdifferenzierung, wir können manchmal die dem Rückfall vorangehende, bis ins Psychosomatische reichende Ich-Regression beschreiben – und dennoch: Im Rückfall werden uns unsere Patienten fremd, kränken unsere therapeutische Eitelkeit und konterkarieren unsere durch ein entsagungsreiches Berufsleben gewachsene Identifizierung mit einer disziplinierten und tüchtigen Lebenshaltung.

Wir haben eine kleine nicht standardisierte und nicht repräsentative Umfrage bei 160 Entwöhnungseinrichtungen über den Umgang mit Rückfällen durchgeführt, in deren 62 Antworten sich diese Schwierigkeiten widerspiegeln, und in denen wir auch den steinigen Weg unserer eigenen langjährigen Erfahrungen wiederfanden. Es zeigt sich das ganze Spektrum von der rigiden disziplinarischen Entlassung des »überführten« Patienten bis hin zu intensivem Bemühen um das Verständnis der Ursachen des Scheiterns im Rückfall und seiner Nutzbarmachung in der weiteren Therapie. In vielen Zuschriften wurde die spürbare Tendenz, den Patienten zum Geständnis zu bringen und dann mit diversen »Ordnungsmaßnahmen« oder Stationsordnungen zu bestrafen, in das Bad psychodynamischer Begrifflichkeit getaucht, wobei sich gerade Topoi wie »Ich-Reifung«, »gesunde Ich-Anteile«, »Appell an das Erwachsenen-Ich« des Patienten zur Kachierung schwarzer und rigider Pädagogik gut eigneten. Das Phänomen scheint sich freilich durch alle Schulrichtungen zu ziehen. Beeindruckt hat uns aber auch, daß gerade die Einrichtungen in den neuen Bundesländern, die uns geschrieben haben, sich um eine ganz aus der therapeutischen Beziehung getragene differenzierte Aufarbeitung des Rückfalls bei gleichzeitiger Aufrechterhaltung der Arbeitsbeziehung zu bemühen scheinen.

Ein tieferes Verständnis des rückfälligen Patienten und unserer therapeutisch hilfreichen Beziehung zu ihm muß eben von der Dynamik seines und unseres Erlebens im Rückfall ausgehen und weniger von psychopathologischen Subsumierungen eines unbewegten psychiatrischen Außenbeobachters oder von den gesellschaftlich-pädagogischen Bewertungen auffälligen Verhaltens. Es erscheint uns daher sinnvoll, sich dem Rückfall von seiner anthropologisch-existentiellen Seite her zu nähern, das abgewehrte »Gesunde« in ihm aufzufinden, dasjenige Erleben, welches wir mit dem Patienten potentiell teilen, und in welchem wir ihm als Partner wiederbegegnen können.

Und hier scheint in unserer kleinen Eingangsszene ein Element auf, welches nur zu oft übersehen wird oder der therapeutischen Verurteilung unterliegt. Es handelt sich um eine gewisse Abgeschiedenheit, eine Introversion, um ein Gehäuse und darinnen mehr Glanz und Licht, das uns auch in den Beschreibungen der Weltliteratur wiederbegegnet. So schreibt BUNUEL (zitiert nach PAPAJORGIS 1993, S. 158):

»Wie St. Simeon der Stylit sich oben auf der Säule mit seinem unsichtbaren Gott unterhielt, habe ich in Bars viele Stunden in Träumereien zugebracht, im Gespräch mehr mit mir selbst als mit dem Kellner.«

oder DeQuincey notiert (ebd., S. 108):

»O ihr Himmel! welcher Umschlag! welch ein Aufwühlen des geistigen Inneren aus tiefsten Tiefen! ... Hier war das Geheimnis des Glücks,

161

um welches die Philosophen ein Zeitalter ums andere disputiert hatten, mit einem mal entdeckt; man konnte sein Glück nun für einen Penny kaufen und in der Westentasche mitnehmen; tragbare Ekstasen ließen sich in einem handlichen Fläschchen verstöpseln und Seelenfrieden mochte gallonenweise in der Postkutsche versandt werden.«

Wir wollen diesem Begriff der *Ekstasis* ein wenig nachspüren, scheint uns doch in ihm ein Humanum und damit ein Tertium zu liegen, welches einen Horizont, einen existentiellen Rahmen für die Beziehung zwischen rückfälligem Patienten und dem Therapeuten abgeben könnte.

Ekstasis – ein griechisches Wort, zu übersetzen zunächst ganz wörtlich mit ›Herausstehen‹, dann mit ›Außersichsein‹, auch mit ›Verzückung, Entsetzen‹. Im CORPUS HIPPOKRATIKUM (HIPPOKRATES, Aphorismoi VII, 5, zitiert nach HEIDRICH 1972) stand das Wort noch für symptomatische Raserei bei Geisteskrankheiten, jedoch schon mit PLATON (Phaidros, S. 440) beginnt eine andere Begriffsgeschichte: Ek-stasis wird zum ›Herausstehen‹ aus den Begrenzungen der endlichen Existenz. Sie ist das Erleben, welches dem Weisen zuteil wird, welcher in ewiger Anamnesis die Ideen das wirklich Seiende unmittelbar schaut – eine unendliche Verzückung. Einen ›raptus‹, einen ›excessus‹ nannten die mittelalterlichen Theologen diese Erfahrung, welche sie als die unverhüllte Ansicht Gottes und die Einheit mit ihm deuteten. Der Begriff der Ekstase findet also recht früh seine Heimat in der mystischen Erfahrung, wie sie in der Antike unter anderem im Dionysoskult praktiziert wurde und wie sie in der christlich-mönchischen Mystik ihre Fortsetzung fand.

In der neueren europäischen Geschichte, mit Aufkommen des bürgerlich-autonomen Ich seit der Renaissance freilich wird diese unmittelbare Anschauung, die Bildhaftigkeit des ekstatischen Erlebens immer mehr abgelöst von den Abstraktionen des Begriffes, und in unserem Jahrhundert hat dieser Prozeß eine neue beschleunigte Dimension gewonnen. ZOJA (1984) hat aus der Sicht eines analytischen Psychologen die Sucht als *initiatischen Versuch* beschrieben, zu neuen inneren Erfahrungen zu gelangen, der in modernen Gesellschaften aber aus Mangel an ›Gurus‹ und an ritueller Vorbereitung zum Scheitern verurteilt ist. Der Begriff der Initiation enthält die mythische Vorstellung der Wiedergeburt mit neuer Machtfülle. Heute werden mythisches Denken und die mystische Erfahrung abgewertet und zu einer historisch überwundenen, archaischen Durchgangsphase des menschlichen Geistes degradiert. Das ekstatische Erleben scheint aber eine notwendige gesunderhaltende Kategorie anschauender Erweiterung des Menschen in seinen kosmischen und natürlichen Zusammenhang hinein zu sein. Es ist gekennzeichnet durch eine besondere Intensivierung der Wahrnehmung und Wachheit, einer Lockerung der Ich-Grenzen verbunden mit dem Gefühl allergrößter Glückseligkeit, welche uns an das FREUD so suspekte ›ozeanische Gefühl‹ erinnert:

> Geistiges ist Urgrund
> Dingliches ist Staub, doch
> Beide sind noch Tupfen
> Auf dem Seelenspiegel
>
> Rein von Hauch und Flecken
> Leuchtet erst er klar. Beide,
> Geist wie Ding vergessen,
> Zeigt das Wesen wahr.

Diese aus einem solchen Erleben entstandenen Verse des Meisters YANG-SCHAN (zitiert nach SEIDL 1988, S. 212) schildern diese Wachheit bei gleichzeitiger Auflösung der Unterschiede und die verdichtete energetische Besetzung. Der gesunde und reife Mensch schöpft offensichtlich aus diesen Zuständen großer Erschütterung kreative Kraft und Lebensmut und erlebt sie oft als Scheitel- und Wendepunkte seiner Existenz.

Derartige Elemente des Ekstatischen, dieser menschlichen Grunderfahrung finden wir nicht selten auch bei rückfälligen, intoxikierten Patienten. Ihre In-sich-Gekehrtheit wird durch ihr Lärmen und ihre gelegentliche Aggressivität nicht aufgehoben. Die Erlebensskala reicht vom ›Knallen im Kopf‹, von ›sensations‹‹ vom ›Aufwachen‹, von ›Erlösung‹, ›stiller Seligkeit‹ bis zu ›platzender Kraft‹ und Motorik, ›Grundtraurigkeit‹, ›Schmerz am Dasein‹ und totaler Fusion mit dem göttergleichen Objekt: »Mein Name ist X, ich bin Alkohol« stellte sich ein Patient bei uns vor. Tiefe Erschütterung, anflutende Angst und das Erlebnis von apokalyptischem Weltuntergang können den Rückfall zu einer dunklen Erfahrung werden lassen, in welchem die Droge sich den Patienten quasi »einverleibt«, ihn auflöst und in ein zeitlos-höllisches Nirwana stürzt.

Hinter all diesen unterschiedlichen Ausgängen des Rückfallerlebens, welche sich zwanglos aus den jeweiligen Biographien und der typisch präödipalen Auseinandersetzung der Patienten mit intrapsychisch nicht integrierter, monströs-dämonischer Mutterimago interpretieren lassen und welche im Horizont triebtheoretischer, Ich- und objektpsychologischer Annahmen aufgehen, bleibt ein Gemeinsames – wohl Stereotypes – am Rückfall: Es handelt sich dabei um die Veränderung einer Gruppe von Ich-Funktionen, die wir mit HARTMANN ›Apparate primärer Autonomie‹ nennen, und da insbesondere um die Wahrnehmungsfunktion und eine undifferenzierte hedonisch-angstvolle Affektivität. Es scheint zu einer »Zentralisierung« des Ich-Erlebens auf dessen basale biologienahe Substrukturen zu kommen, welche die Intensität der Ich-Grenzen im Erleben eher abblassen läßt. Die Wachheit scheint – ganz entgegen der Außenbeobachtung – zuzunehmen, aber vielleicht handelt es sich dabei um ein von der Wahrnehmungsintensivierung abgeleitetes Gefühl.

Das ekstatische Erleben in der Intoxikation im Rückfall ist freilich nicht in die Gesamtpersönlichkeit integriert und stellt kein Kontinuum verschiedener situativer Übergänge dar. Am beeindruckendsten sind dabei die immensen sprungartigen qualitativen Veränderungen, denen die Persönlichkeit des rückfälligen Patienten unterliegt: Er ist schlagartig in seiner Affektivität und Motorik ein anderer und wir haben oft Mühe, ihn wiederzuerkennen. Auch er selbst hört später erstaunt, was er während des Rückfalls getan oder gesagt haben soll. Er kann affektiv und oft auch kognitiv den Hiatus zwischen seiner ›trockenen‹ und seiner ›nassen‹ Identität kaum schließen. Dieser Qualitätswechsel ist nicht von der Alkoholmenge abhängig, es genügen oft kleinste Quanten, um ihm beim Sprung über den Graben zwischen seinen verschiedenen seelischen Zuständen zu helfen.

Er erreicht seine Ekstase über den Weg einer Ich-Regression und einer Desintegration durch Versagen seiner synthetisch-integrativen Ich-Funktion. Dabei handelt es sich – mit welchen Auslösern auch immer – um eine aktive Abwehrleistung, welche ihn einerseits vor dem Erleben eines narzißtischen Zusammenbruchs mit all seinen quälenden Affekten schützt und andererseits unter den Bedingungen der Droge das im nüchternen Zustand aus Gründen der Erhaltung der Ich-Konsistenz gleichfalls abgewehrte ekstatische Ich-Erleben in seine Funktion wieder einsetzt. Er kann natürlich die konstruktiven Seiten dieses Erlebens, die es für den

Gesunden so existentiell wertvoll machen, nicht nutzen und in den drogenfreien Zustand hinüberretten. Es bleibt ihm trocken letztlich immer Bedrohung. Dann erscheint er uns oft als ein griesgrämig eingeengter Mensch mit panischer Regressionsangst (z.B. vor Beschäftigungstherapie).

Ganz anders der Gesunde: Bei ihm ist das ekstatische Erleben nicht getrennt von den intrapsychischen Symbolisierungen seiner menschlichen Beziehungen und von seinem Leben in der Welt. Es stellt vielmehr eine Erweiterung und Vertiefung des Kontinuums seiner Persönlichkeit dar, welche ihn eher auf die Menschen und die Welt zuführt, seine schöpferischen Kräfte potenziert und seine synthetisch-integrative Ich-Funktion stärkt. Es kennt deshalb vielfältige Übergänge und wird nicht primär als Ich-fremd wahrgenommen. Auch hier findet eine Überbesetzung der Apparate der primären Autonomie statt, aber ohne Beeinträchtigung der synthetisch-integrativen Ich-Funktion. Gleichzeitig kommt es zum Erleben einer partiellen Ich-Auflösung, die angstfrei bleibt und in der Regel keine regressive Abwehr von unerträglichen intrapsychischen Konflikten darstellt.

In vielen religiösen Meditationstechniken wird durch antiregressive Triebversagung und Askese gerade die synthetisch-integrative Ich-Funktion gestärkt und gefördert, auf deren Basis die Erleuchtungserfahrung aufgebaut ist und dadurch eben nicht die Folge einer Ich-Regression, sondern antiregressive Bedingung der Transzendierung seiner Identität darstellt.

Der Therapeut sollte nun beim Umgang mit dem rückfälligen Patienten die beiden unterschiedlichen Zustände des Patienten kennen und hat hier eine integrierende Funktion.

Dabei spielt einerseits das mildere sich von der Rigidität des Patienten absetzende Über-Ich des Therapeuten während und nach dem Rückfall eine wichtige Rolle. Hier kann der Patient zunächst eine notwendige korrigierende emotionale Erfahrung in bezug auf sein emotionales Aufgehoben-Sein durch den Therapeuten machen und sich als wertvoller Mensch respektiert wiederfinden.

Der Therapeut wird aber im weiteren nur dann zu adäquaten Interventionen kommen, wenn er sich in das desintegrierte ekstatische Erleben des Patienten über die Dialektik von Abwehrleistung und existentieller Notwendigkeit auf der Ebene seiner eigenen integrierteren ekstatischen Ich-Funktion einfühlen kann. Anders als bei neurotischen Patienten, die sich in einer Auseinandersetzung zwischen ihrem rigiden Über-Ich und Es-Derivaten befinden und die durch die Internalisierung des milderen Über-Ich des Analytikers zu einer Strukturveränderung kommen, geht es beim rückfälligen Alkoholiker um Ich-Veränderungen, die unter anderem aus der Abwehr eines aus verschiedenen Ich-Funktionen zusammengesetzten menschlichen Grunderlebens – nämlich der Ekstase – resultieren, und welche – insbesondere während des Rückfalls – nicht der deutenden Interpretation zugänglich sind. Der Patient braucht die Internalisierung der Antwort des intakteren Ich des Therapeuten auf sein nicht-integriertes ekstatisches Erleben. In seiner antwortenden Annahme des Ich des Patienten, sowohl in dessen desintegrierter, abgewehrter Ekstase, wie auch in seiner regressiven Schwäche und seinem Ausgeliefertsein übernimmt der Therapeut hilfsweise dessen synthetisch-integrative Ich-Funktion und gerade aus dieser Übernahme folgt tatsächlich zunächst eine Verantwortung dem Patienten gegenüber, die den Therapeuten oft in einem größerem Umfang handeln läßt, als im Rahmen des Prinzips Antwort der gewöhnlichen psychotherapeutischen Stunde. Der Therapeut substituiert mit seinem Ich quasi die artifizielle Ich-Funktion der Droge (siehe auch BÜCHNER 1993) und schafft so für den Patienten erst die Möglichkeit, wieder auf sie zu verzichten. Diese handelnde Verantwortung muß in den Gesprächen nach dem Rückfall wieder in die Selbstverantwortung des sich oft schämenden, von Schuldgefühlen geplagten Patienten überführt werden, dies freilich auf einem anderen Niveau, das den Patienten in bezug auf die Möglichkeit eines freieren unintoxikierten ekstatischen Erlebens im weiteren antwortenden Diskurs mit dem Therapeuten seine Therapie fortsetzen läßt. Der Rückfall – hier als Chance.

Es ist deutlich geworden, daß die Aufarbeitung der Auslösungssituation im Vorfeld des Rückfalls in dessen akuter Phase hier nur einen kleinen Raum einnimmt. Derartige Versuche einer interpretierenden Reduktion erreichen den doch tief regredierten Patienten in seinem Gehäuse kaum und fördern eher Rationalisierungstendenzen. Bei schwer Alkoholkranken sind die Auslösungssituationen auch meist accidentiell und unspezifisch. Ziel der Interventionen während und besonders unmittelbar nach dem Rückfall ist vielmehr die Angst des Patienten vor seiner anderen, abgewehrten Seite und sein spezifischer Konflikt zwischen den verschiedenen Subfunktionen seines Ich.

Dabei ist der narzißtische Konflikt trotz der häufigen oberflächlichen rationalisierenden Verwörterung von Selbstwertproblemen dem Patienten tief unbewußt, während das abgewehrte und im Rückfall wiederkehrende ekstatische Erleben bewußtseinsnäher und damit ansprechbarer ist.

Eine Fallvignette aus der analytisch orientierten Behandlung einer 30jährigen alkoholabhängigen Frau mit einem sehr kurzen Rückfall während der Therapie mag ein wenig die hier favorisierte therapeutische Haltung andeuten:

Patient:     (deutlich übernächtigt, riecht nicht gut) ... eine unangenehme Geschichte ... ist mir sehr unangenehm.
Therapeut: Was denn?
Patient:     Ich fühl mich heute nicht so – äh – ich meine, ich bin irgendwie nicht gut drauf. Heute ... in letzter Zeit grübele ich wieder sehr, über meine Situation und so ...

Schweigen

Therapeut: Ich habe schon an der Tür gedacht, ob Sie vielleicht getrunken haben ...
Patient:     (zerstreut) ja das auch ... furchtbar peinlich – Wir hatten ja vereinbart, daß Trinken nicht ist – ohne Alkohol hier – ist jetzt hier Schluß? Naja, bleibt noch die Selbsthilfegruppe ... hm.

Schweigen

Patient:     Ich habe versagt, keine wirkliche Selbstbeherrschung ...
Therapeut: Wollen wir über den Rückfall reden, so hatten wir das ja auch besprochen ... sind Sie schon wieder nüchtern genug?
Patient:     Glaub schon – was soll man da reden – so'n richtigen Grund hatte ich natürlich nicht – vielleicht in der Firma – wir machen Inventur – sehr hektisch – gestern abend war ich fertig, dann ist's geschehen ...
Therapeut: War denn das Trinken ein gutes Erlebnis?
Patient:     Natürlich nicht – Sie sehen doch wie's mir geht!

Schweigen
Therapeut: Na jetzt, schon, aber als Sie tranken, wie haben Sie sich gefühlt?
Patient:     Ich bin in die Disco und habe getanzt wie 'ne Irre, so traurig und allein, und später mit ein paar Typen – aber ich habe mich seit Wochen wieder gespürt, war so ganz ich – wie

früher mit Peter – Da war noch der Himmel – Sie wissen doch kurz vor Schluß, na hab' ich Ihnen ja schon erzählt,

Schweigen

und dann hatte ich noch«ne tiefe discussion um drei mit Stefan – telefoniert – war wie Gedankenlesen, wo ich mich doch nicht ausdrücken kann sonst, geht ja hier auch nicht – merke jetzt – ist mir echt peinlich – ich erzähl Ihnen so Kinderkram ...

Therapeut: Dann konnten Sie also viel unter Alkohol, was Ihnen sonst im Leben so fehlt – Ich brauche das auch manchmal, solche Erlebnisse – vielleicht etwas anders als Sie, aber so ein tiefes Gespräch in der Nacht mit Freunden – da kann ich mir was vorstellen ...

Patient:  Nicht wahr? mit siebzehn da haben wir das oft, das war toll der Schmerz, die Nacht und ganz wir oder so – irgendwie vorbei.

Therapeut: Vielleicht, weil Ihnen das unangenehm ist? Wie jetzt, wo Sie mir das erzählen ... schade, daß Sie es jetzt nur unter Alkohol genießen können ...

Patient: Naja und dann ist es eben danach so schlimm, ich konnte mich heute früh kaum konzentrieren und war so unruhig, konnte kaum still stehen – also nicht wegen Schuldgefühlen – naja auch – und auch überhaupt – und dann wußte ich nicht, was Sie machen werden und ich hab auch geglaubt, das passiert nie – Sie waren ja skeptischer ...

Therapeut: Ja, vielleicht, weil ich mir eher vorstellen konnte, daß man ohne solche glücklichen Stunden nicht gut klar kommt – und Sie können sowas in den letzten Jahren nicht mehr ohne die Hilfe von Alkohol. – Es wäre natürlich ...

Patient: (ein bißchen brav, dann eher neckisch) ... natürlich muß ich trocken bleiben, sonst komme ich vollkommen runter – das hatte ich ja schon – (Pause) – Sie in 'ner Disco ? – is' aber auch nicht so das ... oder?

# Literatur

BÜCHNER, U. (1993): Sucht als artifizielle Ich-Funktion. In: BILITZA, K. (Hg.): Suchttherapie und Sozialtherapie. Vandenhoeck u. Ruprecht, Göttingen.

FREUD, S. (1930): Das Unbehagen in der Kultur. Gesammelte Werke Bd. 14, S. 436. Fischer Verlag, Frankfurt a.M. 1978.

FREUD, S. (1986): Briefe an Wilhelm Fließ. Fischer-Verlag, Frankfurt a.M.

HEIDRICH, P. (1972): Ekstase. In: RITTER, J. (Hg): Historisches Wörterbuch der Philosophie, Bd. II, S. 434, Wissenschaftliche Buchgesellschaft, Darmstadt.

PAPAJORGIS, K. (1993): Der Rausch – Ein philosophischer Aperitiv. Klett-Cotta, Stuttgart.

PLATON, Phaidros. In: DERS.: Sämtliche Werke, Bd. II, S. 411, Lambert Schneider, Heidelberg 1982.

SEIDL, A. (1988): Koans aus dem Bi-Yän-Lu. Hanser, München/Wien.

ZOJA, L. (1984): Sucht als unbewußter Versuch zur Initiation. Analyt. Psychol. 15 (2): 110.

*Heiner Ellgring*

# Die Angst des Therapeuten vor dem Rückfall

## *Verhaltenstherapeutische Sicht*

Ähnlich wie der Torwart beim Elfmeter sieht sich auch der Sucht-Therapeut aller Erfahrung nach hin und wieder – manche meinen zu häufig – geschlagen am Boden liegen. Trotz all seiner Anstrengungen kann er *das* nicht verhindern, was doch als erstes Therapieziel verhindert werden soll. Im folgenden soll näher auf diese Situation der Chancen-Ungleichheit eingegangen und dabei vor allem der Torwart oder der Therapeut betrachtet werden: Was sind seine Reaktionen und wodurch werden sie beeinflußt? Welche Rolle spielt das Publikum – das Team, die Angehörigen, die Institution – und natürlich der Torschütze selber. Von diesem Torschützen muß man ja annehmen, daß er in jedem Fall ein Eigentor schießt. Man könnte sich, um das Bild fortzusetzen, einen Alptraum vorstellen: der Elfmeterschütze aus der eigenen Mannschaft tritt gegen seinen eigenen Torwart an; das Publikum, der Schiedsrichter und die eigene Mannschaft merken nichts, solange bis das Tor gefallen ist. Erst dann hebt ein großes Wehklagen an, was alles verloren ist, warum man nicht schon früher die Situation verhindert hat.

Aber Bilder und Metaphern sind unzulänglich und naturgemäß schief. Wie sieht die reale Situation aus? Welche Kenntnisse gibt es, wenn möglich auch aus systematischen Untersuchungen, über die Situation des Therapeuten beim Rückfall?

Die emotionalen Reaktionen des Therapeuten bilden auch einen Bestandteil der Realität des Suchtkranken. Selbst wenn dies nur einen Teil dieser Realität ausmacht, so verdient er doch beachtet zu werden. Dabei stehen im Vordergrund die gefühlsmäßigen Reaktionen vom Therapeuten sowie verschiedene externe und interne Faktoren, die mit diesen Reaktionen in Wechselwirkung stehen. Außerdem sollen einige Überlegungen angestellt werden, die der Vorbereitung des Therapeuten auf die kritische Situation dienen und die Bewältigung von Mißerfolgen erleichtern.

## *Bisherige Untersuchungen und Gründe für die spärliche Behandlung des Themas*

Angesichts der Häufigkeit, mit der Rückfälle im Suchtbereich auftreten, sollte man eine umfangreiche Literatur zur Problematik erwarten und zwar durchaus auch im Hinblick auf die Situation des Therapeuten.

Gerade aus der Sicht der empirisch-experimentell ausgerichteten Psychologie fragt man nach entsprechenden Untersuchungen. Während jedoch zur allgemeinen Problematik des Rückfalls eine Vielzahl ausgezeichneter Arbeiten und Übersichten vorliegt (MARLATT u. GORDON 1985; WATZL u. COHEN 1989; KÖRKEL 1988) muß man feststellen, daß die Situation des Therapeuten – bis auf wenige eher anekdotische Beschreibungen und allgemeine Überlegungen – kaum behandelt wird. Eine der wenigen Arbeiten ist eine Studie von HERDER und SAKOFSKI (1988), die den Rückfall und seine Bedeutung für die Psychohygiene des Therapeuten betrachtet. Eine Befragung von 23 Therapeutinnen und Therapeuten mit unterschiedlicher Erfahrung im ambulanten und stationären Suchtbereich bildet die Grundlage ihres Beitrags.

Des weiteren werden einige erste vorläufige Ergebnisse einer Würzburger Studie[1] berichtet, die augenblicklich von GISELA HELGENBERGER durchgeführt wird. In ihrer Diplom-Arbeit untersucht sie das Erleben des Rückfalls bei Therapeuten, die in verschiedenen stationären Einrichtungen arbeiten. Daraus liegen augenblicklich Angaben und Daten aufgrund von Interviews mit 6 Therapeuten und einer Fragebogenerhebung bei 9 Therapeuten mit Aussagen über 56 ihrer Klienten vor.

Angesichts der »Normalität« von Rückfällen in der Suchtthe-

---

1 Für ihre Unterstützung der Untersuchung danken wir den Einrichtungen in Friedrichsdorf, Furth im Wald, Hillersbach, Hofheim, Lohr und vor allem auch den Therapeutinnen und Therapeuten für ihre Offenheit und Bereitschaft zur Mitarbeit.

rapie stellt sich die Frage, warum dem Therapeuten im Zusammenhang mit dem Rückfallgeschehen so wenig Aufmerksamkeit geschenkt wird.

HERDER und SAKOFSKI (1988) stellten fest, daß sich ihre Frage nach den Reaktionen der Therapeuten auf den Rückfall als »Tabu-Thema« erweist. Gleichzeitig zeigen Therapeuten – und dies wurde auch aus der »Würzburger Studie« bereits deutlich – eine hohe emotionale Beteiligung bei dem Thema. Es besteht ein großes Bedürfnis nach Erfahrungsaustausch. Dennoch finden offene Gespräche über die eigenen Reaktionen kaum statt, vor allem nicht darüber, daß ein Rückfall den Therapeuten in erheblichem Maße belasten kann.

Gründe für die spärliche Behandlung des Themas, die auch von HERDER und SAKOFSKI (1988) genannt werden, lassen sich wie folgt zusammenfassen:

– Die Betrachtung des Rückfalls alles *Alles-oder-Nichts-Ereignis*, bei dem sämtliche vorherigen Bemühungen zunichte werden, erschwert eine nüchterne Bewertung und verhindert eine offene Diskussion der mit dem Rückfall verbundenen Prozesse.

– Eine öffentliche Auseinandersetzung mit Rückfällen wird gleichgesetzt mit einer *Nestbeschmutzung*, die sich die Therapeuten oder die Einrichtung nicht leisten können.

– Die Anzahl rückfälliger Klienten wird als Kriterium für die Qualität der *therapeutischen Kompetenz* angesehen. Das Schweigen darüber schützt somit vor materieller und psychischer Bedrohung des Therapeuten.

– Vor allem erfahrene Therapeuten sehen ihre *eigenen Persönlichkeitsanteile* als Teil ihrer emotionalen Reaktionen auf den Rückfall. Wenn sie eingestehen, daß ein Rückfall das eigene psychische Befinden beeinträchtigt, könnte das ein persönliches Involviertsein offenlegen. Der Therapeut könnte selbst als Spielball des Geschehens oder gar als neurotisch betrachtet werden.

– Aus psychoanalytischer Sicht bemerkt IMHOF (1991), daß *Gegenübertragung*, besonders die *negativen emotionalen Reaktionen* des Therapeuten auf den Klienten, kein populäres Thema sind. Dennoch seien diese Faktoren mitentscheidend für den Therapieerfolg.

– Der *Rückfall zerstört das Idealbild der therapeutischen Allianz*, die vom Klienten mit dem Rückfall aufgekündigt wird.

172

– Ganz allgemein ist es so, daß man sich lieber offen über Erfolge als über Mißerfolge auseinandersetzt. Der Rückfall aber ist der *Mißerfolg par excellence* in der Suchttherapie.

Fazit bleibt, daß ein häufig auftretendes, für alle Beteiligten äußerst belastendes Ereignis bisher kaum aus der Perspektive des Therapeuten thematisiert wurde. Dennoch kann man davon ausgehen, daß beim Therapeuten ein hohes Ausmaß an persönlicher Beteiligung und Betroffenheit in einer solchen Situation besteht. Daß diese Situationen zum »Burn-out«-Syndrom von Suchttherapeuten beitragen, erscheint unmittelbar plausibel, denn Burn-out ist in hohem Maße bedingt durch Überforderung bei Tätigkeitsaspekten mit besonders hoher persönlicher Relevanz (KÜNZEL u. SCHULTE 1986). Aber nicht nur deswegen zeigt sich unmittelbares Interesse bei den Beteiligten und ein Bedürfnis, diese Seite der therapeutischen Arbeit zu behandeln.

## Reaktionen des Therapeuten nach einem Rückfall

Eine Vielzahl von gefühlsmäßigen und gedanklichen Reaktionen läuft unmittelbar nach einem Rückfall ab. Je nach dem Grad der inneren Beteiligung, den Hoffnungen, die man sich in bezug auf den Klienten gemacht hat, beobachtet sie der Therapeut mehr oder weniger distanziert bei sich selbst.

Die institutionellen Regeln lassen vielfach wenig Spielraum für die Verhaltensreaktionen, wenn auf einen Rückfall automatisch die disziplinarische Entlassung folgt. Das bedeutet dann aber keinesfalls, daß die emotional-kognitiven Reaktionen weniger intensiv oder belastend sind.

Auch wenn eine Trennung der verschiedenen Reaktionskomponenten im konkreten Fall kaum möglich ist, soll dies hier der Klärung wegen doch versucht werden. Insbesondere im Hinblick auf mögliche Maßnahmen zur Verbesserung der Situation erscheint eine solche Klärung notwendig.

## Emotionale Reaktionen

Im allgemeinen reagieren Therapeuten unmittelbar auf den Rückfall mit verschiedenen, meistens negativen Gefühlen.

»Bei mir löst das immer einen inneren Dialog aus. Habe ich etwas falsch gemacht, hab' ich was übersehen? Hab' ich ihn auf irgendwas nicht hingewiesen? Was für Gefühle hab' ich dabei, bin ich traurig, bin ich sauer auf ihn? Da stellt sich für mich schon die Frage des Versagens, ob ich da nicht gut gearbeitet habe. Der Dialog geht weiter in Richtung, wofür hab ich Verantwortung und wofür nicht. Ich komme dann irgendwann an den Punkt, daß ich sage, er hat sich dazu entschlossen und das ist sein Teil. Da mache ich dann für mich 'ne Grenze. Eine zweite Frage ist, wie gehe ich mit meiner Enttäuschung um, meinem Ärger, meiner Trauer ihm gegenüber? Wie geht er mit seinen Schuldgefühlen um mir gegenüber, was oft der Fall ist, und kann man mit dem Rückfall arbeiten oder nicht. Manchmal ist Rückfall auch was tolles, eine ganz wichtige Chance, die jemand hat. Zu sehen, das funktioniert nicht. Ich wollte ab und zu mal so ein kleines Bockschüßchen machen und zu sehen, ich hab's nicht im Griff.«[2]

Gelegentlich wird aber auch mit Erleichterung bemerkt, daß endlich eine Klärung eingetreten ist.

»Ich denke, es ist sehr wichtig hier, seine eigene Wirksamkeit als Therapeut nicht zu überschätzen. Das bißchen, das wir hier tun können, da sollte man nicht so tun, als wenn Leute, die's packen, das nur uns zu verdanken hätten. Man sollte sich auch nicht jeden Rückfall und jedes Scheitern selbst anziehen, denn so wirkungsvoll sind wir tatsächlich nicht, bei aller Mühe, die wir uns geben, und das ist eine Menge. In der Drogenarbeit muß man sich, glaub' ich, ziemlich schnell diese therapeutischen Omnipotenzphantasien abschminken.«

Im allgemeinen fühlen Therapeuten sich auch nach längerer Berufserfahrung erheblich durch das gesamte Rückfallgeschehen belastet.

Nach HERDER und SAKOFSKI (1988) spielen drei psychische Mechanismen eine Rolle:

---

2  Dies und die folgenden Zitate entstammen den Interviews der Würzburger Studie.

## 1. Helfersyndrom

Die emotionalen Reaktionen können Ausdruck des Helfersyndroms sein. So bemerken Therapeuten, daß sie persönlich verletzt sind. Es beleidigt die Eitelkeit, daß gerade bei ihnen jemand rückfällig werden muß. Bei nicht-motivierten, »nicht hilfebedürftigen« Klienten finden sich verdeckt aggressive Reaktionen oder Äußerungen. Ein Gedanke wie »Das ist nun die Quittung für das, was ich schon vorhergesehen hatte«, macht die eigene emotionale Beteiligung deutlich. Bestrafungs- und Racheimpulse oder eine gewisse Genugtuung als Reaktion auf rückfällig gewordene Klienten können Indikatoren dafür sein, daß der Therapeut mehr in die Therapie investiert hat als der Klient.

Frustrationserlebnisse des Therapeuten, bedingt durch sein Überengagement oder eine Fehleinschätzung des Klienten führen zu Unzufriedenheit sowohl mit sich selbst als auch mit dem Klienten. Es liegt auf der Hand, daß damit langfristig psychische Überlastungssymptome gefördert werden.

## 2. Stimmungsübertragung

Es findet eine »Stimmungsübertragung« statt. Nach HERDER und SAKOWSKI (1989) »infizieren die Klienten mit Ansteckungsangeboten« ihre Therapeuten mit negativen Gefühlen oder krankmachenden Anteilen. Sie zitieren das »Talion-Prinzip« nach KERNBERG, nach dem der Therapeut als Reaktion auf die negative Reaktion des Klienten bei sich negative Gefühle als Gegenübertragungsreaktion wahrnimmt und diesem Mechanismus gegenüber hilflos ist.

Negative Gefühlsreaktionen können Empfindungen sein wie Angst, Haß, Rache, Gleichgültigkeit, Niedergeschlagenheit, Schläfrigkeit usw.

## 3. Schuldempfinden des Therapeuten

Ein großer Teil der Verantwortung für den Drogenkonsum wurde vom Therapeuten übernommen. Vielen Helfern scheint es schwerzufallen, anderen Menschen die Verantwortung für deren Handeln tatsächlich zu lassen. Offensichtlich sind unerfahrene Therapeuten hier besonders betroffen.

Inwieweit man hierin eine Folge eigener neurotischer Fehlentwicklung sehen muß, wie sie von der Psychoanalyse angenommen wird, ist fraglich. Zunächst sollte man hier auf eine verbesserte Weiterbildung und Supervision achten, in der das Rückfallgeschehen adäquat thematisiert wird.

Die Ergebnisse der Würzburger Studie zeigen, daß auch positive Emotionen wie Interesse, Wärme, gelegentlich auch Erleichterung nach einem Rückfall auftreten können. Dabei fällt auf, daß bei längerer Tätigkeit diese Bereitschaft zu positiven emotionalen Reaktionen abnimmt, und daß dann eine nüchternere, möglicherweise distanziertere Haltung im Vordergrund steht.

Interessant ist auch, daß insbesondere bei Therapeuten in der Ausbildung emotional negativ betroffene Reaktionen stärker ausgeprägt sind.

### Kognitive Reaktionen

Die Gedanken im Zusammenhang mit dem Rückfall beziehen sich auf die Bedingungen, unter denen der Rückfall auftrat; und auf die Bedeutung des Rückfalls für die Therapie oder auf weitere therapeutische Maßnahmen. Der Therapeut fragt sich, was er übersehen haben könnte, wo Fehler passiert sein könnten.

Besonders bei starken emotionalen Reaktionen wird nach Erklärungen gesucht, auch zur eigenen Entlastung. Aus der Attributionsforschung ist bekannt, daß insbesondere unerwartete Ereignisse mit hoher emotionaler Beteiligung eine verstärkte Suche nach Kausalerklärungen in Gang setzen. Wenn es gelänge, den Rückfall besser vorherzusagen, so wäre dies schon eine Entlastung.

Ein sehr wichtiger Aspekt, der sicherlich durchaus kontrovers gesehen werden kann, ist die Betrachtung des *Rückfalls als Chance* zur weiteren Bewegung oder Klärung in der Therapie.

»Ich würde es für verkehrt halten, daß man in einem Rückfall nur das Scheitern sieht, nicht die Chance. Wenn ein Patient weiß, wenn ich in der Therapie einen Rückfall habe, heißt das das Ende der Therapie, ist das eine solche Hypothek. Natürlich ist ein suchtfreier Verlauf der

Therapie das Ziel. Aber daß ein Rückfall das Ende der Therapie bedeutet, finde ich an sich untherapeutisch. Da ist dann ein Patient eventuell von vorneherein eingeschränkt, bestimmte Dinge anzusprechen.«

Diese Betrachtung setzt zunächst voraus, daß die Institution die Möglichkeit eines flexiblen Umgangs mit der Rückfallsituation zuläßt. Sie bedeutet allerdings nicht, daß von dem Therapieziel »Abstinenz« abgewichen wird.


## Verhaltensreaktionen

Bereits zu Beginn der Therapie tragen therapeutische Verhaltensweisen einem möglichen Rückfall Rechnung. So ist beispielsweise die Frage nach der persönlichen Distanz oder Nähe implizit im Hinblick auf die Wirkung bei einem möglichen Rückfall reflektiert. Die Verhaltensweisen von »Saugnapf-Patienten« – so die Kennzeichnung durch eine Therapeutin – führen zu Überlegungen, inwieweit ein Rückfall nicht auch funktional als Möglichkeit eingesetzt wurde, um die Bindung zwischen Patient und Therapeut enger zu gestalten.

So zeigen Beobachtungen, daß Ehefrauen besonders dann viel Aufmerksamkeit zeigen, wenn der Patient getrunken hat. Solch ein dysfunktionales Muster könnte in der Klinik fortgesetzt werden. Für den Therapeuten ist es hierbei notwendig, das angemessene persönliche Gleichgewicht von Nähe und Distanz frei gestalten zu können.

»Ich muß eine ganz klare Grenze einhalten. Natürlich sind mir manche Patienten gefühlsmäßig näher und manche erreiche ich gefühlsmäßig nicht so oder will sie auch vielleicht nicht erreichen. Wichig ist für mich, eine deutliche Distanz zu wahren. Das heißt nicht, daß wir hier auf Station nicht auch sehr kameradschaftlich miteinander umgehen. Ich würde zum Beispiel keine privaten Kontakte zu Patienten pflegen. Da würde man auch möglicherweise Erwartungen wecken, die man ja doch nicht erfüllen kann. Was auch oft ein Problem ist, daß Süchtige ja sehr fordernd sind. Gerade die, die nie genug gekriegt haben, daß die sich jetzt hier ganz viel holen wollen. Da ist es manchmal schon schwierig, die Patienten auf bestimmte Termine festzulegen. Es kann durchaus vorkommen, daß Patienten jeden Tag ein Einzelgespräch würden haben wollen. Da versuche ich dann, eine gewisse Struktur hineinzubringen. Oder auch mit Zeitbegrenzung ist es oft schwierig.«

Wichtig für einen verbesserten Umgang mit Rückfällen ist es, genaueren Aufschluß über die Reaktionen beim Therapeuten zu gewinnnen, insbesondere auch, wodurch diese Reaktionen beeinflußt werden, und welche Freiheitsgrade für das Verhalten bestehen.

## Einflußfaktoren auf die Reaktionen des Therapeuten

Auch wenn wir bisher nicht angeben können, in welchem Ausmaß die verschiedenen Faktoren zu den Reaktionen des Therapeuten auf den Rückfall beitragen, so lassen sich doch einige von ihnen durchaus plausibel nachvollziehen.

Die Reaktionen des Therapeuten sind das Ergebnis eines Filterprozesses, in dem der Rückfall wie in einer Linse durch verschiedene subjektive und objektive Faktoren gebrochen wird. Diese Faktoren beziehen sich, ohne daß sie hier erschöpfend behandelt werden könnten, auf den Klienten, den Therapeuten selbst, die Therapie sowie die Institution und das therapeutische Umfeld.

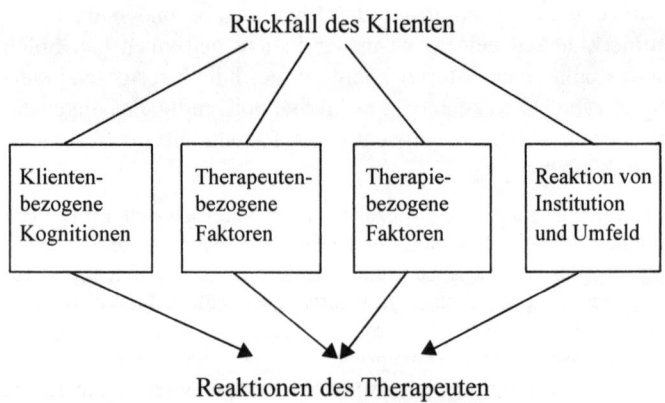

Abbildung 1: Rückfall des Klienten

## Auf den Klienten bezogene Kognitionen

- vermutete Ursachen für den Rückfall
- bisherige Erfahrungen mit dem Klienten
- Wahrnehmung des Klienten
- Einstellungen (Emotion, Kognition, Verhalten) dem Klienten gegenüber.

An erster Stelle sind hier die vermuteten Ursachen für den Rückfall zu sehen. In Abbildung 2 sind als vorläufige Ergebnisse die von den Therapeuten vermuteten Rückfallursachen angegeben, wobei die Reihenfolge die jeweilige Bedeutungsgewichtung angibt. Die Werte bezeichnen den Median mit den Linien als Spannbreite.

Negative emotionale Zustände und unzureichende Streßverarbeitung sowie fehlende Therapiemotivation werden durch die Therapeuten an erster Stelle gewichtet. Weniger stark werden auf den Therapeuten bezogene Ursachen vermutet.

Inwieweit dies tatsächlich bei einem Rückfall zutrifft oder ob diese Sichtweise auch eine Immunisierungsstrategie der Therapeuten darstellt, wäre zu untersuchen. Zu beachten ist hier auch die Möglichkeit, daß der Klient die Nicht-Anwesenheit des Therapeuten als Alibi für einen Rückfall benutzen kann.

Allgemein werden unerwartete Rückfälle oder auch eine Kette von Rückfällen als besonders belastend erlebt. Auch unter dieser Perspektive bleibt es eine wichtige Aufgabe, Strategien weiter zu entwickeln, die eine verbesserte Vorhersage des Rückfalls ermöglichen.

Positive Wahrnehmungen und Einstellungen dem Klienten gegenüber überwiegen nach den bisherigen Befunden vor einem Rückfall bei weitem (s. Abb. 3).

Diese sehr positiven Einstellungen machen allerdings auch die Enttäuschung nach einem Rückfall besonders plausibel.

Als Einzelpunkt fällt auf, daß die Therapeuten mit den Klienten am wenigsten lachen, also kaum eine unbeschwert positiv-emotionale Einstellung entwickeln können.

*Rückfallursachen*
Einschätzungen von Therapeuten, in welchem Ausmaß verschiedene Ursachen im allgemeinen zu einem Rückfall beitragen. Anordnung nach dem relativen Gewicht.

| | gar nicht | kaum | teilweise | über- wiegend | außer- ordentlich |
|---|---|---|---|---|---|
| 1. Negative emotionale Zustände | 1 | 2 | 3 | 4 | ⑤ |
| 2. Ungenügende Strategien, um mit Belastungen fertig zu werden | 1 | 2 | 3 | ④ | 5 |
| 3. Fehlende Therapiemotivation | 1 | 2 | 3 | ④ | 5 |
| 4. Drogenverlangen | 1 | 2 | ③ | 4 | 5 |
| 5. Sozialer Druck | 1 | 2 | ③ | 4 | 5 |
| 6. Konflikte mit anderen | 1 | 2 | ③ | 4 | 5 |
| 7. Kritische Lebensereignisse | 1 | 2 | ③ | 4 | 5 |
| 8. Wunsch nach Wiederherstellung der durch die Abstinenz veränderten Beziehungen im familiären Umfeld des Klienten | 1 | 2 | ③ | 4 | 5 |
| 9. Alibifunktion, um sich einen Therapieabbruch zu erleichtern | 1 | 2 | ③ | 4 | 5 |
| 10. Schuldzuweisung an den Therapeuten | 1 | 2 | ③ | 4 | 5 |
| 11. Wunsch nach mehr Aufmerksamkeit in der therapeutischen Beziehung | 1 | 2 | ③ | 4 | 5 |
| 12. Mangelndes Selbstvertrauen | 1 | 2 | ③ | | |
| 13. Unterschiedliche therapeutische Ziele des Klienten und des Therapeuten | 1 | 2 | ③ | 4 | 5 |
| 14. Entmachten des Therapeuten | 1 | ② | 3 | 4 | 5 |
| 15. Drogenreize | 1 | ② | 3 | 4 | 5 |
| 16. Wunsch nach Kontakt mit früheren Freunden und Bekannten | 1 | ② | 3 | 4 | 5 |
| 17. Angst vor Trennung vom Therapeuten | 1 | ② | 3 | 4 | 5 |
| 18. Nicht-Erreichbarkeit des Therapeuten (wegen Wochenende, Urlaub) | 1 | ② | 3 | 4 | 5 |
| 19. Negative Persönlichkeitseigenschaften des Klienten | 1 | ② | 3 | 4 | 5 |
| 20. Entzugssymptome | ① | 2 | 3 | 4 | 5 |

Abbildung 2: Rückfallursachen

*Einstellungen dem Klienten gegenüber*
Gegenwärtige Gefühle, Einstellungen und Verhaltensweisen
der Therapeuten gegenüber ihren Klienten.
Anordnungen nach dem relativen Gewicht.

Der Klient ist im Augenblick ...

|  | gar nicht | kaum | teilweise | über- wiegend | außer- ordentlich |
|---|---|---|---|---|---|
| 1. ... ehrlich mir gegenüber | 1 | 2 | 3 | ④ | 5 |
| 2. ... sympathisch | 1 | 2 | 3 | ④ | 5 |
| 3. ... zugänglich | 1 | 2 | 3 | ④ | 5 |
| 4 ... motiviert für die therapeutische Arbeit | 1 | 2 | 3 | ④ | 5 |
| 5. ... hilflos | 1 | 2 | ③ | 4 | 5 |
| 6. ... schuldbewußt | 1 | 2 | ③ | 4 | 5 |
| 7. ... leidend | 1 | 2 | ③ | 4 | 5 |
| 8. ... angepaßt | 1 | 2 | ③ | 4 | 5 |
| 9. ... Zuwendung fordernd | 1 | 2 | ③ | 4 | 5 |
| 10. ... aggressiv mir gegenüber | ① | 2 | 3 | 4 | 5 |

Gegenwärtig kann ich ...

|  | gar nicht | kaum | teilweise | über- wiegend | außer- ordentlich |
|---|---|---|---|---|---|
| 11. ... dem Klienten Verständnis entgegenbringen | 1 | 2 | 3 | ④ | 5 |
| 12. ... den Klienten akzeptieren | 1 | 2 | 3 | ④ | 5 |
| 13. ... Aufmerksamkeit für den Klienten zeigen | 1 | 2 | 3 | ④ | 5 |
| 14. ... mich gut auf den Klienten einlassen | 1 | 2 | 3 | ④ | 5 |
| 15. ... guten Kontakt bekommen | 1 | 2 | 3 | ④ | 5 |
| 16 ... mangelnde Fortschritte des Klienten aushalten | 1 | 2 | 3 | ④ | 5 |
| 17. ... Mit dem Klienten lachen | 1 | 2 | ③ | 4 | 5 |

Abbildung 3: Gegenwärtige Einstellungen

Außer Spekulationen gibt es bisher kaum gesicherte Hinweise auf den Einfluß von persönlichen Faktoren auf die Reaktionen im Rückfallgeschehen. Zu diesen Faktoren sind vor allem zu rechnen:

- die eigene Befindlichkeit
- Selbstwahrnehmung der therapeutischen Kompetenz
- Erfahrung
- Persönlichkeitsmerkmale.

Den Einfluß der eigenen Befindlichkeit sah ein Therapeut folgendermaßen:

»Bei schlechter Stimmung bin ich distanzierter, mißtrauischer, ungeduldiger, habe aber unter Umständen einen besseren Draht zum Patienten, als wenn ich fröhlich bin.«

Anzumerken ist, daß bisher – wie auch bei den im folgenden genannten Faktoren – lediglich Vermutungen zu deren Einfluß angestellt werden können.

Zur Selbstwahrnehmung therapeutischer Kompetenz und Berufserfahrung bemerkt ein Therapeut:

»Ich kann mich erinnern, in meinen ersten Berufsjahren habe ich einen Rückfall stärker als Kränkung erlebt und konnte auch schlechter mit dem Rückfall umgehen. Ich hatte dann das Gefühl, du mußt dem Patienten jetzt wieder ganz viel Vertrauen geben, damit er merkt, daß du ihm nicht böse bist. Eine Patientin, das war in meinem ersten Berufsjahr, ist zu einem Vorstellungsgespräch gefahren und hat sich vorher betrunken. Im nächsten Gespräch hat sie stark geheult und mich gebeten, ihr nicht böse zu sein, sie tue das nie mehr und sie wisse jetzt ja, worauf es ankommt. Sie bekam dann ein paar Tage später einen neuen Termin und es war für mich ein Vertrauensbeweis ihr gegenüber, sie da wieder hinfahren zu lassen. Unser Abteilungsarzt sagte, wie kannst du das machen, so kurz nach einem Rückfall kann man einen Patienten doch nicht schon wieder loslassen. Ich dachte, ich müßte ihr jetzt mein Vertrauen zeigen. Sie ist dann wieder rückfällig geworden. Es war tatsächlich so, daß ihr dieses Stück Selbstkontrolle fehlte, und nach dem Rückfall natürlich noch mehr. Das war eine Lehre.«

Nach den vorläufigen Ergebnissen der Würzburger Studie wird mit längerer Berufserfahrung durchaus die Bedeutung des Rückfalls negativer gesehen. Es bleibt offen, ob dies das Merkmal einer resignativen Haltung ist oder ob sich die Wahrnehmung realitäts-gerechter anpaßt.

Auch allgemeine Erwartungen und Befürchtungen können bei der Bewertung des Rückfalls eine Rolle spielen, ebenso wie Persönlichkeitsmerkmale. Hier wären Einstellungen wie »Optimismus – Pessimismus« als Einflußfaktoren zu vermuten oder auch motivationale Faktoren wie »Hoffnung auf Erfolg – Angst vor Mißerfolg«. Allerdings sind uns keine empirischen Befunde zu diesem Punkt bekannt.

## Auf die Therapie bezogene Faktoren

Die Bewertung des Rückfalls und die Reaktionen des Therapeuten werden unmittelbar durch die Therapieziele, durch die Bedeutung eines Rückfalls für die Therapie und durch das Vertrauen in die Wirksamkeit der eingesetzten Maßnahmen bestimmt.

Eine Analyse der Ziele in der Therapie von Abhängigkeiten zeigt, daß nicht nur die Abstinenz, sondern in gleicher Weise Selbstverantwortung und Lebensfreude sowie die Fähigkeit zur Aufnahme sozialer Kontakte von Bedeutung sind (s. Abb. 4).

Für die Betrachtung von Rückfällen ist die Zieldefinition in der Therapie von eminenter Wichtigkeit. Denn in dem Maße, in dem eine Reihe von unterschiedlichen Zielen auch annäherungsweise erreichbar wird, kann ein Rückfall nicht mehr das totale Scheitern bedeuten. Der Rückfall ist dann auch vom Therapeuten im Zusammenhang mit dieser Vielfalt von Zielen zu sehen.

Ein Rückfall kann unter diesen Umständen zu veränderten Erfolgskriterien führen. So würde beispielsweise die Klärung, daß der Klient das Ziel »Abstinenz« für sich bislang *nicht* akzeptieren kann, als ein Erfolg betrachtet werden.

Vor allem aber führt ein Rückfall auch dazu, daß der Therapeut die Unterschiede zwischen seinen Zielsetzungen und denen des Klienten erkennt, ein Widerspruch, der zuvor verdeckt war. So ist zu vermuten, daß das von dem Therapeuten als am wenigsten akzeptierte Ziel: »Kontrollierter Umgang mit dem Suchtmittel« von dem Klienten, zumindest unausgesprochen, als wesentlich höher eingestuft wird.

Hier wäre die Diskussion um die Betrachtung des »Rückfalls als Chance« fortzuführen.

*Ziele der Therapie von Abhängigkeiten*
Gewichtung von Therapiezielen durch die Therapeuten.
Anordnung nach dem relativen Gewicht.

|  | | gar nicht | kaum | teilweise | über- wiegend | außer- ordentlich |
|---|---|---|---|---|---|---|
| 1. | Selbstverantwortung | 1 | 2 | 3 | 4 | ⑤ |
| 2. | Lebensfreude | 1 | 2 | 3 | 4 | ⑤ |
| 3. | Abstinenz | 1 | 2 | 3 | 4 | ⑤ |
| 4. | Fähigkeit, soziale Kontakte aufzu- nehmen und aufrechtzuerhalten | 1 | 2 | 3 | 4 | ⑤ |
| 5. | Auseinandersetzung mit sich und den eigenen Problemen | 1 | 2 | 3 | 4 | ⑤ |
| 6. | Effektive Strategien zur Bewältigung eigener Probleme | 1 | 2 | 3 | 4 | ⑤ |
| 7. | Genußfähigkeit ohne Substanzmißbrauch | 1 | 2 | 3 | 4 | ⑤ |
| 8. | Lernen, über sich zu reden | 1 | 2 | 3 | 4 | ⑤ |
| 9. | Konstruktive Strategien zur Lösung von Konflikten mit anderen | 1 | 2 | 3 | ④ | 5 |
| 10. | Entwicklung von Freizeitinteressen | 1 | 2 | 3 | ④ | 5 |
| 11. | Verbesserung der körperlichen Gesundheit | 1 | 2 | 3 | ④ | 5 |
| 12. | Arbeitsfähigkeit | 1 | 2 | ③ | 4 | 5 |
| 13. | Kontrollierter Gebrauch der Substanz | 1 | ② | 3 | 4 | 5 |

Abbildung 4: Ziele

## Reaktionen von Institution und Umfeld

Therapeuten sehen sich einer Vielzahl von Erwartungen gegenüber. Die institutionellen Rahmenbedingungen wirken bereits in der normalen Therapie als erhebliche Belastungsfaktoren, die ganz besonders bei einem Rückfall des Klienten hervortreten.

Für therapeutische Arbeit sind enge zeitliche und damit auch inhaltliche Grenzen gesetzt. Gelegentlich kann ein Patient aufgrund der zu kurz bemessenen stationären Behandlung bestenfalls die Entscheidung treffen, daß er eigentlich keine Therapie will.

Gerade im Zusammenhang mit einem Rückfall wird die Arbeit des Suchttherapeuten von anderen besonders kritisch betrachtet.

»Aus den anderen Bereichen der Klinik kriege ich so eine Abwertung des Suchtkranken mit. Wenn Leute wiederkommen, ruft mich zum Beispiel der Arzt von der Aufnahme an, na, der Sowieso ist ja auch wieder da, mit dem habt ihr ja eine tolle Therapie gemacht. Das ist dann so eine Abwertung von beiden Seiten, wir als Therapeuten werden abgewertet, aber auch der Suchtkranke: Die Alkoholiker sind doch eigentlich selbst schuld. Wenn sie nichts mehr trinken wollten, dann bräuchten sie nichts mehr zu trinken, die sind ja eigentlich gar nicht so richtig krank.«

## Institutionelle Rahmenbedingungen

Der Therapeut sieht sich häufig zwischen den Fronten von Klienten und Klinikleitung. Auch verdeckte Macht- und Hierarchiekämpfe belasten die eigentliche Arbeit, ebenso wie die Arbeit im Team, die mit engem Kontakt zueinander verbunden ist.

Ein Rückfall fördert dann alle inneren und äußeren Konflikte des Therapeuten mit der gesamten Institution zutage. Bei mehreren disziplinarischen Entlassungen bangt die Klinikleitung um die Belegzahlen. Der Träger stellt die Frage, wie man eine Arbeit legitimieren kann, wenn die Klienten doch weitertrinken. Die Institution stellt zudem meist wenige Freiräume bereit, in denen Therapeuten psychisch regenerieren könnten.

Für das Befinden und das Selbstverständnis der Therapeuten sollte sich eigentlich die klare Zielvorgabe »Abstinenz« positiv auswirken. Bei genauem Hinsehen erkennt man allerdings, daß sehr verschiedene Zielvorstellungen bestehen, die sich als Erwartungen an den Therapeuten ausdrücken. Nach HERDER und SAKOFSKI (1988) sieht sich der Therapeut mit folgenden Erwartungen konfrontiert:

Der *Klinikleitung* ist an einem möglichst unauffälligen, das heißt rückfallfreien Therapieverlauf gelegen. Die kritische, besorgte Frage, warum schon wieder ein Rückfall in der Gruppe auftrat, zeigt die enttäuschte Erwartung der Klinikleitung.

Der *Kostenträger* erwartet, daß der Therapeut die Arbeitsfähigkeit des Klienten wiederherstellt.

Die *Beratungsstelle* erwartet, daß durch die Therapie die Wiedereingliederung des Klienten in soziale Bezüge erfolgt, und daß auf Abstinenzmotivation eingewirkt wird.

Die Beratungsstelle wird bei disziplinarischer Entlassung besorgt nachfragen, ob man den Klienten wieder auf die Straße schicken wolle.

Die *Selbsthilfegruppe* fordert selbstverständlich Alkoholabstinenz als Therapieziel und erwartet vom Therapeuten daher, daß er den Klienten zur Abstinenz motiviert.

In der Erwartung des *Ehepartners* soll der Klient rasch gebessert nach Hause kommen, in Zukunft nicht oder weniger trinken und verantwortlich für die Familie sein.

Der *Klient* erwartet »geheilt« zu werden und möglicherweise wieder normal trinken zu können.

Die Rückfallsituation macht zudem plötzlich erkennbar, daß möglicherweise die vermutete gemeinsame Zielsetzung von Angehörigen, Therapeut und Klient nicht vorhanden war. So könnte die Erwartung des Klienten, kontrolliert trinken zu können, zusammen mit mangelnder Therapiemotivation zum Rückfall geführt haben.

Es zeigt sich die enttäuschte Erwartung der Ehefrau auf »Besserung« des Mannes, wenn sie fragt, wieso er trotzdem wieder getrunken hat, obwohl er doch in Behandlung ist.

Auch wenn sich der Therapeut nicht verantwortlich für den Rückfall fühlt, so besteht doch ein Druck aufgrund der verschiedenen Erwartungen, denen er sich nicht einfach entziehen kann.

# Maßnahmen zum verbesserten Umgang mit der Rückfallsituation

Belastungen spielen sich auf verschiedenen Ebenen ab. Maßnahmen zum verbesserten Umgang mit den Belastungen des Therapeuten sollten dem Rechnung tragen. Dabei sind emotionale, kognitive und Verhaltens-Aspekte beim Therapeuten ebenso zu beachten wie institutionelle Gegebenheiten. Daß hierbei auch auf bewährte Verfahren der kognitiven Verhaltenstherapie zurückgegriffen werden sollte, dürfte evident sein. Eine Anpassung an die spezifische Problematik ist selbstverständlich.

## Emotionale Entlastung

— Sprechen oder auch Schreiben über eine Belastung führt, wie zum Beispiel in den Untersuchungen von PENNEBAKER (1991) gezeigt wurde, nicht nur zu subjektiv besserem Befinden, sondern mindert auch die Wahrscheinlichkeit für körperliche Erkrankungen. Der wesentliche Wirkfaktor scheint dabei die soziale Mitteilung von Emotionen, das »social sharing« von negativem emotionalen Erleben zu sein.
— Verminderung der Scham durch Enttabuisierung des Themas.
Erst wenn es gelingt, das Tabuthema entsprechend seiner Bedeutung auch für den Therapeuten zu diskutieren, wird eine emotionale Entlastung von der Scham möglich sein, die der Therapeut angesichts seines vermeintlichen Versagens erlebt.

## Kognitive Umstrukturierung

Kognitive Umstrukturierung bedeutet eine gedankliche Neubewertung des Rückfalls und der eigenen Rolle in dieser Situation. Dabei soll es möglich werden, die bisherigen Bewertungen in Frage zu stellen - ein Vorgang, der durchaus Angst auslösen kann. Daher ist eine kognitive Umstrukturierung vor allem dann möglich, wenn die Neubewertungen durch die Umgebung, vor allem durch das Team und die Institution unterstützt werden. Die allein gefaßte Absicht, den Rückfall im neuen Lichte sehen zu wollen, stellt in der Regel eine Überforderung dar und führt nicht zu nachhaltigen Veränderungen der eigenen Kognitionen.

Folgende Aspekte geben Hinweise, in welchen Bereichen eine kognitive Umstrukturierung ansetzen kann:
– Rückfall als Chance zur Klärung oder Weiterentwicklung in der Therapie.

Der Rückfall wird nicht nur als Katastrophe betrachtet, die alle bisherigen Bemühungen zunichte gemacht hat. Vielmehr ist er Anlaß zu fragen, was der Rückfall auch noch bedeuten kann.
– Anpassung von Therapie-Zielen an die Realität des Rückfalls bei Beibehaltung des Zieles »Abstinenz«.

Auch wenn »Abstinenz« weiterhin oberstes Therapieziel bleibt, so sollten doch die vielfältigen übrigen Therapieziele mit in die Planung und Bewertung einbezogen werden. Dies bedeutet auch, die Möglichkeit des Rückfalls nicht von vornherein auszublenden und den Umgang mit dem Rückfall als durchaus realistische Möglichkeit in der Therapie zu berücksichtigen.
– Relativierung des Therapieziels »Abstinenz«.

Vielfach gehen insbesondere wenig erfahrene Therapeuten davon aus, daß jeder ihrer Klienten abstinent leben will. Daraus folgt, daß sie unter Umständen am zentralen Thema vorbeitherapieren und dies unter der Annahme, beide verfolgten ein gemeinsames Ziel. Rückfall bedeutet nicht unbedingt ein Scheitern der Therapie. Er kann Indikator dafür sein, daß der Therapeut den Klienten zu einer Entscheidung hingeführt hat, abstinent zu leben oder auch nicht. Analog zur Paartherapie kann die Unterstützung bei der Entscheidungsfindung der wesentliche Beitrag des Therapeuten sein. Der Therapeut kann den Klienten auch mit seinem Vermeidungsverhalten konfrontieren. Rückfall wird damit als therapeutische Chance erkennbar.

Relativiert man das Therapieziel »Abstinenz«, indem man es mit den anderen Zielen integriert, so wirkt der tatsächlich eintretende Rückfall weniger belastend. Dennoch wird grundsätzlich am Therapieziel »Abstinenz« festgehalten.
– Veränderung der Erklärungsmuster für Rückfälle.

Besonders unerfahrene Therapeuten schreiben sich Mißerfolge in Therapien selbst zu. Bei längerer Tätigkeit wird eher fremdes Unvermögen oder mangelnde Eigenmotivation des Klienten als Ursache des Rückfalls gesehen.

Für die therapeutische Arbeit problematisch ist die Tendenz,

188

Rückfälle auf stabile, unveränderbare Persönlichkeitseigenschaften des Klienten zurückzuführen. Solch eine Attribution schränkt nicht nur die Sicht für Veränderungsmöglichkeiten ein, sondern kann auch dem Klienten zur Entschuldigung dienen, sich nicht aktiv mit dem Rückfallgeschehen auseinandersetzen zu müssen.

## Verhalten

Die Verhaltenstherapie stellt eine Reihe von Strategien zur Verfügung, die auch den Umgang mit dem Rückfallgeschehen erleichtern, sofern man sie nicht isoliert und punktuell einsetzt, sondern in die eigene Arbeit integriert. Nur stichwortartig sind hier einige Aspekte zusammengestellt, deren inhaltliche Spezifikationen sich in den entsprechenden Handbüchern finden.
- Maßnahmen zur Streßbewältigung
- Innere und äußere Ablenkung, Ausgleich in der Freizeit
- Notwendige Distanz zum Klienten halten (bei gleichzeitigem Annehmen)
- Keine Übernahme von Verantwortung für Handlungen des Klienten
- Situationsanalyse des Rückfalls. Betrachtung des Rückfalls als Teil eines zu bearbeitenden Problems, nicht als Naturkatastrophe.
- Handlungsstrategien in der Arbeit mit dem Patienten verfolgen wie:
  - Stützen und Konfrontieren
  - Verständnis und Annahme
  - kein Verstoßen
  - kein falsches Mitleid
- Rückfall als Thema in der Arbeit mit Angehörigen behandeln.
  Ähnlich wie bei der Psychoedukation von Angehörigen schizophrener Patienten sollte auch hier die Möglichkeit eines Rückfalls thematisiert werden. Dabei sind Informationen über den Umgang mit dem Rückfall besonders wichtig.

## Institutionelle Bedingungen

Die institutionellen Gegebenheiten setzen den Rahmen, in dem Belastungen durch das Rückfallgeschehen entstehen und in dem sie verstärkt oder auch gemindert werden können. Maßnahmen zur Verbesserung der institutionellen Bedingungen beinhalten auch Vorgaben durch die Leitung oder durch den Träger. Unmittelbar verbessern können Therapeuten aber den Austausch mit anderen und die Arbeitsorganisation. Stichwortartig sind hierbei folgende, sicherlich unvollständige Aspekte zu betrachten:

### 1. Austausch

- Möglichst externe Supervision
- Fallbesprechungen, ohne daß sie innerbetrieblich zur Kontrolle mißbraucht werden
- Gedankenaustausch mit Kollegen
- Besprechungen mit Co-Therapeuten (Voraussetzung ist eine ungestörte positive Beziehung).

Fallbesprechungen bei Rückfällen können allerdings auch ungünstige Effekte haben. Allein schon der Anspruch, nach dem Rückfall sofort die Bedingungen zu analysieren und aufzuarbeiten, kann zusätzliche Belastungen beim Therapeuten auslösen.

Wichtig für die Verarbeitung der belastenden Aspekte des Rückfalls ist es, Gefühle äußern und darüber sprechen zu können (s. PENNEBAKER 1991).

### 2. Arbeitsorganisation

- Organisation im Team: Zeit und Raum für Nachbesprechungen
- Entlastung durch abwechselnde Tätigkeiten
- Arbeitsalltag (z.B. den Wechsel von Gruppen- und Einzeltherapie) selbst strukturieren können
- Verteilung schwieriger Klienten auf verschiedene Therapeuten.

Viele dieser Maßnahmen werden zweifellos in verschiedenen Einrichtungen verfolgt. Es wäre allerdings wünschenswert, wenn ihre Wirksamkeit gerade in bezug auf den verbesserten, auch subjektiven und emotionalen Umgang mit dem Rückfallgeschehen überprüft würde.

190

## Maßnahmen bei Rückfällen von Suchtberatern

Ein bislang gemiedenes, weil für alle Beteiligten besonders bedrückendes Thema ist der Rückfall von Therapeuten mit eigener Suchtbiographie. Uns ist nur eine Arbeit von KINNEY (1983) bekannt, in der bei 35 Suchtberatern, die an einer Ausbildung der Dartmouth Medical School teilnahmen, der Rückfall erfaßt wurde. Von den Suchtberatern waren 24 trockene Alkoholiker mit einer Abstinenz von mehr als 2 Jahren. Innerhalb der Ausbildungszeit von 9 Monaten hatten immerhin 9 (= 38%) dieser trockenen Suchtberater Rückfälle. Es handelt sich hier um ein Problem, dessen Konsequenz doppelt belastend für die Klienten, das Team und den Selbstwert der Person selbst sind. KINNEY schlägt daher Maßnahmen vor, um diese Problematik besser zu bewältigen. Aus Platzgründen sind sie hier nur stichwortartig aufgeführt:

1. Rückfallmöglichkeit bei der Einstellung diskutieren. Reaktionsmöglichkeiten sollten bereits bei Prodromalerscheinungen, d.h. erkennbarer Gefährdung vorhanden sein.
2. Bei einem Rückfall sollte der Therapeut dies mitteilen. Es sollte der Beginn einer auch für die Einrichtung akzeptablen Behandlung vereinbart werden, ebenso eine Nachbetreuung bei der Rückkehr.
3. Der Therapeut des Beraters entscheidet über die Wiederaufnahme der Tätigkeit. Eventuell ist zunächst an eine Beschäftigung mit nicht-klinischen Aufgaben zu denken.
4. Die Klienten des Beraters werden allgemein informiert. Details bleiben privat.
5. Spezielle Supervision und Unterstützung erleichtern dem Therapeuten die Rückkehr zu klinischen Aufgaben.

Es bedarf einer eigenen Betrachtung und vor allem auch unvoreingenommener Untersuchungen, um dieses gewiß sensible Thema entsprechend seiner Bedeutung zu behandeln. In jedem Fall ist zu erwarten, daß ein offenes Herangehen an dieses Problem mit Überlegungen zu konkreten Krisenmaßnahmen mehr bringt als ein blindes ängstliches Erwarten einer Katastrophe.

## Schlußfolgerungen

Jeder Rückfall führt vor Augen, daß – gemessen am Ziel »Abstinenz« – die Erfolgserlebnisse auf Therapeutenseite vergleichsweise selten sind. Die institutionellen Bedingungen im Suchtbereich
beinhalten notwendigerweise Interessenkonflikte. Unterschiedliche Behandlungsaufträge und implizite Zielvorstellungen (Heilung, soziale Wiedereingliederung, unauffälliger Therapieverlauf)
erschweren die Situation des Therapeuten.

Die Angst des Therapeuten vor dem Rückfall könnte dazu führen, daß er wie bei einem Naturereignis fatalistisch die Katastrophe entgegennimmt. Dennoch scheinen wesentlich breitere Hand-
lungs- und Bewertungsmöglichkeiten verfügbar zu sein. Insbesondere in der Aus- und Weiterbildung in Zusammenhang mit
dem Rückfallgeschehen, aber auch in der Supervision sollten
Bewertungs- und Handlungsmöglichkeiten erarbeitet werden. Sie
sollen den Therapeuten in die Lage versetzen, bei einem Rückfall
verschiedene Perspektiven einnehmen und mit einer Reaktions-
vielfalt antworten zu können.

## Literatur

HERDER, S.; SAKOWSKI, A. (1988): Der Rückfall und seine Bedeutung
für die Psychohygiene des Therapeuten. In: KÖRKEL, J. (Hg.), Der
Rückfall des Suchtkranken. Flucht in die Sucht? Springer, Berlin, S.
271–298.

IMHOF, J. E. (1991): Countertransference issues in the treatment of drug
and alcohol addiction. In: MILLER, N. (Hg.), Comprehensive handbook of drug and alcohol addiction. Marcel Dekker Inc., New York,
S. 937–946.

KINNEY, J. (1983): Relapse among alcoholics who are alcoholism
counselors. Journal of Studies on Alcohol 44: 744–748.

KÖRKEL, J. (Hg. 1988). Der Rückfall des Suchtkranken. Flucht in die
Sucht? Springer, Berlin.

KÜNZEL, R.; SCHULTE, D. (1986): »Burn-out« und Praxisschock klini-
scher Psychologen. Zeitschrift für Klinische Psychologie 15: 303–
320.

Marlatt, G. A.; Gordon, J. R. (Hg. 1985): Relapse prevention: Maintenance strategies in the treatment of addictive behaviors. Guilford Press, New York.

Pennebaker, J. W. (1991): Sag, was dich bedrückt – Die befreiende Kraft des Redens. (ETB 23081). Econ, Düsseldorf.

Watzl, H.; Cohen, R. (Hg. 1989): Rückfall und Rückfallprophylaxe. Springer, Berlin.

## Sven Nachmann

# Der Rückfall im System der Abhängigkeit

Bereits am Beginn der Überlegungen, welche Bedeutung die Tatsache hat, daß es Rückfälle in allerlei vermeidenswerte Verhaltensweisen gibt, steht für einen systemisch und konstruktivistisch orientierten Untersucher bereits die eingeschränkte Bereitschaft, überhaupt den Begriff, das Wort »Rückfall« zu benutzen. Es postuliert unkontrollierbares Fallen und erzeugt die Vorstellung einer *Abhängigkeit*, in die man, wie von einem Sog gezogen, zurückfällt.

Dieses Verständnis von Abhängigkeit ist eine *Realitätskonstruktion*, die besagt, daß so etwas möglich sei wie eine einseitige Bestimmung von Verhaltensmustern, besonders in Beziehung zu einem Suchtmittel und vielleicht auch in Beziehung zu Personen.

Wir glauben so etwas nicht, sondern gehen eher davon aus, daß das Interesse, etwas zu tun oder haben zu wollen, aus einem Regelsystem verstehbar wird, das Verhaltensentscheidungen mitbestimmt, etwa ob ein Interesse intensiv oder weniger intensiv sein wird, wie hoch das Ausmaß der Kraft ist, mit der jemand seine Konzentration auf ein angestrebtes Ziel ausrichtet usw.

Alles dies ist in *Beziehungszusammenhänge* zu setzen. Wir gehen davon aus, daß Beziehungen keine festen Bestimmungsgrößen haben, sondern intensiv oder weniger intensiv, schön oder belastend von den Beteiligten organisiert werden können oder so von ihnen gestaltet werden, daß sie zum Beispiel von Überordnung oder Unterordnung gekennzeichnet sind und genauso eine Ungleichverteilung von Verantwortung und Belastung, wie vielleicht auch von Entscheidungskompetenzen aufweisen können. In jedem Falle wird das *Wiederkehren von Mustern* in Beziehungen auf immer wiederkehrenden gleichen oder ähnlichen Entscheidungen und Verhaltensweisen der Beteiligten beruhen, die so zusammenwirken, daß sie ein stabiles Bild entstehen lassen, auch ein symptomatisches. Dazu gehört auch das Bild, das wir mit dem

Begriff Abhängigkeit betiteln können. Alle tun also etwas, um die Vorstellung Abhängigkeit entstehen zu lassen.

STANTON (1982) hat die Rolle des Symptoms in der Familie beschrieben und mit JACKSON (1965) und HALEY (1978) definiert, daß es eine besondere Verhaltensweise darstellt, die als *homöostatischer Mechanismus* die Familientransaktion regelt und somit das *dynamische Gleichgewicht* zwischen den Mitgliedern aufrechterhält. Das Symptom ist ein kommunikativer Akt, der als eine Art Vertrag zwischen zwei oder mehreren Mitgliedern dient. Das Symptom, das heißt der Vertrag wird wirksam, wenn sich eine Person in einer »unmöglichen Situation« befindet und versucht, aus ihr auszubrechen. Der Betroffene ist in eine Verhaltenssequenz oder ein Verhaltensmuster mit den übrigen Familienmitgliedern oder mit wichtigen anderen eingebunden, und er sieht keine Möglichkeit, diese Situation mit nichtsymptomatischen Mitteln zu ändern. Das Symptom kann den Betroffenen als hilflos und inkompetent definieren und ihn beispielsweise daran hindern, die Familie zu verlassen. Es kann ebenso als Problem dienen, das die Familie zusammenhält, so wie Katastrophen Menschen vereinen.

Der Rückfall als Symptom wäre dann die wiederkehrende, bindende Katastrophe und die Lebendigkeit der Bindung wäre von den vielfältigen Aufträgen an die anderen, die im Zusammenhang mit dieser Katastrophe in der Beziehung entstehen, abhängig.

RETZER (1991) weist darauf hin, daß man in Familien *Redundanzen* beschreiben kann, im Sinne von sich wiederholenden Verhaltenssequenzen. Ein abgestimmtes Verhalten tritt gehäuft auf, obwohl es im statistischen Sinn unwahrscheinlich ist, und zwar angesichts der Menge anderer Verhaltensmöglichkeiten, die in der Familie nicht gezeigt werden. Denn dem Beobachter würden sofort eine Menge Variationen einfallen, nur offenbar der Familie nicht. Es gibt augenscheinlich in der Familie solche Redundanzen, die RETZER auch *stabile Unwahrscheinlichkeiten* nennt. Der Rückfall als Verhaltenssequenz verhindert in diesem Verständnis die drohende Entwicklung von Verhaltens- und Entscheidungsvariationen und schaltet das System auf Redundanzen zurück.

Ziel der systemisch-therapeutischen Herangehensweise ist es herauszufinden, wie sich Abhängigkeitsvorstellungen und die sie bestimmenden Verhaltensweisen entwickeln und von den Beteiligten aufrechterhalten werden. Man könnte die Methode am besten als eine Interaktionsuntersuchung beschreiben, deren Ergebnis ein Bild davon vermitteln sollte, auf der Grundlage welcher Ideen und Realitätssichten (-konstruktionen) es durch Beziehung verbundene Menschen schaffen, ein Miteinander so zu gestalten, daß Symptome Nähe und Distanz bestimmen, Entwicklung behindern und ein dynamisches Gleichgewicht erhalten.

Rückfallverhalten wäre aus dieser Perspektive möglicherweise nur ein Ausflug in die Idee der Unkontrolliertheit, mit der der Fallende die Fänger auffordert, ihn wieder in ihre Abhängigkeit aufzunehmen, andernfalls würde eine Trennung durch den Übergang in eine andere Abhängigkeit unausweichlich.

FRITZ SIMON (1988) benutzt eine Metapher, um deutlich zu machen, daß ein nicht erwünschtes Symptom bei lebenden Systemen durch musterhafte Handlungswiederholungen erhalten bleibt. Er unterscheidet die Notwendigkeit der Handlungen zur Beseitigung einer Beule aus einem Auto und die Erfordernis zur Beseitigung einer Beule am Kopf. Die Beule im Blech muß mit dem Hammer und viel Energie ausgetrieben werden, sonst bleibt sie. Tut man dasselbe bei einer Beule am Kopf, sorgt man dafür, daß sie bleibt und verhindert, daß sie durch einen inneren Prozeß beginnt zu verschwinden. Um zu erreichen, daß sie bleibt, muß man immer wieder auf die gleiche Stelle schlagen. Die Unterbrechung dieses Verhaltens (also dieser Behandlung) ist notwendig, um eine Änderung in diesem verbeulten Zustand zu erreichen. SIMON sagt damit: in lebenden Systemen ändert sich *alles*, es sei denn, irgendwer oder etwas sorgt dafür, daß alles so bleibt wie es ist.

Die Idee des Rückfalls hat bereits Implikationen, die die Wahrscheinlichkeit wenig beeinflußbarer, scheinbar rhythmischer Abläufe, wie auch wenig beweglicher Strukturen nahelegen. Der Idee der Bewegung, der Entwicklung, dem Fortschritt nimmt das Wort Rückfall fast die Kraft. Rückfall ist wie ein Zauberwort, das alle mit seinem Bannstrahl treffen kann, die sich auf den Weg zu einer Entwicklung begeben. HEINZ V. FÖRSTER (1986) und V. GLASERSFELD (1986), die man als Väter des Konstruktivismus bezeichnet, halten sich mit WATZLAWICK (1986) an den griechischen Philosophen EPIKTET, der sagt: »Es sind nicht die Dinge an sich, die uns beunruhigen, sondern die Meinungen, die wir über sie haben« – und erweitert sind es die *Begriffe*, mit denen wir die Dinge belegen.

Insbesondere im Bereich der Sucht ist Rückfall ein fast magischer Begriff. Alle wissen, daß er über allem schwebt, niemand will sich allerdings von ihm überraschen lassen, darum wird er schon mal vorausgesagt, ohne daß der Zeitpunkt des Auftretens vorhersagbar wäre. Häufig scheint die Verwendung des Worts Rückfall so etwas wie verwissenschaftliche Enttäuschungsprophylaxe von Fachleuten zu sein.

Es wird versucht, den Rückfall als einen Bestandteil auf dem Weg zur Suchtfreiheit zu beschreiben. HECKMANN (1982) geht im Glossar von »Praxis der Drogentherapie« soweit, zu sagen: »Zur Sucht gehört der Rückfall, keine echte Sucht ohne Rückfall. Abhängigkeit ist nur ernstzunehmen, wenn Rückfälle da sind«.

Rückfall ist in diesem Sinne ein wesentlicher Nachweis für die Überzeugung, jemand sei abhängig. Das entspricht nach wie vor der Reaktion und Position von vielen Praktikern. So weisen KÖRKEL und LAUER (1988) zwar auf die Uneinheitlichkeit der Rückfalldefinition hin, beschreiben ihn aber klar als wesentlichen Bestandteil der Abhängigkeit, der auch deshalb im Fokus bleiben muß, weil er, wie auch immer verstanden und bewertet, eben zur gefährlichen Verschlechterung des Gesundheitszustandes führen wird.

ERBACH und RICHELSHAGEN (1989) weisen in diesem Zusammenhang auf die Festlegung in der *Suchtvereinbarung* zwischen Krankenversicherung, Rentenversicherung und Trägern hin, die die Unfähigkeit zur Abstinenz und den Verlust von Selbstkontrolle festschreibt und damit nicht Verhalten beschreibt, sondern *Eigenschaften* festlegt, auf denen alles Verhalten beruht. Damit ist der Nachweis von Kontrollverlust und Abstinenzunfähigkeit, also der Krankheit, nur durch fehlende Kontrollfähigkeit, im Ergebnis der Rückfall, nachzuweisen. In diesem Sinne muß also jemand die Fähigkeit zum Rückfall haben, um anerkannt alkoholkrank zu sein.

Nebenbei ist es bekannt, daß in Familiensystemen erst einmal Ruhe einkehrt, wenn das fremdartige, unpassende, abweichende Verhalten als *Symptom einer Krankheit* beschrieben wird. Damit ist einfach unkomplizierter, eindeutiger umzugehen, als es im Beziehungszusammenhang zu sich selbst und der Familie zu verstehen und damit immer beteiligt zu sein. Der Patient entzieht sich ja dann nicht mehr, er ist nicht unwillig, böse und aktiv entschieden handelnd, sondern krank, also passiv, er ist ein Opfer, alle sind schließlich Opfer.

Es bereitet Schwierigkeiten, ein offenes, veränderbares, bewegtes System anzunehmen, wenn man den vorläufigen Endpunkt eines Suchtverhaltens durch die Tatsache der Abstinenz beschreibt, aber gleichzeitig eine potentielle Unfähigkeit dazu annimmt. Es führt zu der etwas seltsamen Konstruktion, daß einer nur den Rückfall vermeiden kann, indem er süchtig bleibt, zumindest per Definition. Denn nur die Anwesenheit von Sucht gewährleistet die Sinnhaftigkeit der Abstinenzforderung. Deren Wegfall würde den Suchtmittelgebrauch erlauben, den wir dann allerdings konsequent als Rückfall bezeichnen müßten. Die Definition »Permanente Sucht« soll den Rückfall also an seinem Auftreten hindern.

Daß der Süchtige den Rückfall allerdings tatsächlich konstant vermeiden *will*, erscheint in diesem Zusammenhang nicht nur aus der praktischen Erfahrung, sondern auch theoretisch sehr unwahrscheinlich, da er sich mit dem Rückfall jederzeit die Unabhängigkeit vom Helfersystem beweisen kann. Wenn ihm die Abhängigkeit zu stark scheint, wird durch den Rückfall in die Unabhängigkeit der Suchtabhängigkeit die Abhängigkeit im Regelsystem Familie oder Klinik gelockert.

Wenn der Rückfall als eine Interaktionsregel in einem System verstanden wird, dann beschreibt sie ein Weglaufen, ohne das System wirklich zu verlassen, oder einen Regelverstoß, ohne die Regeln tatsächlich in Frage zu stellen. Ein paradoxes Bild, schwer vorstellbar.

Einen Versuch macht MAX FRISCH (1964), der mit dem Thema der Flucht in andere Identitäten auch in seinem Buch »Mein Name sei Gantenbein« eindrucksvoll den Versuch beschreibt, aus Abhängigkeit zu fliehen. Er schreibt als einen interessanten Versuch, die Paradoxie des gefesselt Flüchtenden im Bild zu fassen: »Es ist wie ein Sturz durch einen Spiegel, mehr weiß einer nicht, wenn er wieder erwacht, und nachher, kurz darauf setzt die Welt sich wieder zusammen, als wäre nichts geschehen. Es ist auch nichts geschehen.« Und zum Motiv, sich durch sein Spiegelbild fallen zu lassen, wählt er den Satz: »Alltag ist nur durch Wunder erträglich«.

Der Süchtige, der sich fallen läßt, will nicht wirklich weglaufen, er läuft weg in den Rausch, hat dadurch den Partner verlassen und bindet sich gleichzeitig enger an ihn. Der Rückfall ist im Helfersystem ebensowenig eindeutig ein Weglaufen, denn er ist ja gleichzeitig Grund für den Abbruch einer Therapie *und* neue Eintrittskarte in die Therapiekette.

Abhängig von der Idee, daß der Rückfall als ein immer wieder scheinbar in einer *invariablen Grundstruktur* auftretender, eindeutiger Vorfall im Suchtgeschehen verstanden wird, ist es möglich, dieses monotone Modell anzunehmen. Aber ein Sprichwort sagt: »Man steigt kein zweites mal in denselben Fluß«. Deshalb wird es wesentlich schwieriger, wenn der Rückfall als ein bestimmtes Verhalten, etwa des Familienmitglieds und in einem bestimmten Zusammenhang, zu einem bestimmten Zeitpunkt gesehen wird. GUNTHARD WEBER (1991) hat auf einer Tagung zum Titel »Rückfall oder Vorfall« darauf hingewiesen, welche *Interventionsmacht* ein Suchtpatient in einem Therapieprogramm durch die Einführung des Rückfalls hat, die Behandlung zu verlassen. WEBERS therapeutisches Team versucht, aus dieser durch den Rückfall begründeten Abhängigkeit vom Suchtpatienten herauszukommen, damit das Behandlungsprogramm gegebenenfalls weitergeführt werden kann, indem sie einen Unterschied für Rückfälle einführen, nämlich den therapeutischen und den nichttherapeutischen Rückfall. Niemand weiß genau, worin dieser Unterschied besteht, nicht der Patient, aber wohl auch nicht die Therapeuten, obwohl ihnen sicher von Fall zu Fall eine gute Begründung einfallen wird. Ob der Rückfällige danach aber weiterhin in der stationären oder ambulanten Betreuung bleiben kann, hängt nunmehr von der Entscheidung der Therapeuten ab, ob sie den Rückfall als therapeutisch qualifizieren.

ERBACH und RICHELSHAGEN (1989) beschreiben das Dilemma therapeutischer Systeme in Abhängigkeit zum Rückfall und die Macht des Süchtigen im System dadurch, daß die Konstruktion der endlosen Therapiekette von der Möglichkeit des Entwöhnten abhängig ist, jederzeit den Rückfall einzusetzen. Etwas sarkastisch wird der Rückfall des Süchtigen als Kritik an dem mangelhaften Gesamtangebot dargestellt. Fachleute würden sich dieser Kritik leider nicht verschließen und deshalb konsequenterweise nicht scheuen, dem Therapiekreis zu seiner Vollendung zu verhelfen, indem sie schon stationäre Vorsorgeangebote entwickeln würden.

Für den systemischen Therapeuten ist grundsätzlich jedes gezeigte Verhalten als Ausdruck individueller Prämissen und Sichtweisen ein Interaktionsbeitrag im System, sei es in Paar- und Familiensystemen oder in größeren sozial verbundenen Kontexten. Symptomatisches Verhalten macht uns dabei besonders neugierig im Hinblick auf seinen Mitteilungswert, seine Beeinflussungs-möglichkeiten, seine Fähigkeit, Formen des Umgangs miteinander und die Bezogenheit aufeinander zu stabilisieren. Die Darstellung von *symptomatischem Verhalten als Intervention eines »identifi-zierten Patienten« in seinem familiären System* finden sich bei allen wesentlichen Autoren auf diesem Feld von WATZLAWICK über HALEY zu MINUCHIN, um nur einige zu nennen, und natürlich auch bei der Mailänder Gruppe SELVINI PALAZZOLI, BOSCOLO, CECCHIN und PRATA (1977), die in ihrer Arbeit »Paradoxon und Gegenpa-radoxon« noch deutlich machten, wie schwer ein Umdenken von diagnostischen Festlegungen zur Interaktionsbedeutung von Ver-halten ist. Sie gaben sich damals den sprachlichen Änderungsauf-trag, in ihren Diskussionen nicht mehr zu sagen, das Familienmit-glied ist verrückt, ist aggressiv, ist traurig oder vielleicht besorgt, sondern in ihren Besprechungen die Formel zu benutzen: das Fa-milienmitglied *zeigt* sich verrückt, *zeigt* sich aggressiv und natür-lich auch: *zeigt* sich besorgt. In unserem Sinne würde die Formel lauten: *sie oder er zeigt einen Rückfall.*

Auf die Bedeutung des Suchtverhaltens als Interaktionsbeitrag aus systemischer Sicht finden sich bei GUNTHER SCHMIDT (1988) zum Thema Rückfall Betrachtungen, die deutlich machen, daß scheinbar unkontrolliertes oder unkontrollierbares Verhalten wie ein Rückfall sehr wohl in der Lage ist, auch im Rückblick und in der Vorausschau auf bestimmte Beziehungsgestaltungen bei Paa-ren und Familien schlüssigen stabilisierenden Einfluß zu nehmen.

Man hört in Behandlungszusammenhängen häufiger die For-mel, der Süchtige hätte einen »Rückfall gebaut«. Hier ist der Schritt, Rückfall als Verhalten zu beschreiben, getan, allerdings mit dem Anhängsel »gebaut«. Das klingt wie »Mist gebaut«. Es ist mehr eine freundlich burschikose Beschreibung eines Fehlver-haltens, das man normalerweise mit gestrecktem Zeigefinger und hochgezogenen Brauen und einem verständnisvollen, auch ein wenig strengen Lächeln belegt. Es ist so, als wäre es ein Ausrut-scher, ein Sonderverhalten. Das ist es nicht. Es ist *Teil einer Ver-haltenssequenz im Netz von Abhängigkeiten.*

Im Zusammenhang mit diesen Überlegungen werden zur Illu-stration wiederkehrender Formeln, bezogen auf Sucht und Rück-fall, Auszüge aus einem Gespräch mit einem Paar vorgestellt, bei denen Alkohol als Suchtmittel benutzt wurde und vielleicht wie-der benutzt wird.

200

Das Paar hat seit einigen Wochen seine erste Erfahrung mit einer stationären Suchtbehandlung, obwohl der Ehemann seit etwa 30 Jahren Alkoholgebraucher und nach seiner Schilderung seit einigen Jahren Alkoholmißbraucher ist. Er hatte nach seiner Definition bisher keinen Rückfall. Es wird deutlich, daß ihm bisher noch niemand wirksam geholfen hat, diesen Begriff in seiner Selbstsicht zu installieren. Bezogen auf den Alkohol nähert er sich dem Verständnis von Rückfall jedoch langsam durch therapeutische Gruppengespräche und die ihm vermittelte Notwendigkeit, daß er nach seiner Entlassung zu Gruppengesprächen gehen solle, damit er einen Rückfall abwehren kann. Eine weitere Betreuung nach einer Behandlung, die nie zu Ende ist, ist abhängig von der Idee, daß ein erneuter Alkoholgenuß in direktem Zusammenhang zum intensivsten Mißbrauch des Suchtmittels steht, ob das zwei Wochen oder zehn Jahre zurückliegt.

Das Paar ist sich auf eine interessante Weise nähergekommen und hat sich offenbar wegen sehr rationaler Gründe zusammengetan. Die erste Frau des Mannes und Mutter seiner damals 1,5 jährigen Tochter wurde hochschwanger nach einer intensiven Diagnostik mit der Tatsache konfrontiert, daß sie weit fortgeschritten lebensgefährlich krebserkrankt sei. Sie starb bei der, auch wegen der Krebserkrankung früher eingeleiteten Geburt. Das Neugeborene starb wenige Tage später. Der Mann übergab seinen Schwiegereltern die Tochter und zog sich aus sozialen Kontakten zurück. Er verstärkte den schon vorher ausgeprägten Alkoholkonsum. Die Schwester der verstorbenen Ehefrau wurde von ihren Eltern auf den mehr und mehr isolierten Schwiegersohn aufmerksam gemacht und gebeten, doch einmal etwas mit ihm zu unternehmen. Die Schwester war ihrerseits von einem Alkoholiker wenige Jahre vorher geschieden, allerdings nicht wegen des fortschreitenden Alkoholismus, wie sie betont, sondern wegen seiner Gewalttätigkeit. Nach der Scheidung fiel deren Ehemann in totale Verwahrlosung.

Beim Zusammensein nach einer durch die Schwiegereltern oder Eltern angeregten Butterfahrt wurde die gemeinsame Tochter gezeugt. Sie heirateten bald, obwohl es keine große Liebe war, mehr Verpflichtung und Sorge. Der Mann blieb wenig später mehr und mehr seiner verstorbenen Ehefrau treu. Die Gefühle von Trauer aber auch Verbundenheit bewahrte er isoliert für sich, immer stärker intensiviert durch Alkohol. Die Frau verlor den Zugang zum Mann, die Beziehung verlief sprachlos und kontaktlos. Die folgenden Interviewteile veranschaulichen die Beziehungs- und Bedeutungsmatrix der Familie und weisen auf ein

Feld von Verhaltenssequenzen, mit denen dieses System bisher aufrechterhalten wurde.

Die Auszüge aus diesem Gespräch können einen Eindruck von dem Familiensystem vermitteln, dessen Funktionalität, die Landschaft ihrer Bedeutungen und wie sie alle zusammenhängen und damit ihre Aufgaben im System erhalten. In diesem Interview versuche ich – als Therapeut – durch Brüche, Themen- und Stimmungswechsel zu verhindern, daß nur alte Bedeutungsvereinbarungen und Definitionen reproduziert werden, sondern auch neue Zusammenhänge ausprobiert werden. Die Gesprächspartner folgen mir, sind bemüht, mir alles zu erklären, wie sie es schon immer erklärt haben und stoßen auf Widersprüche, weil ich häufiger eine andere Logik einführe. Sie versuchen schlüssig zu bleiben, müssen sich abstimmen, um es mir klar zu machen, und haben dann plötzlich kleine neue Erkenntnisse.

Meine Ideen sind natürlich auch nur eine Variation von möglichen Konstruktionen ihrer Beziehungsrealitäten, die die beiden allerdings etwas durcheinanderbringen.

*Rückfall*

Therapeut: Hat der Alkohol 'ne Wirkung gehabt, die Sie gut fanden?
Mann:     Man war frei sozusagen.
Therapeut: Haben Sie sich Sorgen gemacht um diese Zeit?
Mann:     Nein.
Therapeut: Nein, ... gut. Also Sie sind bei der Post, Sie lernen bei der Post, und mit den Kollegen zu trinken war üblich?
Mann:     Ja, Bier trinken war immer üblich.
Therapeut: Aber das machen ja viele, und dann bleibt es so, und dann ist´s gut, und wann wird es bei Ihnen plötzlich schlimmer?
Mann:     Schlimmer wurde es gleich nach dem Tod meiner Frau.
Therapeut: Das war wirklich der Kipp-Punkt?
Mann:     Da habe ich getrunken, um zu vergessen, da habe ich gedacht, ich kann vergessen.
Therapeut: Damit ...
Mann:     Und das war natürlich nichts. Ich hatte eine Zeit, wo ich meinen Moralischen hatte, und dann kam so der Zeitpunkt, wo ich dann doch vergessen habe und so sagte: Ach, jetzt bis du schön high.
Therapeut: Hm.
Mann:     Schön besoffen.

Therapeut: ... Ja

Mann: Geschlafen, morgens arbeiten gegangen und dann ging es weiter.

Therapeut: Hm – Ihre Tochter ist jetzt 20.

Mann: Ist jetzt 20.

Therapeut: Die besucht Sie auch?

Mann: Besucht mich auch.

Therapeut: Hat die es irgendwie mal versucht, Sie abzuhalten vom Trinken?

Frau: Ja, wir hatten mal darüber gesprochen.

Mann: Ja!?

Frau: Ja!

Mann: Da war ich besoffen.

Frau: Ja, alle vier.

Therapeut: Alle vier heißt?

Frau: Na, die andere Tochter auch, also unsere gemeinsame Tochter

Therapeut: Sie vier also.

Frau: Ja, wir vier (zum Mann gewendet) das hatten wir mal.

Mann: Wann war denn das?

Frau: Vor einem Jahr ungefähr, 1 1/2 Jahre etwa, da war es mal wieder besonders schlimm. Hast geweint dabei. Die Kinder haben auch geheult, weil wir gesagt haben: »So geht es nicht mehr weiter und Du versuchst aufzuhören«. Ja, aber es war damals noch nicht so, und um so mehr ich auch praktisch geredet habe dagegen, desto mehr hat er getrunken, ja.

*Kennenlernen*

Mann: Da kam sie an und sagte: »Ich bin schwanger«.

Therapeut: Das passierte doch erst kurze Zeit danach, das geht mir zu schnell. Also, Butterfahrt – dann danach?

Mann: Damit ich nicht noch nachts nach Lichtenrade rausfahren brauchte, nachts um zwei.

Frau: Nee, es war morgens um fünf, also das war so'ne Tagesfahrt, ging morgens los und man kam am nächsten Morgen wieder zurück.

Mann: Da sollte ich bei ihr schlafen, damit ich nicht nach Lichtenrade noch raus mußte, sagt sie: »Kannste doch bei mir schlafen«.

Frau: Nee, da haben wir ja auch geschlafen, wir sind ja auch im Laufe des Tages erst wach geworden, und dann ist es ja erst passiert.

Therapeut: In aller Frische?

Frau: Ja, ja.

Mann: Ja, ausgeschlafen, ausgeruht.

Therapeut: Hatten Sie sich dann 'ne Idee gemacht von ihr? Die ist toll oder das wär' was?

Mann: Gar nicht, gar nicht.

Therapeut: Oder ist es eher über Sie gekommen?

Mann: Ja, über mich gekommen.

Therapeut: Mißtrauisch waren Sie nicht? Warum haben Sie die Butterfahrt mitgemacht? Vielleicht nach dem Motto: Ich lasse mich gern mal ...

Mann: Na klar, habe ich gedacht, fahre ich mal mit, warum nicht?

Therapeut: Warum nicht, ja.

Therapeut: Hört sich so treibend an, als würden Sie sich so treiben lassen, nichts selbst gestalten, haben Sie dann geheiratet oder haben sie beide geheiratet?

Mann: Nee, nee, ich sagte dann zu ihr ...

Frau: Na ja, ich habe gesagt, wir müssen nicht heiraten, das liegt bei Dir, ja.

Therapeut: (zum Mann) Aber Sie wollten?

Mann: Mmh, ja ...

Frau: Ja, wollte (etwas nachdenklich) wollen tat ich schon, wollte ihn aber nicht so unter Druck setzen.

Therapeut: Gehören Sie zu den Frauen, die nach einer 3/4 Stunde wissen, daß sie schwanger sind oder haben Sie es erst nach zwei oder drei Monaten gemerkt?

Frau: Nein, nein (lacht) nee, das war schon später.

Therapeut: Das heißt, Ihre Beziehung ging nach diesem Mal miteinander Schlafen, nach der Butterfahrt weiter? Also, da entstand schon etwas.

Mann: Ja.

Frau: Ja.

Frau: Wir sind dann schon öfter weggegangen.

Therapeut: (zum Mann) Hatte sich Ihr Alkoholkonsum da verändert? Haben Sie sich da irgendwie am Riemen gerissen in der Zeit?

Mann: Da ist es ein bißchen weniger geworden, ich habe mich nicht mehr so zugeschüttet, sagen wir mal so.

Therapeut: Haben Sie da versucht, eine Kontrolle einzuführen darüber, wieviel Sie trinken? Haben Sie daran eine Erinnerung?

Mann: Nein, zu der Zeit war mir noch nicht bewußt, daß ich Alkoholiker bin. Da war für mich noch alles in Ordnung.

Therapeut: Der Tod Ihrer Frau ist ein ganz wichtiger Punkt, der hat Sie ziemlich runtergezogen, die Trauer, sagen Sie, haben Sie zugeschüttet, den Verlust eigentlich nicht richtig wahrgenommen. Ist es heute so, daß Sie sagen können, Sie haben diesen Verlust für sich verarbeitet?

Mann: Ich habe es bis heute nicht begriffen, ich habe es immer noch nicht begriffen, wieso, weshalb, warum, wie man so'ne Diagnose schon mal stellen kann. Der erste Doktor hat gesagt, so 'ne hühnereigroße Geschwulst war da unten drin (zeigt auf seinen rechten Oberschenkel). Der erste Doktor sagte, das wäre ein Leistenbruch. Das hat Zeit bis nach der Entbindung. Sie war nämlich auch im 6. Monat schwanger, ja, und ...

Therapeut: Ja ...

Mann: Ja, und dann hat sie sehr starke Schmerzen gehabt, da sind wir wieder hin und die nächste Diagnose: »Das müssen wir aufschneiden« und beim Aufschneiden haben sie gemerkt, daß alles verkrebst ist, ja, da haben sie noch mit der Behandlung gewartet bis Anfang 7. Monat und das Kind durch Kaiserschnitt geholt (mit etwas erstickter Stimme) und dabei ist sie nicht mehr aufgewacht. Das Kind lebte dann auch noch einen Tag.

Therapeut: Sie ist also bei der Geburt des zweiten Kindes verstorben?

Mann: Ja.

Therapeut: War es die Belastung der Geburt oder war der Krebs soweit fortgeschritten?

Mann: Ich nehme an.

Frau: Sie war wohl schon zu schwach.

Mann: Sie war zu schwach, erst die erste Operation, dann die zweite, das war zuviel alles.

Therapeut: Das Kind war Ende oder Anfang 7. Monat?

Mann: Ja, ja.

Therapeut: Das Kind ist nicht an irgendetwas anderem gestorben, sondern ...

Mann: Ja, ja.

Therapeut: Es ist für Sie heute immer noch unfaßlich, diese Drängung von Ereignissen, die zu so einschneidenden Folgen führten. Dieser Verlust, auch das Kind ist tot, war es ein Wunschkind? Hatten Sie es geplant?

Mann: Ja.

Therapeut: Es wären 1 1/2 Jahre Altersunterschied gewesen?

Mann: Ja.

Frau: Ja.

Therapeut: (zur Frau gewandt) Sie sind 1 1/2 Jahre mit Ihrer Schwester

|            | auseinander und da hatten wir die gleiche Planung. (Zum Mann gewandt) Müssen Sie heute noch Gefühle zuschütten, die damit zu tun haben? |
| Mann: | Es kommt mir ab und zu an, ja. Dann trink ich doch mehr. |
| Therapeut: | Haben Sie die Idee, daß Sie damit etwas zu tun haben, daß Sie nicht aufgepaßt haben, daß Sie irgendeinen Anteil daran haben? |
| Mann: | Nein, vielleicht ist es diese Hilflosigkeit, dabei zu sitzen und nichts tun zu können. Wie ich an dem Bett da saß und konnte nichts machen und sie sagt noch, die da nebenan hat Krebs, die stirbt bald, und ich konnte nichts machen, ich konnte es ihr noch nicht einmal sagen. Diese Hilflosigkeit, schlimm (mit etwas erstickter Stimme) und das schwirrt immer noch im Kopf rum. Also nicht immer, aber zu so bestimmten Tagen kommt eben diese ... |
| Therapeut: | Können Sie beide miteinander darüber reden? |
| Mann: | Wir haben bis jetzt noch nicht also so großartig reden können. |
| Frau: | Na ja, doch. |
| Mann: | Bilderalben gucken wir uns auch selten an. |
| Therapeut: | Hm, hm, ja. |
| Mann: | (guckt zur Frau) nicht wahr? Zu bestimmten Zeiten, wenn Geburtstag ansteht oder Sterbetag. |
| Frau: | Also, ich könnte schon darüber reden, bloß ich habe immer das Gefühl, Du willst nicht darüber reden. |
| Therapeut: | Woher kommt dieses Gefühl? |
| Frau: | Weil er gleich abblockt, also (kurzes stummes Achselzucken zwischen beiden) Du läßt Dich auf kein großes Gespräch ein. |
| Mann: | Na ja ... |
| Therapeut: | Sagen Sie doch mal was dazu, Sie haben was auf der Zunge gehabt, sagen Sie es doch einfach mal. |
| Mann: | Da fresse ich wohl doch zu viel in mich rein. Vielleicht will ich es für mich behalten, ich weiß es nicht. |
| Therapeut: | Nicht teilen. |
| Mann: | Nicht teilen. |
| Therapeut: | Hm, ist Ihre Frau gewesen. |
| Mann: | Ja. |
| Frau: | Ja, bloß, ich meine, es war auch meine Schwester. |
| Mann: | Das weiß ich ja, aber meine Frau. |
| Therapeut: | (zur Frau) Können Sie trennen, ist ja immerhin Ihre Vorgängerin, Ihre Schwester und Vorgängerin. Steht das ein bißchen zwischen Ihnen? Haben Sie das Gefühl, Sie sind |

|            |                                                                                 |
|------------|---------------------------------------------------------------------------------|
| | fremdgegangen, haben sie betrogen oder haben Sie ihr geholfen? |
| Frau: | Ich meiner Schwester jetzt im Nachhinein? |
| Therapeut: | Ja, ich versuche, mich da mal hineinzudenken, ist doch auch ein komisches Gefühl. |
| Frau: | Also, ich muß sagen, ich habe ihr eigentlich geholfen. |
| Therapeut: | Ja. |
| Frau: | So sehe ich das, und ihm auch und meiner Tochter, ich war auch Patentante bei ihr. |
| Therapeut: | Also, Sie haben vielerlei Verpflichtungen übernommen? |
| Frau: | Ja, manchmal ist mir das auch sehr schwergefallen. |
| Therapeut: | Was ist schwergefallen? |
| Frau: | Ja ja, überhaupt so, unser Zusammenleben, weil er auch sehr viel getrunken hat, die Jahre da. |
| Therapeut: | Aber von der Entscheidung, von der Rolle her ist es Ihnen nicht schwergefallen, das war o.k. für Sie? |
| Frau: | Ja, ja ... |
| Therapeut: | Also, den Mann Ihrer Schwester ... |
| Frau: | Ich dachte dadurch auch, wir haben uns ja nie geliebt, es war praktisch eine Vernunftehe, ich dachte, dadurch ihm zu helfen, daß es sich im Laufe der Jahre entwickelt, hat sich ja auch, wir haben uns ja zusammengerauft. Bloß mit dem Alkohol, das ist eben wieder so schlimm geworden in den letzten Jahren. Er ist von der Zustellung dann in den Innendienst gekommen, und da dachte ich, jetzt hört er auf. Es wurde auch besser, und dann fing es wieder an und wenn ich ihn dann gefragt habe: »Meine Güte, mach ich etwas falsch, habe ich Schuld, dann sage es doch mal«, aber (Schulterzucken). |
| Therapeut: | Sie wollten ihm helfen, warum? Ist es ein Auftrag Ihrer Eltern, daß Sie helfen sollen? |
| Frau: | Nein, nein. |
| Therapeut: | Oder geben Sie sich den selbst? |
| Frau: | Weil ich zu dem Zeitpunkt auch allein war. |
| Therapeut: | Also, Sie haben auch sich geholfen? |
| Frau: | Ja (lächelt). |
| Therapeut: | Ich habe mir geholfen und anderen geholfen. |
| Frau: | Ja. |
| Therapeut: | Einen Auftrag verspüren Sie nicht, daß es auch moralisch notwendig war, ihn nicht vor die Hunde gehen zu lassen? |
| Frau: | Ja, das eigentlich auch und an seine Tochter habe ich dabei auch gedacht, daß die da nun bei meinen Eltern aufwachsen soll. |

Therapeut:  Das fanden Sie nicht so toll?

Frau:  Das fand ich nicht so toll.

Therapeut:  Die kannten Sie schon?

Frau:  Ja.

Therapeut:  Vom vorherigen Aufwachsen. Wie sind die denn so?

Frau:  Ach, meine Eltern waren eigentlich, also so, in dieser Beziehung also so alles an sich reißend.

Therapeut:  Kontrollierend?

Frau:  Sie haben ihm damit nicht geholfen, daß sie sein Kind nun zu sich genommen haben.

Therapeut:  Was ist der Fehler?

Frau:  Die hätten sagen sollen: »Also, du kümmerst Dich um Deine Tochter, Du hörst auf zu trinken, die Post hat auch Kindergärten«. (zum Mann gewandt) War doch so, nicht? Sie hätten mehr auf ihn eingehen sollen, daß er sich um seine Tochter kümmert und ihm nicht alles aus der Hand reißen.

Therapeut:  Also, er hätte Verantwortung übernehmen müssen?

Frau:  Ja.

Therapeut:  Nicht nur helfen und ihn entlasten. Machen Sie das anders?

Frau:  Nein, im Grunde genommen auch nicht.

*Später im Gespräch*

Therapeut:  Es gibt doch wenig Kontakt, nicht wahr? Also, wenn er sich zurückzieht und eigentlich nur säuft, dann ist er ja eigentlich mit dem Alkohol verheiratet und nicht mit Ihnen, hat Kontakt eigentlich mehr zur Flasche als zu Ihnen. Ist das so? Fühlen Sie sich da auch so distanziert, bekommen Sie Kontakt?

Frau:  Nein, also, wenn er was getrunken hat, dann ist er schlafen gegangen und ich saß da mit den Kindern, also, ich meine, dann haben wir drei, das heißt unser Familienleben spielte sich mit den Kindern und mit mir ab.

Therapeut:  Also, er hat die Einzelgängerposition in der Familie dann richtig installiert, richtig organisiert? (zum Mann gewandt) ich kann ja immer nur eine Geschichte abrufen, sie erzählt jetzt ihre Geschichte aus ihrer Sicht.

Therapeut:  Sie denken vielleicht dabei: nein, stimmt nicht oder ist anders. Wenn Sie ein Bedürfnis zur Korrektur haben, wäre ich neugierig, wenn Sie also sagen: »Nein, das sehe ich anders«.

Mann:  Ich komme schon raus dann.

208

Frau: Bloß, ich meine, ich war früher auch recht aufbrausend. Ich habe mich über jede Kleinigkeit aufgeregt. War laut, habe auch geschrien, hatte was an der Schilddrüse, das hat sich jetzt gegeben, weil ich jetzt in Behandlung bin. Ich habe also auch viel falsch gemacht. Im nachhinein ist man schlauer, dann sagt man sich, wärst Du ruhiger gewesen, wäre es vielleicht besser geworden.

Therapeut: Besser geworden?

Frau: Dann hätte ich mich vielleicht ruhiger mit ihm auseinandersetzen können.

Therapeut: Wenn Ihre Frau weniger geschrien hätte und weniger zickig gewesen wäre, hätten Sie dann weniger getrunken?

Mann: Das kann ich mir nicht vorstellen.

Frau: (zum Mann) Nein? ... Das hat damit nichts zu tun?

*Später*

Der Mann spricht mit der Nachbarin zu deren Geburtstag, tut dies aber nur zögernd. Diese nimmt ihn »ins Gebet«.

Therapeut: Hat sie Sie überzeugt?

Mann: Ja, mehr oder weniger schon, nein! Überzeugt nicht, nein überzeugen kann mich keiner. Sie hat nur gesagt, Du mußt was tun und je schneller Du was tust, es ist das Beste für Dich.

*Später*

Die Frage an die Frau, mit wem noch außer der Nachbarin über das Alkoholproblem konferiert wurde, ergibt: mit niemandem; die Töchter und die Eltern der Frau waren auch keine Gesprächspartner.

Frau: Mein Vater ist vor fünf Jahren verstorben, meine Mutter ist also auch sehr dominierend, versucht, sich immer noch in viele Sachen reinzuhängen, wobei ich also auch einen Komplex gegen meine Mutter habe. Ich höre mir an, was sie sagt, mache aber doch, was ich will.

Therapeut: Und was ist der Komplex? Das ist ja an sich eine ganz gesunde Handlungsweise.

Mann: Na, wir sagen ihr nicht Bescheid.

Frau: Ich müßte ihr mal die Meinung sagen.

Therapeut: Ach so.

Frau: Irgendwie tut sie mir dann auch leid, so allein, andererseits habe ich auch viel Gutes von ihr gehabt.

Therapeut: Wenn ich das mal aufnehmen darf als Muster, darf man arme, hilflose Menschen nicht belasten?

Frau: Eigentlich sollte man sie belasten, nicht wahr?

Therapeut: Da fällt mir jetzt so ein, wenn Sie das früher schon mal gemacht hätten, hätten Sie vielleicht ein paar Jahre sparen können. So etwa, wenn Sie Ihrem Mann gesagt hätten: »Zieh Dich zurück, entweder Alkoholspiegel oder Scheidungsrichter«.

Frau: Das stimmt, das hätte ich früher machen sollen.

Therapeut: (zum Mann) Was hätten Sie dann gemacht?

Mann: Das ist eine gute Frage.

Frau: Das ist wahr, mit diesem Gedanken habe ich oft gespielt, bloß andererseits wußte ich dann auch nicht, wohin.

Therapeut: Es sagt irgendwie keiner keinem Bescheid hier.

Mann/Frau: Das ist wahr.

Mann: Ich wüßte wirklich nicht, was ich jetzt darauf antworten sollte.


*Später*

Therapeut: (zur Frau) Haben Sie jemals mit Ihren Eltern oder mit Ihrem Vater oder Ihrer Mutter einmal über den Tod der Schwester gesprochen?

Frau: Nein.

Therapeut: Das kann ich kaum glauben.

Frau: Ja, die haben sich also auch so abgekapselt, da wird auch ein richtiger Kult getrieben (betroffen).

Therapeut: Ein Kult?

Frau: Auf dem Friedhof.

Therapeut: Die Schwester kriegt mehr, als Sie bekommen haben, auf dem Friedhof noch?

Frau: Das finde ich so. Ich stelle mir auch einen Blumenstrauß zu Hause hin, wenn meine Schwester Geburtstag hat. Ich muß deshalb nicht jedes Mal auf den Friedhof rennen. Meine Mutter macht das, und sie kann es nicht verstehen, daß ich mich da selten sehen lasse.

Therapeut: Selten sehen lassen auf dem Friedhof?

Frau: Auf dem Friedhof. Ich sage: »Solange wie du das immer noch machst und kannst, dann ist das schön. Wenn du dann mal nicht mehr bist, dann werde ich wahrscheinlich das

|  | Grab weiterpflegen«, und mein Mann? (zu ihm gewandt) Du warst eigentlich nie da. |
|---|---|
| Mann: | Ganz selten. |
| Frau: | Die Kinder habe ich dann immer mitgenommen. |
| Therapeut: | (zum Mann) Sind Sie kein Friedhofsgänger oder hat es damit zu tun, daß Sie das nicht wollen? |
| Mann: | Vielleicht wollte ich es nicht. Ich wollte nicht. Am Anfang war ich ja öfter da, aber da war ich sehr betrunken, weil ich dann meinen Moralischen bekommen habe. |
| Therapeut: | Wenn Sie Ihren Moralischen bekommen haben, haben Sie sie besucht? Wollen Sie diese Friedhofsgeschichte nicht, sondern sie so behalten, wie sie war? Wäre das so eine Idee? |
| Mann: | Eine Idee ist das schon, vielleicht auch, weil es so weit weg ist, aber so weit weg ist es ja gar nicht. Aber trotzdem, ja, bin nicht hingekommen. |
| Therapeut: | Das ist nur so ein Gedanke, den müssen wir ja nicht vertiefen. Wir können das ja nur so anreißen. Sie spüren ja sicher, daß es da mit den Eltern und den beiden Geschwistern eine Konkurrenz-Problematik gibt, also, die Eltern mögen die eine mehr und die andere weniger. |
| Mann: | Ja, ja. |
| Therapeut: | So daß ja Ihre jetzige Frau auch mit ein bißchen Wut mit dem Thema umgehen kann, können Sie das ertragen oder schädigt das das Bild Ihrer ersten Frau in Ihnen? |
| Mann: | Nein, das kann ich schon ertragen, das habe ich ihr auch schon gesagt. |
| Frau: | Ich mach ja meine Schwester nicht schlecht, wir beide haben uns gut verstanden. Ich gebe mehr meinen Eltern die Schuld im nachhinein. Als wir Kinder waren, habe ich das auch nicht so empfunden. Nach ihrem Tod, da wurde sie bevorzugt. Denn es bleibt nicht aus. Ich habe mir geschworen, bei unseren beiden wird keiner benachteiligt, aber man kriegt es nie so in die Reihe, es geht nicht so. |
| Therapeut: | Wenn ich mir vorstelle, in welcher Rolle Sie sind, daß Ihre Eltern erst Ihre Schwester sehen und dann Sie. |
| Frau: | Ja. |
| Therapeut: | Sie wird um so gewaltiger, um so toter sie ist, sag' ich mal, und wir waren vorhin schon an so einer Stelle, wo wir sagen, er läßt Sie auch nicht ran an die Schwester. Er läßt Sie nicht ran, Sie können da nicht ran. |
| Frau: | Ja, von beiden Seiten. |
| Therapeut: | Macht Sie das nicht wütend? |

Frau:      (lautes Ausatmen)

Therapeut:  Oder macht es Sie traurig?

Frau:      Eigentlich traurig. Ich habe oft, ich bin ja viel für mich allein gewesen, oft für mich geheult.

Therapeut:  Warum für sich, warum haben Sie es nicht gezeigt? Ihm nicht gezeigt?

Frau:      Na ja, meistens war er betrunken.

Therapeut:  Das wäre ein Teil der Verantwortung, die Sie ihm geben könnten?

Frau:      Ja.

Therapeut:  So nach dem Motto »soll er doch mal sehen, wie er damit klarkommt« oder kann er das nicht?

Frau:      Er müßte das können, bloß jeder hat in mir immer die Starke gesehen, die das ja alles schafft und packt.

Therapeut:  Nein, Sie haben die Stärke gezeigt.

Frau:      Ja, so rum.

Therapeut:  Das Schwache haben Sie ja nicht gezeigt. (zum Mann) Wußten Sie das, daß sie ziemliche Probleme hatte, daß die Schwester sie immer an die Seite drängt?

Mann:      Nein, nein. Sie hat zwar mal gesagt, Bärbel wurde bevorzugt, aber daß sie solche Probleme hat, wußte ich nicht.

Therapeut:  Ich habe eben gerade so die Idee gehabt, daß Sie einen Grund gehabt haben, nicht offen über die Schwester, also Ihre erste Frau, mit ihr zu reden, weil Sie das schon spüren, so als wenn die Geier kämen und sagten »na, so war die ja nun auch nicht, wir können die doch nicht in den Himmel heben und guckt doch mal, wer lebt und nicht, wer tot ist« und diese ganzen Sachen, die man dann in der Regel so zu sagen pflegt. Sie spüren das, daß Sie da noch ein Problem haben, daß Sie mit dem Tod Ihrer Frau immer noch nicht ganz klar sind.

Mann:      Ja, das spüre ich schon, das habe ich auch in der Gruppe angesprochen, aber ich weiß nicht, wie ich damit umgehen soll, das ist ja nun nicht das einzige, was ich in mich hineinfresse. Ich fresse ja alles in mich hinein.

Der Alkoholrückfall wird in dem gezeigten Gespräch nicht definiert, dafür wird aber ein ganzes Netz von Rückfällen beschrieben. Der Rückfall in die Betreuungsbeziehung von beiden. Der Rückfall der Frau zum Alkoholiker. Der Rückfall in die Isolation, der Rückfall in die alte Familie, der Rückfall in Geschwisterprobleme. Sähe man sich das noch genauer an, würde man sicher noch erweiterte Rückfalldimensionen finden.

EITH (1993) hat in seinen Ausführungen zur systemischen Diagnostik und Indikation auf die starken *Komplementaritätsmuster* hingewiesen, die die einzelnen Familienmitglieder auf starre, unterschiedliche, jedoch komplementäre Positionen festlegen, wie der Süchtige, der schwach, inkompetent, verantwortungslos und ohne Selbstkontrolle dasteht, der Nichtsüchtige dagegen stark ist, Verantwortung und Kontrolle übernimmt. Aus den komplementären Positionen wird dann wechselseitig versucht, aufeinander Macht auszuüben. Den Kampf gewinnt für den Status quo immer häufiger der Süchtige, was die Familie immer mehr jeder Flexibilität und Lebendigkeit beraubt, wie in dem obigen Beispiel deutlich wurde.

Wenn man sich ein eher neutrales systemisches Wirkungsmodell in einem einfachen Bild so vorstellt, als wären die Familienmitglieder sowohl kreuzweise durch ein Gummiband verbunden als auch mit einem solchen umspannt, so wird deutlich, daß, wenn sich einer herausbegeben möchte, er damit unterschiedlichste Spannungen und damit Gegenbewegungen bei den anderen auslöst.

Die Zusammenhänge oder das Zusammenhängen beziehungsweise Abhängen in Suchtsystemen muß man sich, bezogen auf den Rückfall, wohl eher in einer vertikalen Anordnung vorstellen. Es bietet sich die Vorstellung eines Aufstiegs an: Auf dem Wege zum Gipfel der Abstinenz, der sehr wolkenverhangen ist und dessen Existenz eher aus Überlieferungen bekannt ist, geht eine Seilschaft. Ein Familienmitglied oder einer, der sich zum sozialen oder gesellschaftlichen Bergführer erkoren hat, geht voran. Von seinem Seil hängen Leute ab, die mehr oder minder überzeugt den Weg mitgehen. Weder vom Weg, noch vom Ziel, noch von der ganzen Bergsteigerei wirken sie sehr angetan, ihre Fähigkeiten scheinen eher auf anderen Gebieten zu liegen. Rückfall oder Absturz sind jederzeit möglich. Der erfolgreiche Aufstieg zur Abstinenz bedeutet in unserem Bild die Überwindung der Suchtanziehungskraft. Der Süchtige will in die entgegengesetzte Richtung und behauptet aber, etwas Unkontrollierbares ziehe ihn dahin.

Übrigens, warum der Bergführer die Seilschaft zur Abstinenz führen will und es akzeptiert, nicht anzukommen, ist nicht immer klar. Es sind sicher auch seine Beziehungssehnsüchte, Ängste und Selbstwertideen, die ihn führen.

Im schlechtesten Fall ist für den Bergführer nicht die Abstinenz das Ziel, sondern der Weg ist das Ziel. Damit dann der Weg und damit der Sinn und die Bedingungen des Zusammenseins erhalten bleiben, ist ab und zu ein Ausrutscher, ein Rückfall des Abhängigen, notwendig.

Erreichte die Seilschaft den Gipfel, würde sich zeigen, ob er als Partner noch interessant bleibt. Das gemeinsame Gipfelerlebnis kann nicht auf ewig die möglicherweise langweilige gemeinsame Realität verdecken, alles bleibt ohne den Kick des Gefälles. Die Fähigkeiten des Bergführers sind auf dem Gipfel und im Tal nur noch begrenzt gefragt. Auch er muß in der Ebene neue Attraktivität entwickeln, was wohl seltenst gelingt. EITH (1993) weist auf die gerade von Suchttherapeuten gelegentlich geäußerte Meinung hin, daß »das Schlimmste, was es gibt, ein trockener Alkoholiker ist«. Alles wirklich Lebendige scheint abhängig von dem Rückfall, der die heftigen Kämpfe um Kontrolle und Macht aufleben läßt. Dies entlastet (SCHMIDT 1988) das Gesamtsystem wieder von Beziehungskonflikten auf eine wirkungsvolle Weise.

Der gemeinsame bedächtige Abstieg würde die Verbundenheit durch das Seil deutlich in Frage stellen, das ja die komplementären Rollen und seine Notwendigkeit durch permanentes Rückfallen fortwährend bestätigt.

Würde man die Sicherheitsverbindung lösen, scheint zuerst einmal die Trennung durch den voraussichtlichen Absturz des Untüchtigen unausweichlich, bis dann vielleicht der Gedanke eines möglicherweise langsamen Abstiegs erscheint und damit eine freie Routenwahl möglich wird und vielleicht jeder für sich geht.

Die Entscheidung, keinen Rückfall zu produzieren, ist mit davon abhängig, welche Beziehungsopfer es nach sich zieht, wenn sich der Süchtige von seiner Opferposition verabschiedet, also welche Folgen es hat, wenn er die Familie oder den Partner mit nüchternen Ansprüchen und Entscheidungen konfrontiert. Er demonstriert dann nicht mehr eine zeitweilige Besinnungslosigkeit, sondern zeigt Besonnenheit und Besinnung auf eigene Bedürfnisse, die vielleicht Grundsätzliches deutlich machen, was in der Beziehung bisher unausgesprochen blieb. Dies wird bekanntlich zu einer Belastungsprobe, wenn der Partner durch neue Verhaltensweisen, neue Ansprüche und neue Beziehungsdefinitionen in Not gerät.

Der Rückfall ist abhängig von dem Ausmaß der Angst, daß jede Differenzierung vom anderen gleichzeitig die Trennung bedeuten kann und damit den Rückfall in Unfähigkeit und Einsamkeit. Es scheint allerdings auch immer damit zusammenzuhängen, daß eine erhebliche *Nähe-Distanz-Regulation* in diesen Beziehungen grundsätzlich verstärkt notwendig ist. SCHMIDT (1988) bezeichnet das Suchtmittel als verbindendes Dreieckselement und zentralen Regulationsfaktor von Nähe und Distanz. Der Druck oder die subjektiv erfahrene Einengung oder Überforderung durch die Bindung kann der Abhängige durch die Idee des Rückfalls beschreiben und jeden warnen, der seinerseits glaubt, er würde die Seele des Abhängigen zu fassen kriegen. Ein Sprichtwort sagt: »Kaum denkste du hast'n, springt er aus dem Kasten«. Hast du mich ganz, hast du nichts, könnte man es auch ausdrücken. Der Rückfall als der Rückzug in das Versteck der Verantwortungslosigkeit für alles, was man sagt oder tut, die eigene Person der Benutzbarkeit zu entziehen, ist sicherlich auch abhängig von der verdeckten Sucht nach Schutz und Unterschlupf.

RENNERT (1990) verweist im Zusammenhang der Bedeutung, die Sucht für die Familie hat, auf die Arbeiten des JOHNSON INSTITUTS und deren Bezeichnung der Sucht auch als *Gefühlskrankheit*. Mit dem Suchtmittel beginnt die Aussteuerung zu einem besseren Gefühl, bis es zur Aufhebung von schlechten Gefühlen eingesetzt wird und dann notwendig ist, um überhaupt annähernd einen Normalzustand zu erreichen. RENNERT sieht, daß das Suchtmittel auch eine zuverlässige Beziehung bietet und beschreibt die *apersonale Beziehungsqualität* der Droge als Liebesbeziehung, Verliebtheit und als symbiotisch. Diese Bechreibung konkretisiert den Unterschlupf des Rückfälligen als Konkurrenz zur personalen Beziehung, die für ihn wohl zu dem Zeitpunkt wesentlich komplizierter scheint und verhilft zu einem Bild, wohin er will, jedenfalls keine klaren Entscheidungen treffen.

»Ich habe Lust, keinen Alkohol mehr zu trinken«. Das sagt zukunftsorientiert der Ehemann in der dargestellten Sitzung. Er wählt das Bild der Gefühlsgesundung. Er entkoppelt Droge und Gefühlszustand. Wozu er noch Lust hat, das sagt er noch nicht. Auf die Bekundung der Ehefrau, daß sie mit ihm gern zusammenleben möchte, geht er nicht ein. Man wird sehen, ob eine erneute »Heirat« ohne gegenseitige Betreuungsaufgaben möglich wird oder ob er wieder mit dem sicheren Dritten im Bunde, dem Alkohol, eine enge Beziehung eingehen wird. Das hängt auch davon ab, ob die Frau die Veränderung erträgt. Sie sagt ja, ich wünsche mir schon einen starken Mann. Aber der Wunsch ist das eine und das Ertragen der Wunscherfüllung das andere.

## *Literatur*

EITH, F. (1993): Systemische Therapie-Diagnostik und Indikation. In: HEIGL-EVERS, A. et al. (Hg.), Eingrenzung und Ausgrenzung. Vandenhoeck u. Ruprecht, Göttingen.

ERBACH, F.; RICHELSHAGEN, K. (1989): Isomorphe Strukturen im Kontext der Suchthilfe. Familiendynamik 1.

FÖRSTER, H. V.; GLASERSFELD, E. V. (1986): In: SEGAL, L.: Das achtzehnte Kamel oder die Welt als Erfindung. Piper, München.

FRISCH, M. (1964): Mein Name sei Gantenbein. Suhrkamp, Frankfurt a.M.

HALEY, J. (1978): Die Psychotherapie M.H. Ericksons. Pfeiffer, München.

HECKMANN, W. (Hg. 1982): Praxis der Drogentherapie. Beltz, Weinheim u. Basel.

JACKSON, D.D. (1965): The study of the family. Family Process 4: 1–20.

KÖRKEL, J.; LAUER, G. (1988): Der Rückfall des Alkoholabhängigen. In: KÖRKEL, J. (Hg.), Der Rückfall des Suchtkranken. Springer, Berlin/Heidelberg.

PALAZZOLI, M. et al. (1979): Paradoxon und Gegenparadoxon. Klett, Stuttgart.

RENNERT, M. (1970): Co-Abhängigkeit – Was Sucht für die Familie bedeutet. Lambertus, Freiburg i.Br.

RETZER, A. (1991): Familie und Individuation. Dialektik 3: 89–91.

SCHMIDT, G. (1988): Rückfälle von als suchtkrank diagnostizierten Patienten aus systemischer Sicht. In: KÖRKEL, J. (Hg.), Der Rückfall des Suchtkranken. Springer, Berlin.

SIMON, F. (1988): Unterschiede die Unterschiede machen. Springer, Berlin/Heidelberg.

STANTON, M.D. (1982): Drogenmißbrauch und Familie. Suchtgefahren 28: 139–149.

WATZLAWICK, P. (1986): Die Möglichkeit des Andersseins. Huber, Bern/Stuttgart.

WEBER, G. (1991): Rückfall oder Vorfall. Vortrag, Heidelberg-Tagung: »Das Ende der großen Entwürfe«. Video Coop. Ruhr VT 114, VCR Böhmer u.a. GbR.

216

*Johannes Lindenmeyer*

# In-vivo-Behandlung nach Rückfall

Die hohen Rückfallquoten bei Alkohol- und Medikamenten-Abhängigkeit erfordern ein verändertes Vorgehen bei der Behandlung von rückfälligen Patienten. Abweichend von den bisherigen Behandlungsansätzen im Suchtbereich sollte der Rückfall nicht als Störfall oder Scheitern einer Behandlung verstanden, sondern zum zentralen Therapiegegenstand gemacht werden, auf dessen Bewältigung und Prävention alle therapeutischen Maßnahmen gerichtet sind. Vorgestellt wird ein Behandlungsansatz für rückfällige Alkohol- und Medikamentenabhängige, der sich unmittelbar von den Rückfallmodellen von ANNIS, LITMAN, MARLATT und MOOS herleitet.

Rückfälligen Alkohol- und Medikamentenabhängigen wird hierbei ermöglicht, sich, entlastet von ihrem Alltag, kurzfristig zu stabilisieren, das Zustandekommen ihres Rückfalls zu verstehen sowie ihre individuellen Möglichkeiten zur Vermeidung oder Bewältigung von künftigen Rückfällen zu erweitern. Wesentlicher Bestandteil der Rückfallbehandlung ist die Exposition in vivo: Die Patienten üben systematisch unter realistischen Alltagsbedingungen die suchtmittelfreie Bewältigung von persönlich relevanten Versuchungssituationen.

## Indikation und Relevanz

Folgende Überlegungen machen den Bedarf und die mögliche Indikation eines Therapieangebots für Alkohol- und Medikamentenabhängige deutlich, das sich auf die *Bewältigung und Prävention von Rückfällen* konzentriert:

- Trotz der hohen Qualität der Suchtbehandlung in der Bundesrepublik werden ca. 54% aller stationär behandelten Alkoholab-

217

hängigen innerhalb eines Katamnesezeitraums von 4 Jahren rückfällig (Küfner et al. 1988). Nach konservativer Schätzung handelt es sich hierbei um jährlich circa 10 000 Personen. Bislang gibt es kein spezifisches und leicht zugängliches Therapieangebot für diese Patienten. In der Regel fallen die Betroffenen vielmehr erneut in ihr früheres Trinkverhalten zurück, bevor sie in einem weiteren, langwierigen Therapieanlauf sozusagen »wieder von vorn anfangen«.

– Entsprechend sind etwa 57% aller Patienten in einer stationären Abhängigkeitsbehandlung bereits schon einmal in stationärer Therapie gewesen (Rothenbacher et al. 1985). Diese mehrfach rückfälligen Patienten frustrieren ihre Therapeuten, weil sie ein Scheitern der auf Abstinenz gerichteten therapeutischen Bemühungen bedeuten. Auch die betroffenen Patienten neigen in diesem Kontext zu Resignation. Die Bewältigung des Rückfalls wird somit durch negative Gefühle aller Beteiligten erschwert (Herder u. Sakofski 1992). Ein von vornherein auf die Bewältigung von Rückfällen konzentriertes Therapieangebot erleichtert dagegen die Überwindung von Demoralisierung und den Aufbau von prognostisch günstiger Selbstwirksamkeitsüberzeugung.

– Die Mehrzahl der stationär behandelten Alkoholabhängigen kann bei einem Rückfall auf keine Inhalte aus ihrer Therapie zurückgreifen, sondern fühlt sich dem weiteren Verlauf eines Rückfalls hilflos ausgeliefert (Pfeiffer et al. 1988). Überhaupt haben Abhängigkeitsbehandlungen bislang nur einen relativ beschränkten Einfluß darauf, auf welche Weise Abhängige nach Beendigung einer Therapie Versuchungssituationen zu bewältigen versuchen (Moos et al. 1990).

– Eine Vielzahl von stationären Behandlungseinrichtungen im Suchtbereich reagiert auf einen Rückfall während der Behandlung nach wie vor mit disziplinarischer Entlassung. Für die betroffenen Patienten, in der Bundesrepublik insgesamt immerhin etwa 2000 Personen pro Jahr, gibt es derzeit kein adäquates Therapieangebot.

# Theoretischer Hintergrund

Therapiestudien auf dem Gebiet der Alkohol- und Medikamentenabhängigkeit machen deutlich, daß der Rückfall nicht die Ausnahme, sondern eher die Regel in der Behandlung dieser Klientel darstellt (KÖRKEL u. LAUER 1992). Insbesondere Längsschnittstudien deuten darauf hin, daß lebenslange Abstinenz im Anschluß an eine einmalige Behandlung offenbar bei der Mehrheit der Betroffenen ein illusorisches Therapieziel darstellt (VAILLANT 1992). Vielmehr scheinen die Betroffenen im Lauf ihres Lebens mehrfach zwischen Trinken und Abstinenz sozusagen »hin und her zu pendeln« (MOOS et al. 1990; POLICH et al. 1981; WATSON u. PUCEL 1985).

Diese Situation erfordert eine prinzipielle Veränderung des Rückfallverständnisses im Suchtbereich (KÖRKEL u. KRUSE 1993). Es erscheint wenig sinnvoll, Rückfälle wie bislang üblich als prinzipielles Scheitern eines Abstinenzversuchs anzusehen und die Betroffenen daher in jedem Fall erneut einer langwierigen Abhängigkeitsbehandlung zu unterziehen. Die Häufigkeit von Rückfällen im Anschluß an eine Abhängigkeitsbehandlung legt vielmehr nahe, Rückfälle für die Mehrzahl von Alkohol- und Medikamentenabhängigen als normale Durchgangsstadien innerhalb eines längeren und komplexen Veränderungsprozesses in Richtung Suchtmittelabstinenz zu akzeptieren (MARLATT 1985, MARLATT 1989; PROCHASKA u. DI CLEMENTE 1986). Offenbar erfordert dieser Veränderungsprozeß ein spezifisches Selbstmanagement-Repertoire, das sich die Mehrheit der Betroffenen erst durch konkrete Alltagserfahrung über einen längeren Zeitraum aneignen kann. Insbesondere am Anfang dieses Veränderungsprozesses sind hierbei Fehler und damit Rückfälle wahrscheinlich.

Da bei einem Rückfall immer die Gefahr besteht, daß die Betroffenen demoralisiert in ihren früheren Suchtmittelkonsum zurückfallen, bedarf es dringend eines speziellen Behandlungsangebots für rückfällige Alkohol- und Medikamentenabhängige. Zentrales Anliegen muß es hierbei sein, die Betroffenen möglichst rasch zu stabilisieren, eine systematische Analyse ihrer kurzfristigen Überforderung bei der Aufrechterhaltung der Abstinenz vorzunehmen und die hierfür erforderlichen Bewältigungsfähigkeiten zu erweitern, damit sie den durch den Rückfall gefährdeten Veränderungsprozeß in Richtung dauerhafte Suchtmittelabstinenz möglichst rasch erfolgreich fortführen können. Die Therapie beginnt somit bei einem Rückfall nicht wieder automatisch »von vorn«, sondern sie knüpft unmittelbar an den bisherigen Abstinenzbemühungen der Betroffenen an, die es lediglich weiterzuentwickeln gilt.

## Therapeutische Grundhaltung bei der Rückfallbehandlung

Katamnestische Untersuchungen machen deutlich, daß ein Rückfall keineswegs automatisch ein völliges Zurückfallen in früheres Suchtverhalten bedeutet. Vielmehr waren zum Beispiel 53% aller Rückfälligen nach einer stationären Abhängigkeitsbehandlung nur »leicht rückfällig«, insofern als ihr Rückfall höchstens 3 Tage dauerte. 14% der Rückfälligen hatten nur an einem einzigen Tag getrunken (KÜFNER et al. 1988). Entsprechend unterscheiden verschiedene Rückfallmodelle zwei Phasen innerhalb des Rückfallgeschehens (MARLATT 1985). Die erstmalige Wiedereinnahme des Suchtmittels in Form eines Ausrutschers (»lapse«) führt dann zu weiterem Suchtmittelkonsum und schließlich einem völligen Zurückfallen in früheres Suchtverhalten (»relapse«), wenn die Betroffenen hierauf mit einem sogenannten »Abstinenzverletzungssyndrom« reagieren. Dieses besteht aus einer kognitiven (z.B. »Ich bin ein Versager«) und einer emotionalen (z.B. Schuldgefühle oder Panik) Komponente, die beide die Zuversicht der Betroffenen, weiterhin abstinent leben zu können, untergraben. Die meisten Patienten reagieren daher auch auf die Möglichkeit einer erneuten Behandlung nach einem Rückfall mit erheblicher Ambivalenz und Resignation, die durch konfrontatives Therapeutenverhalten noch verstärkt werden können (MILLER u. ROLLNIK 1991).

Alle Maßnahmen zur Behandlung von rückfälligen Alkohol- und Medikamentenabhängigen müssen daher zu allererst darauf gerichtet sein, ein mögliches Abstinenzverletzungssyndrom der Betroffenen zu verhindern oder zu überwinden und ihre Selbstwirksamkeitsüberzeugung in zukünftige Abstinenz wieder herzustellen. Hierzu ist eine therapeutische Grundhaltung erforderlich, die sich in vieler Hinsicht grundlegend von den therapeutischen

Gepflogenheiten bei der Erstbehandlung von Abhängigen unterscheidet (ANNIS 1990):
– Entdramatisierung von Rückfällen anstelle von Akzentuierung von Suchtverhalten und Abstinenzgebot
– Entpathologisierung der rückfälligen Patienten anstelle von therapeutischer Hinwendung zu allgemeinen Lebensproblemen und Persönlichkeitsdefiziten
– Betonung von Entscheidungsfreiheit der Betroffenen für oder gegen eine Behandlung anstelle von konfrontativen Überzeugungsversuchen
– sofortige Selbstverantwortung und Selbstkontrolle im Umgang mit Risikosituationen anstelle von Fremdkontrolle und Schutz der Patienten vor Versuchungssituationen
– Konfrontation mit realistischen Risikosituationen anstelle von Schaffung einer suchtmittelfreien Zone
– minimale Intervention anstelle von umfassenden Behandlungsangeboten.

## Exposition in vivo bei der Rückfallbehandlung

Eine Vielzahl von Studien zur Entstehung von Rückfällen kommen übereinstimmend zu dem Ergebnis, daß es *die* Rückfallursache nicht gibt (KÖRKEL u. LAUER 1992). Statt dessen läßt sich die Entstehung eines Rückfalls als Folge von mangelnder Selbstwirksamkeitsüberzeugung und unzureichenden Bewältigungsfähigkeiten der Betroffenen in individuell relevanten Risikosituationen beschreiben (ANNIS 1990; LITMAN 1986; MARLATT u. GORDON 1985). Zusätzlich werden die Bewältigungsfähigkeiten und die Selbstwirksamkeitsüberzeugung der Betroffenen in Risikosituationen häufig durch klassisch konditionierte Reaktionsweisen (z.B. Verlangen nach Suchtmitteln) beeinträchtigt (MONTI et al. 1988). Insgesamt kommt es hierdurch zu einer kurzfristigen Überforderung der Betroffenen, die schließlich wieder den erneuten Einsatz von Suchtmitteln als Bewältigungsstrategie attraktiver erscheinen läßt.

Zentrales Anliegen der Behandlung von rückfälligen Patienten ist daher die Erhöhung ihrer Kompetenz zur Prävention beziehungsweise Bewältigung von künftigen Rückfällen (ANNIS u.

Davis 1989; Chaney et al. 1978; Litman 1986; Marlatt 1985). Hierbei geht es sowohl um den Einsatz *kognitiver Bewältigungsstrategien* in inneren Risikosituationen als auch um den Einsatz von *Verhaltensstrategien in sozialen Risikosituationen.* Diese werden nach entsprechender Vorbereitung unter realistischen Bedingungen im Alltag der Patienten nach den Prinzipien der Expositionsbehandlung *in vivo* trainiert.

Um künftig in realen Risikosituationen sicher abrufbar zu sein, müssen Bewältigungsstrategien in Übungssituationen mit tatsächlichem Versuchungscharakter trainiert werden (Monti et al. 1991). Für Patienten und ihre Therapeuten kommt es somit darauf an, gemeinsam die Übungssituationen durch die absichtliche Konfrontation mit persönlich relevanten Auslösebedingungen (z.B. unmittelbare Konfrontation mit alkoholischen Getränken, Stimmungsinduktion durch Musik, Erinnerungen oder Aufsuchen bestimmter Örtlichkeiten) so zu gestalten, daß tatsächlich deutliches Verlangen nach Alkohol oder Medikamenten entsteht, dessen Bewältigung dann geübt werden kann.

Ein solches Vorgehen erfordert ein besonders hohes Maß an Kooperationsbereitschaft, Eigeninitiative und Risikobereitschaft der Patienten. Denn der Versuchungscharakter einer Situation läßt sich häufig nicht hinreichend von außen durch den Therapeuten herstellen, sondern entsteht oftmals erst durch bestimmte Gedanken, Erinnerungen oder Assoziationen der Betroffenen. Diese sind also im Rahmen der Rückfallbehandlung in paradoxer Weise aufgefordert, sich zunächst durch eigenes Zutun absichtlich in eine kritische Versuchungssituation »hineinzumanövrieren«, um diese dann abstinent zu bewältigen. Den Patienten wird dieses Vorgehen durch die Metapher eines »Schleuderkurses« verdeutlicht, bei dem ein Fahrzeug ebenfalls wiederholt absichtlich zum Schleudern gebracht wird, um dann entsprechende Fahrtechniken (z.B. Gegenlenken) üben zu können. Das folgende Beispiel einer Expositionsübung soll der Veranschaulichung dienen:

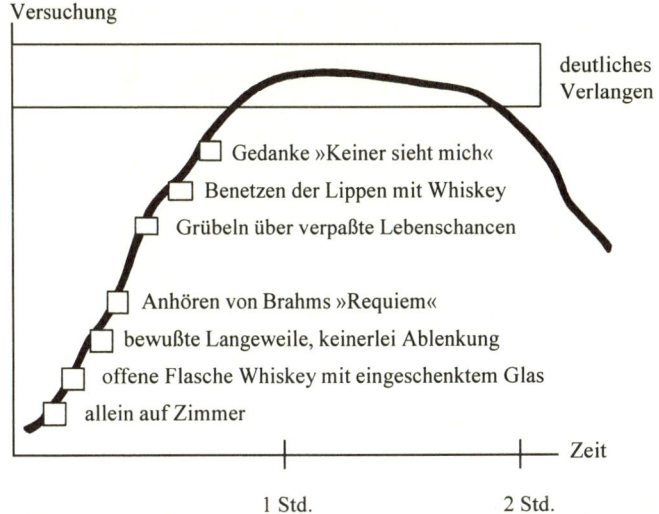

Versuchung

deutliches
Verlangen

Gedanke »Keiner sieht mich«
Benetzen der Lippen mit Whiskey
Grübeln über verpaßte Lebenschancen

Anhören von Brahms »Requiem«
bewußte Langeweile, keinerlei Ablenkung
offene Flasche Whiskey mit eingeschenktem Glas
allein auf Zimmer

Zeit

1 Std.          2 Std.

Abbildung 1: Expositionsbeispiel eines Patienten, dessen wichtigste Rückfallsituationen Langeweile und Selbstmitleid darstellen

Die Patienten lernen im Verlauf der Exposition in vivo systematisch, mit Verlangen nach ihrem Suchtmittel umzugehen. Hierbei
geht es nicht darum, für jede Risikosituation eine optimale Bewäl-
tigungsreaktion zu finden. Dies würde die kognitive und emotionale Streßbelastung der Betroffenen in Versuchungssituationen
nur weiter erhöhen. Entscheidend für die Aufrechterhaltung der
Abstinenz ist vielmehr, selbst bei zunächst erfolglosen Bewälti-
gungsbemühungen, ausreichend Selbstwirksamkeitsüberzeugung
zu behalten, um dem Verlangen nach Suchtmitteln in einer Risikosituation weiterhin standhalten zu können, bis es im Sinne von
Habituation von alleine wieder abklingt (LUDWIG 1988; DALEY u.
MARLATT 1992). Zur Veranschaulichung dieses Prinzips wird den
Betroffenen das Bild von mehreren Ausfahrtmöglichkeiten bei
einer Autobahn vermittelt: Falls eine Ausfahrtmöglichkeit ver-
paßt wurde, kommt es darauf an, möglichst gelassen die nächste
zu nehmen, anstatt vor lauter Aufregung diese auch noch zu ver-
passen.

Das subjektive Erleben der Expositionsübungen durch die Patienten sowie die Auswirkungen auf ihre Abstinenzzuversicht wer-

den laufend mit dem Therapeuten thematisiert. Beispielsweise ist der Tendenz mancher Betroffener entgegenzuwirken, eine erfolgreich bewältigte Übungssituation gewissermaßen als ein für alle mal bestandenen Härtetest mißzuverstehen und damit das Risiko künftiger Rückfälle fahrlässig zu unterschätzen (MARLATT 1990). Andererseits ist von therapeutischer Seite die drohende Demoralisierung von Patienten und ihren Angehörigen bei erneuter Suchtmitteleinnahme in Übungssituationen aufzufangen.

## Intervalltherapie

Die oben skizzierte Rückfallbehandlung kann in der Regel auf 2 bis 3 Wochen Intensiv-Therapie beschränkt werden. In vielen Studien konnte gezeigt werden, daß sich die meisten Rückfälle in der ersten Zeit nach Ende einer Behandlung ereignen und die Rückfallgefahr mit zunehmender Abstinenzdauer insbesondere nach drei Monaten deutlich abnimmt (MARLATT 1985). Im Sinne einer Intervalltherapie bietet sich daher an, im Anschluß an ein individuell festgelegtes Erprobungsintervall von 1 bis 2 Monaten mit den Patienten eine kurzfristige Wiederaufnahme zur systematischen Auswertung der bis dahin gemachten Erfahrungen im Alltag zu vereinbaren. Während des Erprobungsintervalls können die Patienten zur Erhöhung der kognitiven Wachsamkeit gegenüber Risikosituationen und zur Verbesserung ihrer Selbstbeobachtungs- und Attributionsgewohnheiten mit täglichen Selbstbeobachtungsaufgaben betraut werden. Durch regelmäßigen telefonischen Kontakt mit ihrem Therapeuten lernen die Patienten auf diese Weise systematisch, ungünstige Entwicklungsverläufe rechtzeitig zu erkennen und gegebenenfalls kurzfristig zu korrigieren. Insgesamt reduzieren sich durch diese zeitliche Organisation der Rückfallbehandlung die Ausfallzeiten der Patienten in Beruf und Familie sowie die Behandlungskosten auf ein Minimum.

# *Literatur*

ANNIS, H. M. (1990): Relapse to substance abuse: Empirical findings within a cognitive-social learning approach. Journal of psychoactive drugs 22: 117–124.

ANNIS, H.M.; DAVIS, C.S. (1989): Relapse prevention. In: HESTER, R.K.; MILLER, W.R. (Hg.), Handbook of alcoholism treatment approaches. Pergamon Press, New York.

CHANEY, E.F.; O'LEARY, M.R.; MARLATT, G.A. (1978): Skill training with alcoholics. Journal of consulting and clinical Psychology 46: 1092–1104.

HERDER, S.; SAFOFSKI, A. (1992): Der Rückfall und seine Bedeutung für die Psychohygiene des Therapeuten. In: KÖRKEL, J. (Hg.), Der Rückfall des Suchtkranken. Flucht in die Sucht? Springer, Berlin.

KÖRKEL, J.; LAUER, G. (1992): Der Rückfall des Alkoholabhängigen: Einführung in die Thematik und Überblick über den Forschungsstand. In: KÖRKEL, J. (Hg.), Der Rückfall des Suchtkranken. Flucht in die Sucht? Springer, Berlin, S. 3–124.

KÖRKEL, H.; KRUSE, G. (1993): Mit dem Rückfall leben. Abstinenz als Allheilmittel? Psychiatrie Verlag, Bonn.

KÜFNER, H.; FEUERLEIN, W.; HUBER, M. (1988): Die stationäre Behandlung von Alkoholabhängigen: Ergebnisse der 4-Jahreskatamnesen, mögliche Konsequenzen für die Indikationsstellung und Behandlung. Suchtgefahren 34: 157–272.

LITMAN, G.K. (1986): Alcoholism survival: The prevention of relapse. In: MILLER, W.R.; HEATHER, N., Treating addictive behaviors: Processes of change. Plenum, New York, S. 391–405.

LUDWIG, A.M. (1988): Understanding the alcoholic's mind. The nature of craving and how to control it. Oxford University Press, New York.

MARLATT, G.A. (1985): Relapse prevention: Theoretical rationale and overview of the model. In: MARLATT, G.A.; GORDON, J.R. (Hg.), Relapse prevention. Guildford Press, New York, S. 3–70.

MARLATT, G.A. (1988): Matching clients to treatment: Treatment models and stages of change. In: DONOVAN, D.M.; MARLATT, G.A. (Hg.), Assessment of addictive behaviours. Hutchinson, London.

MARLATT, G.A. (1989): Rückfallprävention: Modell, Ziele und Stadien der Verhaltensänderung. In: WATZL, H.; COHEN, R. (Hg.), Rückfall und Rückfallprophylaxe. Springer, Berlin, S. 16–29.

MARLATT, G.A. (1990). Cue exposure and relapse prevention in the treatment of addictive behaviors. Addictive Behaviors 15 (4): 395–399.

225

MILLER, W.R.; ROLLNIK, S. (1991): Motivational interviewing. Preparing people to change addictive behavior. Guilford Press, New York.

MONTI, P.M.; ROHSENOW, D.J.; ABRAMS, D.B.; BINKOFF, J.A. (1988): Social learning approaches to alcohol relapse: Selected illustrations and implications. In: RAY, B.A. (Hg.), Learning factors in substance abuse. National Institute on Drug Abuse, Research Monograph 84: Rockville.

MONTI, P.M.; ABRAMS, D.B.; KADDEN, R.M.; COONEY, N.L. (1991): Treating alcohol dependence. Guilford Press, New York.

MOOS, R.H.; FINNEY, J.W.; CRONKITE, R.C. (1990): Alcoholism treatment. Context, process and outcome. Oxford University Press, New York.

PFEIFFER, W.; FAHRNER, E.M.; FEUERLEIN, W. (1988): Soziale Anpassung und Rückfallanalyse bei ambulant behandelten Alkoholabhängigen. Suchtgefahren 34 (5): 357–368.

POLICH, J.M.; ARMOR, D.J.; BRAIKER H.B. (1981): The course of alcoholism: Four years after treatment. Wiley, New York.

PROCHASKA, J.O.; DICLEMENTE, C.C. (1986): Towards a comprehensive model of change. In: MILLER, W.R.; HEATHER, N. (Hg.), Treating addictive behaviors: Processes of change. Plenum, New York, S. 3–27.

ROTHENBACHER, H.; FRITZ-PFANNKUCH, G.; WEITHMANN, G. (1985): Sind Entwöhnungsstationen in Psychiatrischen Landeskrankenhäusern notwendig? Spektrum 14 (1): 42–44.

SOBELL, L. C. (1991): Natural recovery from alcohol problems. In: HEATHER, N.; MILLER, W.R.; GREELEY, J. (Hg.), Selfcontrol and the addicitve behaviors. Pergamon Press, Sydney.

VAILLANT, G.E. (1992): Is there a natural history of addiction. In: O'BRIEN, C.P.; JAFFE, J.H. (Hg.), Addictive States. Raven Press, New York, S. 41–58.

WATSON, C.G.; PUCEL, J. (1985): Consistency of posttreatment alcoholic's drinking patterns. Journal of consulting and clinical Psychology 53: 679–683.

*Christoph Kröger* und *Jutta Künzel*

# Prävention des Substanzmißbrauchs

Der Begriff »Prävention« wird in verschiedenen Bedeutungen verwandt. Im folgenden wird unter dem Begriff »Prävention« die *Primärprävention* des Substanzmißbrauchs verstanden. Die Primärprävention umfaßt Maßnahmen, die die Verhinderung des Mißbrauchs von psychotropen Substanzen zum Ziel haben. Primärprävention setzt vor dem Auftreten des Mißbrauchsverhaltens ein. Davon abzugrenzen sind nach CAPLAN (1964) die *sekundäre Prävention*, die durch frühzeitige Behandlung eine Chronifizierung von Krankheiten verhindern soll, und die *tertiäre Prävention*, die den Arbeitsbereich der Rehabilitation umfaßt.

Das Wort »Substanz« wird verwendet als Sammelbegriff für die psychotropen Substanzen Tabak, Alkohol, Inhalations- und Schnüffelstoffe, Medikamente sowie die illegalen Drogen Heroin, Kokain, Designerdrogen, Haschisch und Marihuana.

## Theoretische Grundlagen

Durch präventive Maßnahmen soll der Mißbrauch von Substanzen verhindert werden. Notwendige Voraussetzung für eine hypothesengeleitete, spezifische, zielgerichtete Prävention ist, daß sie einerseits Erklärungsmodelle zu den Ursachen des Substanzmißbrauchs und auf der anderen Seite Gründe für das Nichtauftreten des Mißbrauchs, also abstinentes Verhalten oder adäquaten Substanzgebrauch berücksichtigt. Die idealen Grundlagen für die Planung von präventiven Maßnahmen sind empirisch fundierte Kenntnisse zu den Ursachen der Störung (Substanzmißbrauch) und des gesunden oder gesellschaftlich akzeptierten Verhaltens (angemessener Gebrauch von Substanzen).

Zu den Ursachen des Substanzmißbrauchs gibt es eine umfangreiche Forschungsliteratur. Es existiert eine Fülle von meist deskriptiven Einzelbefunden. Die Theorien zur Erklärung des Substanzmißbrauchs haben oft nur eine begrenzte Reichweite, zumal viele Theorien empirisch nicht oder sehr schwach belegt sind (RENN 1990). Eine Schwäche vieler Theorien ist, daß sie ihr Interesse meist nur auf einen Aspekt richten. Während die einen den Einfluß individueller persönlicher Faktoren und Bewältigungsstrategien betonen, beleuchten andere ausschließlich die gesellschaftlichen und kulturellen Aspekte und deren Einfluß auf die Entstehung des Substanzmißbrauchs. Dennoch hat die Vielzahl von psychosozialen Modellen und Theorien das Verständnis für die Entstehung und die Aufrechterhaltung von Substanzmißbrauch verbessert.

Auch zur Erklärung des abstinenten Verhaltens beziehungsweise des adäquaten Substanzgebrauchs gibt es Forschungsergebnisse und Erklärungsmodelle, die sogenannten *suchtprotektiven Konzepte*. Diese Modelle gehen von der Beobachtung aus, daß verschiedene Personen unter gleichen Bedingungen unterschiedlich reagieren: Einige entwickeln Mißbrauchsverhalten, andere nicht. Die Erforschung der suchtprotektiven Faktoren ist in den letzten Jahren zunehmend in den Blickpunkt des Forschungsinteresses gerückt, weil sich herausstellte, daß protektive Faktoren eine Schlüsselfunktion im Verständnis der Risikoprozesse und wichtige Implikationen für die Prävention haben (KÜNZEL-BÖHMER et al. 1991).

### Das soziale Streßmodell des Substanzmißbrauchs

Im sozialen Streßmodell des Substanzmißbrauchs wird versucht, das bisherige Wissen zur Entstehung von Mißbrauchs- und adäquatem Gebrauchsverhalten einzubeziehen. Dieses Modell berücksichtigt individuelle und familiäre Einflüsse und darüber hinaus Einflüsse, die über gesellschaftliche Systeme einwirken. RHODES und JASON (1988) formulierten in Anlehnung an das aus der Psychiatrie stammende Modell der Psychopathologie (ALBEE 1982) das soziale Streßmodell zur Beschreibung und Entstehung des Substanzgebrauchs und -mißbrauchs. In Deutschland wurde dieses Modell von Becker (1984) in die Präventionsforschung eingeführt.

BECKER (1984) definierte die individuelle Wahrscheinlichkeit für das Auftreten einer psychischen Erkrankung innerhalb eines bestimmten Zeitraums als die *Funktion von Risiko- und protektiven Faktoren.* Konstitutionelle Vulnerabilität und die Intensität und Dauer von Stressoren lassen die Wahrscheinlichkeit des Mißbrauchs ansteigen. Das Risiko für einen Substanzmißbrauch wird verringert durch seelische Gesundheit, die individuellen Bewältigungsfertigkeiten, förderliche soziale Bindungen und förderliche Umweltbedingungen.

Der Substanzmißbrauch von Heranwachsenden wird im sozialen Streßmodell als Ergebnis einer Lerngeschichte eines Individuums mit anderen Menschen und in einem sozialen System angesehen. Bei einem Übergewicht der Streß- und Risikofaktoren erhöht sich die Wahrscheinlichkeit für einen Beginn des Substanzgebrauchs bereits in der Kindheit. In der Jugend ist ein starker Gebrauch von Substanzen zu erwarten, der sich im Erwachsenenalter zu einem Mißbrauchsverhalten entwickelt. Sind die protektiven Faktoren stark ausgeprägt, ist zu erwarten, daß die entsprechende Person als Kind abstinent lebt, in der Jugend Probierkonsum zeigt und im Erwachsenenalter nur ein geringes Risiko für Mißbrauchsverhalten entwickelt.

Das Modell hat keineswegs den Anspruch, kausale Zusammenhänge darzustellen. Man kann also nicht sagen, daß Streß- oder Risikofaktoren den Substanzmißbrauch verursachen. Ebensowenig läßt sich die Aussage herleiten, daß Schutzfaktoren Substanzmißbrauch verhindern. Das Modell versucht lediglich, Wahrscheinlichkeitsaussagen für das Auftreten des Mißbrauchs zu treffen. Es bietet sich als Modell für die Präventionsarbeit an.

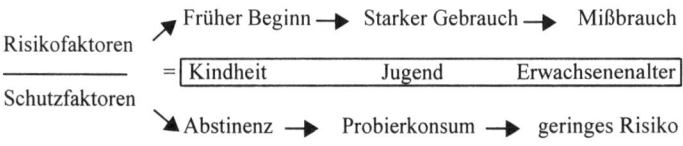

Abbildung 1: Entwicklung von Mißbrauch bzw. adäquatem Substanzgebrauch (nach RHODES und JASON 1988).

*Streß- und Risikofaktoren*

Die Streß- oder Risikofaktoren erhöhen die Wahrscheinlichkeit des Substanzmißbrauchs. Aus der Streßforschung gibt es eine kaum übersehbare Literatur zum Einfluß von Streß auf die Entstehung von Krankheiten und abweichendem Verhalten. Streßsituationen lassen sich in verschiedene Kategorien unterteilen, beispielsweise einschneidende Lebensereignisse (life events), alltägliche banale Belastungen, lang andauernde Probleme und Konflikte, Veränderungs- und Übergangsphasen (RHODES u. JASON 1988). Alle Menschen sind in verschieden großem Umfang mit Streßsituationen konfrontiert. Bei Heranwachsenden sind insbesondere Streßsituationen in Form von Veränderungs- und Anpassungssituationen relevant. Veränderung von Normen in der Pubertät, Loslösung aus dem Elternhaus, Anpassung und Abgrenzung gegenüber der Gruppe von Gleichaltrigen, Anforderungen in der Schule, der Lehrstelle, bei der Arbeit sind typische Streßsituationen, denen die Jugendlichen ausgesetzt sind.

Die Risikofaktoren sind die am intensivsten untersuchten Aspekte, die für die Entwicklung und Aufrechterhaltung des Substanzmißbrauchs verantwortlich gemacht werden. Eine Vielzahl von Risikofaktoren wurde identifiziert. Dazu gehören biologische, psychische, familiäre, psychosoziale und soziokulturelle Aspekte. Psychische Risikofaktoren sind beispielsweise erhöhte Risikobereitschaft, erhöhte Aggressivität und soziale Inkompetenz. Psychosoziale und soziokulturelle Risikofaktoren sind der Substanzgebrauch in der Familie und dem Freundeskreis sowie die Verfügbarkeit von Substanzen in der Gesellschaft.

Das Modell der Risikofaktoren ist für die präventive Arbeit nur beschränkt nutzbar. Das Kennen von Risikofaktoren kann wichtig sein, um Zielgruppen von spezifischen Präventionsmaßnahmen zu definieren. Für die inhaltliche Gestaltung der Maßnahmen haben die Risikofaktoren jedoch kaum Bedeutung. Beispielsweise wurde die »broken-home«-Situation, also eine unvollständige Familie als Risikofaktor erkannt. Es ist gut denkbar für betroffene Kinder, die unter diesen sozialen Umständen aufwachsen (Risikogruppe), eine präventive Maßnahme anzubieten. Aber ein präventiver Ansatz, durch den die Familie wieder vervollständigt wird, ist nur schwer vorstellbar. Die meisten Präventionsmaßnahmen setzen bei den Schutzfaktoren an.

## Schutzfaktoren

Schutz- oder protektive Faktoren sind Bedingungen, die eine Person davor bewahren, eine Krankheit oder negative Verhaltensweisen zu entwickeln. Sie stärken ein Individuum gegenüber der Gefahr des Substanzmißbrauchs, verringern die Wahrscheinlichkeit seines Auftretens.

Zu den Schutzfaktoren auf der individuellen Ebene zählen beispielsweise die Fähigkeit zur Selbsthilfe, adäquate Problemlöse- und Kommunikationsfertigkeiten, ein kompetenter Umgang mit Streßsituationen, ein positives Selbstkonzept, Selbstvertrauen und Selbstwirksamkeitsgefühl. Längsschnittstudien, bei denen Personen über einen Lebenszeitraum regelmäßig untersucht werden, geben Aufschluß über die Art und Wirkung von Schutzfaktoren (WERNER u. SMITH 1982; SHEDLER u. BLOCK 1990).

Wie in amerikanischen Studien gezeigt werden konnte, sind gute soziokulturelle Bedingungen, ein positives Familienklima und ein verständnisvoller Erziehungsstil als protektive Faktoren zu werten (KÜNZEL-BÖHMER et al. 1991). Ob oder wieweit diese Ergebnisse auf Deutschland übertragbar sind, ist ungeklärt.

## Modelle zur Wirkung präventiver Maßnahmen

Das psychosoziale Streßmodell des Substanzmißbrauchs faßt die Forschungsergebnisse zur Entstehung des Substanzmißbrauchs und abstinenten Verhaltens zusammen. Es beschreibt die Faktoren und Bedingungen, die ein Risiko für Mißbrauchsverhalten darstellen und solche, die dagegen schützen sowie deren Beziehung zueinander. Es bietet somit einen nützlichen theoretischen Rahmen für präventive Maßnahmen. Es macht jedoch keine Aussage, wie die Faktoren entstehen, wie sie beeinflußt oder verändert werden können. Um jedoch präventive Maßnahmen konkret zu planen, wird ein Modell benötigt, welches die Entstehung von Schutzfaktoren gegenüber dem Substanzmißbrauch beschreibt.

Das Konzept des sozialen Lernens nach BANDURA (1969) beschreibt psychologische Mechanismen zum Aufbau von Schutzfaktoren. Die Theorie des sozialen Lernens geht davon aus, daß individuelles Verhalten aus den negativen oder positiven Konsequenzen resultiert, welche auf ein Verhalten folgen. Sind positive Konsequenzen auf ein Verhalten zu erwarten, erhöht sich dessen Auftrittswahrscheinlichkeit, sind negative Konsequenzen zu erwarten, wird das Verhalten zukünftig unterdrückt. Verhaltensweisen werden aber auch dann erworben, wenn diese bei anderen Personen beobachtet werden. Ob das am Modell beobachtete Verhalten tatsächlich ausgeführt wird, hängt unter anderem von der sozialen Akzeptanz des Modells ab und von den Konsequenzen, die das Modell für sein Verhalten erfährt.

Die Theorie des Problemverhaltens (JESSOR u. JESSOR 1977) versucht, die Entstehung von problematischem Verhalten bei Jugendlichen wie Substanzmißbrauch, delinquentes Verhalten etc. zu erklären. Die Theorie versucht die komplexe Interaktion von Persönlichkeitsvariablen, physiologischen und genetischen Faktoren und Umweltvariablen zu berücksichtigen. Mit einem Problemverhalten versucht ein Jugendlicher, für ihn persönlich wichtige Ziele zu erreichen. Solange ein Jugendlicher sein Verhalten für seine Ziele als angemessen ansieht, ist er motiviert dieses Verhalten beizubehalten. Beispielsweise mag ein Problemverhalten dazu dienen, die Gemeinsamkeit mit der gleichaltrigen Gruppe zu dokumentieren, soziale Anerkennung bei Gleichaltrigen zu erhalten, persönliche Probleme zu überwinden. Das Risiko, regelmäßig psychoaktive Substanzen zu benutzen, nimmt gemäß dieser Theorie zu, je weniger Möglichkeiten ein Heranwachsender hat, seine persönlichen Ziele über alternatives Verhalten zu erreichen. Die Wahrscheinlichkeit aufgrund des Drucks Gleichaltriger den Gebrauch von psychoaktiven Substanzen beizubehalten oder zu intensivieren, ist größer bei solchen Jugendlichen, die nur geringe Fertigkeiten haben, Situationen mit sozialem Druck zu bewältigen und sozial kompetentes Verhalten zu zeigen. Für Jugendliche mit geringen sozialen Fertigkeiten ist die Möglichkeit, persönliche Ziele zu erreichen, eingeschränkt.

Aus der Theorie des Problemverhaltens ergeben sich einige Aspekte, die bei der Primärprävention des Substanzmißbrauchs zu berücksichtigen sind. Um Substanzmißbrauch zu verhindern, müssen die Jugendlichen alternative Verhaltensweisen erlernen, mit denen sie die Ziele erreichen können, die sie durch die Substanzeinnahme erreichen wollen oder die durch die Substanzeinnahme erleichtert werden. Dies ist beispielsweise der Aufbau von sozialen Beziehungen, Erreichen von sozialer Anerkennung, Umgang mit Unsicherheiten und Ängsten.

## Strategien der Primärprävention

Eine erfolgreiche, umfassende Prävention beinhaltet drei methodisch verschiedene Vorgehensweisen (BÖNING et al. 1991):
– Massenkommunikative Strategien
– Personale Kommunikation
– Soziale und gesundheitspolitische Maßnahmen.

*Massenkommunikative Strategien* haben das Ziel, die Bevölkerung zu aktivieren. Massenkommunikative Maßnahmen wie Anzeigen, Kampagnen in Zeitungen, Werbespots in Kino oder Fernsehen oder über komplexe Medienkampagnen sind notwendig, um die Gesellschaft zur Beschäftigung mit dem Problem Substanzmißbrauch zu motivieren. Massenkommunikation ist notwendig, um eine Betroffenheit in der Bevölkerung zu schaffen. Es kann jedoch nicht erwartet werden, daß Massenkommunikation bei Betroffenen ein Mißbrauchsverhalten verhindert.

*Personale Kommunikation* beinhaltet die Förderung der Schutzfaktoren bei Kindern und Jugendlichen durch erzieherische Maßnahmen. Prävention durch personale Kommunikation findet in der Familie, im Kindergarten, in der Schule, in der Arbeit, in Gruppen und Verbänden statt. Methoden der personalen Kommunikation sind das Gespräch, Kleingruppenarbeit, Referate, Spiele, kulturelle Ereignisse und erlebnisaktivierende Tätigkeiten. Dadurch soll eine Einstellungsänderung und auch eine Veränderung des Verhaltens bewirkt werden. Die Stärkung der Schutzfaktoren beinhaltet eine Verbesserung der Kommunikationsfähigkeiten, Verbesserung der Verarbeitung von belastenden Situationen, Stärkung des Selbstvertrauens und der Selbstsicherheit und das Erlernen von Standfestigkeit bei Gruppendruck.

Massenmediale und erzieherische Maßnahmen sollten aufeinander abgestimmt sein und müssen durch geeignete *soziale und gesundheitspolitische Maßnahmen* abgesichert werden. Hierunter ist beispielsweise die Aufwertung präventiver Maßnahmen im Kindergarten oder der Schule, eine verbesserte Ausbildung und Bezahlung der in der Prävention tätigen Erzieher und Pädagogen zu verstehen. Die flankierenden Maßnahmen umfassen außerdem gesetzgeberische Entscheidungen zum Zugang zu Substanzen für Kinder und Jugendliche und eine allgemeine Einschränkung der Verfügbarkeit psychoaktiver Substanzen.

## Methoden und Ergebnisse der Primärprävention

### Substanzunspezifische Prävention

Unter substanzunspezifischer Prävention werden Ansätze eingeordnet, die sich zwar als suchtpräventive Strategien verstehen, wobei jedoch Themen wie Rauchen, Alkohol etc. inhaltlich nicht vorkommen.

Der Ansatz der *affektiven Erziehung*, der in den siebziger Jahren entwickelt wurde, stellt das Individuum und dessen Persönlichkeit in den Mittelpunkt (u.a. ROKEACH 1983). Substanzgebrauch wird dabei als Folge von personinternen Defiziten wie ein zu geringes Selbstwertgefühl, die Unfähigkeit, Gefühle auszudrükken, fehlende Entschlußfähigkeit, fehlende oder negative Werte hinsichtlich des Lebensinhalts oder der eigenen Person gesehen. Der Abbau dieser Defizite und die Umwandlung in positive und konstruktive Fähigkeiten und Fertigkeiten wird als Möglichkeit gesehen, daß der Gebrauch von Substanzen automatisch abnehmen oder aufhören wird. In der Schule wird versucht, durch Diskussionen in der Klasse und verschiedene Klassenaktivitäten diese Ziele zu erreichen.

Die Effektivität dieser Maßnahmen hat sich als sehr gering erwiesen. Es zeigte sich keine Wirkung auf den Konsum, wobei jedoch zu berücksichtigen ist, daß die substanzunspezifischen Interventionen auch keine schnelle Reduzierung des Konsums erwarten lassen. In einigen Fällen ergab sich eine Erhöhung der Erstkonsumraten. Auch konnten in den Persönlichkeitsvariablen wie Selbstwertgefühl und Bewältigungsfertigkeiten keine nennenswerten Verbesserungen nachgewiesen werden (GREEN et al. 1989). Dennoch lassen die Ergebnisse den Schluß zu, daß das grundlegende Konzept sowie die postulierten Ziele adäquat sind, die Interventionen jedoch zu wenig das Lernen durch konkrete Verhaltensübungen berücksichtigen.

Den Programmen, die unter dem Oberbegriff *alternative Erlebnisformen* zusammengefaßt werden, liegt die Annahme zugrunde, daß eine psychische Abhängigkeit von Substanzen in erster Linie dann entsteht, wenn die Wirkung der Substanzen ein Bedürfnis befriedigt (z.B. ein Gefühl der Entspannung erzeugt) oder als Ersatz fungiert (z.B. Aufregung bereitet, die auf anderem Weg nicht erreicht werden kann). Dies hat zur Folge, daß die Jugendlichen erst dann ihren Konsum von Substanzen beenden, wenn sie eine für sich persönlich befriedigende Alternative dazu gefunden haben. Diese Alternativen anzubieten, ist das Ziel der »Alternativenprogramme«. Es werden Aktivitäten und Erfahrungen im kreativen, intellektuellen und zwischenmenschlichen Bereich sowie soziales und politisches Engagement angeregt und gefördert.

Über die Wirksamkeit der »Alternativenprogramme« läßt sich nur sehr eingeschränkt eine Aussage treffen. Verschiedene Studien (COOK et al. 1984) zeigten keine positiven Ergebnisse im Konsumverhalten der Jugendlichen, jedoch kam es in Bereichen, die mit dem Substanzgebrauch nicht in unmittelbarem Zusammenhang stehen, durchaus zu Verbesserungen wie Erhöhung der Selbständigkeit, der sozialen Stabilität und der Aktivität. Insbesondere trifft dies auf Jugendliche aus Risikogruppen zu.


## Substanzspezifische Prävention

Unter substanzspezifischer Prävention werden im folgenden diejenigen Ansätze eingeordnet, deren Inhalte vollkommen oder teilweise auf die Thematik der Substanzen sowie deren Gebrauch und Mißbrauch ausgerichtet ist.

Die am weitesten verbreitete und historisch gesehen älteste präventive Strategie ist die der *Informationsvermittlung und Aufklärung*. Dieser Ansatz basiert auf der Annahme, daß ein verbessertes Wissen über die Suchtmittel, deren Konsum und dessen Konsequenzen erfolgreich dazu beiträgt, diesbezügliche Einstellungen und Verhaltensweisen zu verändern. In der Hauptsache wird mit drei Methoden gearbeitet:

1. Vermittlung von sachlicher Information über die einzelnen Substanzen und deren Wirkungsweisen
2. Abschreckung

3. Konzentration auf die Person des Konsumenten, seine konkrete Lebenssituation und seine Motive.

Durch Informationsvermittlung wird zwar das Wissen über Suchtmittel verbessert, in bezug auf Verhalten und Einstellungen ist sie jedoch wirkungslos. Teilweise kann sogar ein gegenteiliger Effekt (erhöhtes Probierverhalten) beobachtet werden. Gründe für diese Wirkungslosigkeit sind falsche Grundannahmen. Jugendliche wissen, wenn sie mit dem Rauchen, Alkoholtrinken oder Drogengebrauch beginnen, sehr wohl über die möglichen Risiken Bescheid. Die offensichtliche Diskrepanz zwischen der Botschaft und dem tatsächlichen Verhalten eines Großteils der Bevölkerung (z.B. in bezug auf Tabak- und Alkoholkonsum) läßt die Kinder und Jugendlichen an der übermittelten Botschaft zweifeln.

Bei genauerer Betrachtungsweise erscheinen jedoch manche Informationen wirksam, Einstellungen und Verhalten zu beeinflussen. Dies ist die Aufklärung über die kurzfristigen Konsequenzen des Substanzgebrauchs wie schlechter Atem oder gelbe Zähne durch Rauchen oder auch die Aufklärung über die Konsumraten in der Gesellschaft, die von den Jugendlichen oft weit überschätzt werden.

Die *Standfestigkeitstrainingsprogramme gegen negative soziale Beeinflussung* konzentrieren sich in ihren Inhalten auf ein bestimmtes Verhalten, das in entscheidendem Zusammenhang mit dem Gebrauch von Substanzen steht: die Fähigkeit einer Person, zu widerstehen, wenn sozialer Druck auf sie ausgeübt wird. Die theoretische Grundlage für diese Programme bildet die bereits erwähnte Theorie des sozialen Lernens von BANDURA (1969), wonach Verhalten als Resultat seiner negativen oder positiven Konsequenzen verstanden wird. Andere Personen (Eltern, Geschwister, Gleichaltrige) dienen dabei als Nachahmungsmodelle, die Beispiele von adäquaten oder inadäquaten Verhaltensweisen liefern. Die Standfestigkeitstrainings beziehen sich folglich auf die problematischen Verhaltensweisen und die externen Faktoren der Beeinflussung. Im Rollenspiel, durch soziale Verstärkung und vor allem auch durch den Einsatz von älteren oder gleichaltrigen »peer leaders« sollen die Jugendlichen Situationen erkennen lernen, in welchen sozialer Einfluß und Druck ausgeübt wird. Dieser Druck kann sowohl von seiten anderer Personen, meist Gleichaltriger, aber auch von seiten der Massenmedien kommen.

Die Wirksamkeit der Standfestigkeitstrainings hat sich in zahlreichen Untersuchungen (u.a. TELCH et al. 1982; MURRAY et al. 1989) als recht hoch erwiesen. Insbesondere zeigten sie sich erfolgreich im Aufschub des Erstkonsums. Es konnte weiterhin auch eine signifikante Reduzierung des Rauchens nachgewiesen werden. Als entscheidendes Element für die Effektivität der Programme hat sich der Einsatz von »peer leaders« herauskristallisiert.

## Kombinierte Substanzspezifische und -unspezifische Prävention

Im Lauf der Zeit wurden die Präventionsprogramme immer komplexer. Ihre Inhalte umfassen ein umfangreiches Bündel an Maßnahmen, die sich sowohl direkt auf substanzspezifische Themen aber auch auf unspezifische Aspekte beziehen. Bei einem Großteil dieser Programme werden Teile aus den bisher genannten Ansätzen mitverwendet.

### Vermittlung allgemeiner Bewältigungsfertigkeiten

In den achtziger Jahren wurden insbesondere in den USA sogenannte »Life-skill-Programme« entwickelt. Sie verstehen sich als eine neue Generation von Programmen, die
- ein umfassendes Verständnis von den komplexen Bedingungen der Entstehung und Aufrechterhaltung des Substanzmißbrauches zugrunde liegen haben
- theoriegeleitet sind
- den Schwerpunkt auf der Vermittlung lebenspraktischer Fähigkeiten und Fertigkeiten und nicht auf Wissensvermittlung und Einstellungsänderung legen
- größtenteils forschungsorientiert sind, das heißt, daß Evaluation der Programme ein fester Bestandteil ist (BOTVIN et al. 1988).

Als theoretische Fundierung der Programme dienen die bereits erwähnten Theorien des sozialen Lernens (BANDURA 1969) und des Problemverhaltens (JESSOR u. JESSOR 1977). Mit Methoden wie Rollenspiele, Verhaltenseinübungen, Verstärkung, Wiederholungen, Hausaufgaben werden folgende Fähigkeiten und Fertig-

keiten vermittelt und gefördert: Problemlöse- und Entscheidungs-
findungsstrategien, kognitive Fertigkeiten, die es ermöglichen,
negative soziale Einflüsse zu erkennen und ihnen widerstehen zu
können, Selbstkontrolltechniken, Bewältigungsstrategien, Selbst-
sicherheitskompetenzen sowie Kompetenzen für den interperso-
nalen Umgang wie Kommunikationstechniken sowie Assertive-
ness-Kompetenzen. Neben der Vermittlung und Einübung all dieser Kompetenzen ist die Vermittlung von Informationen (vgl.
oben) ein weiterer Bestandteil der Programme.

Die Evaluationsergebnisse der Life-skill-Programme sind sehr
gut. Im Vergleich zu anderen Methoden scheint dieser Ansatz mit
der erfolgreichste zu sein. Allerdings muß man einschränkend
sagen, daß alle diese Programme sehr umfassend evaluiert wurden, aus diesem Grunde auch viele Ergebnisse dazu vorliegen,
was bei Programmen, die andere Ansätze verfolgen, wesentlich
seltener der Fall ist. In den meisten Studien konnten signifikante
Veränderungen sowohl im Konsumverhalten als auch in den Persönlichkeitsvariablen wie zum Beispiel Erhöhung der Selbstsicherheit nachgewiesen werden (BOTVIN et al. 1990).

Mittlerweile ist das Spektrum der Lebenskompetenzförde-
rungsprogramme sehr weit geworden. In Europa, hier insbesondere in der Schweiz und in Deutschland, zeigt sich eher die Tendenz,
nicht die reinen Trainingsprogramme zu favorisieren, sondern den
Ansatz noch sehr viel umfassender zu formulieren. Das heißt, das
Interventionsfeld für die präventiven Maßnahmen ist nicht nur auf
die Schule beschränkt, sondern bezieht darüber hinaus die Familie, das soziale Umfeld, die Gemeinde mit ein. Eine klare Abgrenzung zu dem im folgenden genannten Ansatz der Gesundheitsförderung ist daher meist nicht mehr möglich, die Übergänge sind
fließend.


*Gesundheitsförderung*

Das Konzept der Gesundheitsförderung verfolgt einen sehr komplexen Ansatz (u.a. FRANZKOWIAK et al. 1993). Ihm liegt ein umfassendes Verständnis von Gesundheit zugrunde, das körperliches,
soziales und psychisches Wohlbefinden mit einbezieht. Gesundheit wird als positiver Zustand definiert, der den ganzen Menschen
und dessen Lebenssituation mit einschließt. Im Gegensatz zu frü-

heren Gesundheitskonzepten, in welchen Gesundheit in erster Linie als Abwesenheit von Krankheit gesehen wurde, liegt hier der Schwerpunkt nicht mehr so sehr auf der Erkennung und Vermeidung von Risikofaktoren, sondern auf der Förderung von gesundheitsprotektiven Faktoren. Es steht nicht mehr die Frage im Mittelpunkt »Was macht uns krank?« sondern »Was macht uns gesund?« oder »Was tut uns gut?«. Dabei wird der Mensch in seiner Ganzheit betrachtet, das Verhalten wird angesehen als etwas, das nicht isoliert stattfindet. So sind in dieses Konzept auch die Einflußnahme auf die soziale, ökonomische, ökologische und kulturelle Umwelt mit eingeschlossen, deren bedeutende Rolle für die individuelle Gesundheit betont wird.

Die Programme sind in der Regel sehr umfangreich. Themen sind unter anderem individuelle Gesundheit, Körperpflege, Ernährung, Genußmittel, zwischenmenschliche Beziehung, Umweltschutz. Die Wirksamkeit der Programme läßt sich als recht hoch einschätzen (HESSE et al. 1991).

## Ausblick

Die Bedeutung der Prävention des Substanzmißbrauchs wird in letzter Zeit zunehmend gewürdigt. Nachdem jahrelang die Therapieforschung im Mittelpunkt des wissenschaftlichen Interesses gestanden hat, werden zunehmend präventive Ideen auch der wissenschaftlichen Überprüfbarkeit nahegebracht. Die Ergebnisse dieser empirischen Überprüfungen beweisen, daß Prävention wirksam ist. Unter Praktikern herrscht jedoch eine große Unsicherheit, wie eine Prävention sinnvoll aussehen soll. Neuere Arbeiten von KÜNZEL-BÖHMER et al. (1991) und DENIS et al. (1993) befassen sich mit den Perspektiven der Prävention in Deutschland. Zusammenfassend läßt sich sagen, daß die Schule ein wichtiger Ort für präventive Maßnahmen ist. Jedoch sollte zukünftig mehr Wert auf eine noch früher beginnende präventive Arbeit gelegt werden. Wichtige Ansatzpunkte sind hier die Familie und der Kindergarten. Präventive Maßnahmen sollten immer langfristig geplant sein. Dabei sollen die drei beschriebenen Strategien (personale Kommunikation, Massenkommunikation, soziale und gesundheitspolitische Maßnahmen) berücksichtigt werden.

Prävention sollte sich immer der empirischen Überprüfung stellen. Nur so ist gewährleistet, daß die durchgeführten Maßnahmen sich optimal weiterentwickeln können. Erstrebenswert ist es, daß sich präventive Maßnahmen an aufzustellenden Qualitätsstandards messen lassen. Ein wichtiger Punkt wird es auch sein, die theoretische Fundierung von Prävention weiterzuentwickeln. Das psychosoziale Streßmodell bietet bereits einen guten Ansatz, ebenso die Lernmodelle, die bereits Grundlage für eine Vielzahl von Programmen bilden. Das umfangreiche psychologische Wissen aus der Psychoanalyse ist bisher kaum in die Praxis der Prävention eingeflossen. Es wäre erstrebenswert, daß dieser Dialog zukünftig ausgebaut wird.

## Literatur

ALBEE, G.W. (1982): Preventing psychopathology and promoting human potential. American Psychologist 32: 150–161.

BANDURA, A. (1969): Principles of behavior modification. Holt, Rinehart & Winston, New York.

BECKER, P. (1984): Primäre Prävention. In: SCHMIDT, L.R. (Hg.), Lehrbuch der Klinischen Psychologie 2. Aufl., Enke, Stuttgart, S. 355–389.

BÖNING, J.; BÜHRINGER, G.; ZIEGLER, H. (1992): Prävention heißt mit Risiken leben. Journalist 11: 8–18.

BOTVIN, G.; BAKER, E.; FIAZZOLA, A.; BOTVIN, E. (1990). A cognitive behavioral approach to substance abuse prevention: one-year follow-up. Addictive Behaviors 15: 47–63.

BOTVIN, G.; TORTU, S. (1988): Preventing adolescent substance abuse through life skills training. In: PRICE, R.H.; COWEN, E.L.; LORION, R.P.; RAMOS-MCKAY, J. (Hg.), Fourteen Ounces of Prevention. American Psychological Association, Washington D.C., S. 98–110.

CAPLAN, G. (1964): Principles of preventive psychiatry. Basic Books, New York.

COOK, R. et al. (1984): An evaluation of the alternatives approach to drug abuse prevention. International Journal of the Addictions 17: 227–248.

DENIS, A.; HEYNEN, S.; KRÖGER, C. (1993): Fortschreibung der Expertise zur Primärprävention des Substanzmißbrauchs. IFT Institut für Therapieforschung. (IFT-Berichte Bd. 72), München.

FRANZKOWIAK, P.; SABO, P. (Hg. 1993): Dokumente der Gesundheitsförderung. Reihe »Blickpunkt Gesundheit«. Verlag Peter Sabo,
Mainz.

GREEN, J.J.; KELLEY, J.M. (1989): Evaluating the effectiveness of a
school drug and alcohol prevention curriculum: A new look at
»here's looking at you, two«. Journal of Drug Education 19 (2):
117–132.

HESSE, S.; HURRELMANN, K. (1991): Gesundheitserziehung in der Schule. Ein Überblick über inländische und ausländische Konzepte und
Programme. Prävention 2: 50–57.

JESSOR, R.; JESSOR, S.L. (1977): Problem behavior and psychosocial
development. Academic Press, New York.

KÜNZEL, J.; BÜHRINGER, G.; JANIK-KONECNY, T. (1993): Expertise zur
Primärprävention des Substanzmißbrauchs. Nomos Verlagsgesell-
schaft, Baden-Baden (Schriftenreihe des Bundesministeriums für
Gesundheit Bd. 20).

MURRAY, D.M.; PIRIE, P.; LUEPKER, R.V.; PALLONEN, U. (1989): Fife-
and six-year follow-up results from four seventh-grade smoking
prevention strategies. Journal of Behavioral Medicine 12 (2):
207–218.

RENN, H. (1990): Defizite der Prävention und Notwendigkeiten der
Präventionsforschung. Suchtgefahren 36: 416–422.

RHODES, J.E.; JASON L.A. (1988): Preventing substance abuse among
children and adolescents. Pergamon Press, Oxford.

ROKEACH, M. (1983): A value approach to the prevention and reduction
of drug abuse. In: GLYNN, T.J.; LEUKEFELD, D.S.V.; LUDFORD, M.S.
(Hg.), Preventing adolescent drug abuse. National Institute on Drug
Abuse, [NIDA Research Monograph Series 47], Rockville, Mary-
land, S. 172–195.

SHEDLER, J.; BLOCK, J. (1990): Adolescent drug use and psychological
health. The American Psychologist, 612–630.

TELCH, M.; KILLEN, J.; MCALISTER, A.; PERRY, C.; MACCOBY, N. (1982):
Long-term follow-up of a pilot project on smoking prevention with
adolescents. Journal of Medicine 5 (1): 1–8.

WERNER, E.; SMITH, R. (1982): Vulnerable but invincible: A study of
resilient children. McGraw-Hill, New York.

Annelise Heigl-Evers / Irene Helas /
Heinz C. Vollmer (Hg.)
## Eingrenzung und Ausgrenzung
Zur Indikation und Kontraindikation für Suchttherapien
1993. 207 Seiten mit 14 Abbildungen und 3 Tabellen, kartoniert.
ISBN 3-525-45752-9

Für den Suchtkranken bedeutet die Indikation zu einer Psychotherapie ein Angebot zur Aufnahme in das medizinische Handlungs-
feld, zugleich aber auch eine Ausgrenzung aus den bisher gewahr-
ten Lebenszusammenhängen und oft genug den Verlust des auf-
rechterhaltenen sozialen Status.
Auch die Behandlung bietet das Erleben eigener Exklusivität, beim
gefürchteten Rückfall lockt nicht nur das Suchtmittel, sondern auch
die verlorene Normalität, und doch bedeutet er auch wieder eine
Ausgrenzung aus der Therapie und ihrer Zuwendung. So entscheidet Indikation oder Kontraindikation nicht nur über die Therapie,
sondern auch über einen sozial brisanten Grenzgang.

Klaus Walter Bilitza (Hg.)
## Suchttherapie und Sozialtherapie
Psychoanalytisches Grundwissen für die Praxis
Mit einem Vorwort von Annelise Heigl-Evers. 1993. 326 Seiten,
gebunden. ISBN 3-525-45759-6

Namhafte Fachleute haben in diesem Buch ihr Grundwissen zu-
sammengetragen. Der Band ist in drei Abschnitte gegliedert:
1. Psychoanalytische Krankheitslehre, 2. Psychoanalytische Sucht-
theorien, 3. Beratungs- und Behandlungstechnik für Sozial- und
Suchttherapeuten. In 14 Artikeln – jeweils mit einem erläuterten, leicht
faßlichen lexikalischen Stichwort – wird in die Felder psychoanalytischer Suchttherapie eingeführt. Der didaktische Aufbau ermöglicht
eine stufenweise Durchdringung der theoretischen und praktischen
Grundlagen. Ein Lehrbuch auch für Leser ohne psychoanalytische
Vorkenntnisse.

V&R
Vandenhoeck
&Ruprecht

Alexander Schuller / Jutta Anna Kleber (Hg.)
**Verschlemmte Welt**
Essen und Trinken historisch-anthropologisch
1994. 256 Seiten mit 3 Abbildungen, Paperback. Sammlung
Vandenhoeck. ISBN 3-525-01424-4

Alexander Schuller / Jutta Anna Kleber (Hg.)
**Gier**
Zur Anthropologie der Sucht
1993. 283 Seiten, Paperback. Sammlung Vandenhoeck.
ISBN 3-525-01422-8

Jürgen Kind
**Suizidal**
Die Psychoökonomie einer Suche
1992. 203 Seiten, kartoniert. ISBN 3-525-45749-9

Ulrich Sachsse
**Selbstverletzendes Verhalten**
Psychodynamik – Psychotherapie
2. Auflage 1995. 203 Seiten, kartoniert. ISBN 3-525-45771-5

Karl König
**Angst und Persönlichkeit**
Das Konzept vom steuernden Objekt und seine
Anwendungen
4., durchgesehene Auflage 1993. 218 Seiten, kartoniert.
ISBN 3-525-45656-5